문예신서
252

일반 교양 강좌
일반 교양의 기본 개념 이해

에릭 코바

송대영 옮김

東文選

일반 교양 강좌

ÉRIC COBAST
Petites leçons de culture générale

© Presses Universitaires de France, 1994

This edition was published by arrangement
with Presses Universitaires de France, Paris
through Bestun Korea Agency, Seoul

차 례

들어가는 말 ——————————————————— 7

권위	Autorité	9
교외	Banlieue	17
행복	Bonheur	25
형벌	Châtiment	32
계약	Contrat	38
문화	Culture	44
쇠퇴와 몰락	Décadence et Déclin	52
민주주의	Démocratie	61
전제군주제	Despotisme	68
법	Droit	75
인권	Droits de l'homme	81
생태	Ecologie	87
교육	Education	94
참여	Engagement	101
국가	Etat	110
윤리	Ethique	116
소외	Exclusion	123
가정	Famille	131
전쟁과 평화	Guerre et paix	137
영웅	Héros	144
역사	Histoire	151
인본주의	Humanisme	159
개인	Individu	166

지식인	Intellectuel	173
언어	Langue	182
자유주의	Libéralisme	190
자유	Liberté	197
주인과 하인	Maîtres et valets	205
유물론	Matérialisme	212
근대성	Modernité	221
신화	Mythe	229
민족	Nation	237
민중	Peuple	244
정치	Politique	252
진보	Progrès	258
소유	Propriété	265
인종차별주의	Racisme	272
공화국	République	280
혁명	Révolution	288
신성	Sacré	296
야만	Sauvage	304
사회주의	Socialisme	311
시민 사회	Société civile	320
공연	Spectacle	327
노동	Travail	336
노령	Vieux	344

중요 용어 해설 — 353
참고 문헌 — 357
색 인 — 360

들어가는 말

본 《일반 교양 강좌》는 오늘날 발생하고 있는 시사 문제에 접근하기 위한 **기본 입문서**인 동시에, 대부분의 시험에서 채택하는 '교양' 구술시험을 위한 요약 정리 참고서로도 도움이 되도록 하였으며, 주제도 알파벳 순서로 정리하였다. 따라서 시험에 임박해 있거나, 이 과목에 많은 시간을 투자할 수 없는 수험생들이 이용하기에 알맞을 것이다. 그리고 수험생들은 이 책의 내용이 사고(思考)의 방향을 제시하기보다는 사고 작용을 돕도록 구성된 것임을 볼 수 있을 것이다. 각 주제를 4단계로 나누어 구성한 것도 이러한 관점에 기초한 것이다.

먼저 **정의하기** 항목에서는 기존의 개념에 대한 역사적이고 언어학적인 접근을 시도하였다. 방법론의 출발은 용어의 의미상의 내용에 대한 정확한 분석이 문제 제기를 실행하는 첫출발임을 제시하는 것이다.

두번째 **내용 구성하기** 항목에서는 문제 제기에 대해 논술 요약 형식으로 간결하게 내용을 전개하고자 한다. 주제에 대한 정의는 당연히 쟁점으로 귀결되기 때문이다.

세번째 **심화하기** 항목에서는 전적으로 주제에 대한 기존 시각에서 소개된 철학 서적에서 주제의 내용과 직접적으로 연관된 세부 내용을 인용하고자 한다. 기본적으로 이 도서 목록을 선택하는 데 있어서 어떠한 선택 기준도 설정하지 않았다. 왜냐하면 '위대한 고전'을 통하여 얻을 수 있는 연구 성과만큼 같은 주제에 대해 훨씬 더 명확하게 다룬 듯한 현대 도서를 통해서도 그만큼의 연구 성과를 얻을 수 있을 것이라는 생각에서

이다. 따라서 아리스토텔레스를 뤽 페리나 알랭 핑켈크로트와 나란히 다루는 것에 대해 놀랄 필요는 없다.

마지막으로 **시사화하기** 항목에서는 우리의 연구에 합당한 개념을 담고 있는 '놀랄 만한' 철학적 모티프를 현재 일어나고 있는 시사 문제 속에서 찾고자 할 것이다. 이것은 매우 현실적인 연구가 될 것이다.

정의하기, 내용 구성하기, 심화하기, 시사화하기, 이러한 순서로 전개하는 것은 독자들의 호기심의 폭을 가능한 한 넓게 발전시키고자 하는 의도이며, 학교에서 배우는 접근 방식이나 아니면 단순히 자유로운 접근 방식을 취한다 하더라도 이러한 전개 방식은 필수적인 조건인 것이다. 따라서 '일반 상식'이라 해놓고 이러한 원칙에 따랐다고 해서 기분 상할 필요는 없다.

권위

정의하기

강제할 수 있는 영향력

어떤 사람이 다른 사람들에게 행사하는 영향력의 근거를 규명하는 것보다 더 어려운 것이 있을까?

한나 아렌트는 《문화의 위기》에서 그 어려움을 이렇게 토로했다:

"권위에 대한 정의를 반드시 내려야 한다면, 권위란 힘에 의한 강요도 아니고 동시에 토론을 통한 설득도 아니라는 것은 확실하다."

하지만 권위를 규정하는 데 있어서 폭력이나 설득이 아닌 방법으로 복종을 강제한다에 역점을 둔 분석 방법은 몇 가지 문제점이 있다. 먼저 이러한 관점에만 국한되어서는 권위에 대한 정의를 올바르게 증명할 수 없다. 사실 권위라는 것은 사람들이 자신의 이해타산에 맞추어 자발적으로 권위에 추종하도록 만드는 특징을 가지고 있다. 그리고 권위(auctoritas)는 발전(augere는 라틴어로 증가시키다, 성장시키다라는 의미를 지니고 있다)을 주창하고, 또한 이를 가능하게 만들어 줄 수 있는 사람(auctor)이라고 인정되는 사람한테만 생겨난다. 따라서 권위란 바로 권위를 받아들이는 사람들이, 자신들이 발전하기 위해서는 권위가 필수적인 것이라고 인정하게 만드는 힘이다. 그러나 "나는 당신의 보호를 필요로 합니다"라고 표현하기 위해 "나는 당신에게 권위를 일임합니다"라고 말하지는 않는다.

> 내용 구성하기

정치 권력은 정통적 권위로부터 자유로울 수 있는가?

■ 고대부터……

로마군의 군대 휘장에는 SPQR(Senatu Populoque Romano: '로마 시민과 원로원의 이름으로')이라는 문자가 새겨져 있다. 이 문구는 현대인의 시각으로 볼 때 상당히 애매한 표현이다. 어떻게 소수의 특권층과 로마 시민 전체가 한 목소리를 낼 수 있단 말인가? 사실 끊임없이 공화정임을 자임했던 로마의 공화정은 우리들이 보기에 다소 혼란스럽다. 누가 통치하는가? 권력의 소유자는 누구인가? 로마 시민인가? 원로원인가? 아니면 황제인가? 키케로는 《법률에 관하여》에서 시민과 원로원의 역할 분담을 다음과 같이 밝히고 있다:

"권력이 시민에게 있을 때 권위는 원로원에 속한다."
(Cum potestas in populo auctoritas in senatu sit.)

한나 아렌트는 이 문장을 《문화의 위기》에 인용하고 있다. 그 이유는 로마의 공공 생활에 대한 특징을 규정하기 위한 것이 아니라 권위의 본질을 규명하기 위한 것이다. 그는 권위의 본질을 권력과 대조적인 것으로 규정하였다.

■ 정치 권력이 권위에 의존하고자 하는 이유는······

　권위는 권력과는 반대로 과거에 뿌리를 두고 있다고 키케로는 주장하였다. 사실 원로원 의원들은 누구인가? 라틴 민족은 그들을 국가의 '아버지들'이라고 불렀다. 로마를 건설한 사람들의 후예들이자 국가의 아버지라고 불리는 이 사람들은 정치 중심에 자리잡고 있는 신성한 존재들로 여겨졌었다. 원로원 의원들이 하는 일은 토론을 통해 명령보다는 낮지만 자문보다는 높은 효력을 발생하는 의견을 개진하는 것이었다. 원로들은 건국 신화적인 배경으로 인해서 시민들에게 (시민들 자신들의 발전을 위해서) 필수적인 것으로 인정받은, 그리고 정치 권력이 의존하려고 하는 카리스마적인 권위를 지니게 된 것이다.

■ 정치 권력을 성스러운 차원으로 무장하고자 했기 때문이다.

　사실 성인(聖人)이란 권력가가 원용하고자 하는 권위를 지니고 있는 사람을 말한다. 이러한 원용은 권력가의 권위가 실추되었을 때 '생겨난다.' 정치는 그만큼 권위라는 문제에 대해서 자유롭지 못한 것이 사실이다. 실제로 현대에 와서 프랑스 상원은 권위가 실추되는 바람에——그렇다 하더라도 프랑스 상원의원들도 선거에 의해 선출되었다. 비록 간접선거라는 것이 민주주의적인 적법성과는 거리가 좀 멀다 하더라도 말이다——프랑스 정치는 권력으로부터 완전히 독립된 새로운 형태의 행정부를 설립하는 것이 타당하지 않을까 하는 생각을 하게 되었다. 이러한 의도에 따른 독립된 행정 권위 기구로는 1968년에 있었던 증권거래위원회(Commission de opérations de Bourse)나 명칭이 바뀌기 전에 시청각최고권위위원회라는 상당히 도발적인 명칭을 가지고 있었던 1989년의 시청각고위자문기구(Conseil supérieur de l'audiovisuel)가 있었다.

　정치 권력 스스로가 권위와 이러한 간격을 유지하려고 하는 이유는 어떤 생각에서일까? 이 대답은 어쩌면 권위가 내포하고 있는 신성함이라는 측면에서 찾아보아야 할 것이다. 이런 점에 비추어 볼 때 정치는 마치 정치 본질은 비이성적이다라고 끊임없이 우리에게 이야기하는 것처럼 보여진다.

심화하기

《정치가의 숙명과 직업》
막스 베버(1919)

막스 베버는 근대 국가의 역할은 무엇인가라는 문제를 제기하면서 《정치가의 숙명과 직업》에서 다음과 같이 말했다:

"경계가 명확한 한정된 영토 안에서 국가 이익을 위하여 합법적인 신체적 폭력을 공동체가 독점하고 있는 형태, 그런 근대 국가를 세워야 한다."

이 신체적 폭력의 독점은 정치 권력을 쟁취하고자 하는 사람들이 간과해서는 안 될 필수적인 사항이다. 이런 관점에서 볼 때 베버의 분석은 마르크스주의자들이 주장하는 분석 방법의 연장선상에 있을 뿐만 아니라 이 분석 방법을 더욱 급진적으로 발전시켰다고 보아야 한다. 이 독일 정치학자는 국가의 유일한 존재 이유를 주저 없이 지배라고 보고 있기 때문이다:

"국가는 지배자들이 주장하는 권위에 피지배자들이 항상 복종해야 한다는 조건에서만 존재할 수 있다."

국가 기구를 통해 통제하지 않는 정치 권력이란 없다. 그리고 피지배자가 지배자의 권위에 복종하지 않는 국가도 없다. 따라서 베버는 국가의 존재에 있어서, 정확하게 말하자면 정치 권력의 수행에 있어서 필요한 조건을 권위라고 보고, 이러한 관점에서 권위와 권력을 구분하였던 것이다. 따라서 권력을 생각하기에 앞서 먼저 권위를 생각해야 되는 이유가 여기에 있는 것이다.

베버는 **사람들에게 지배를 강요할 수 있고, 또 그렇게 하는 것을 합법화시킬 수 있는** 방법으로 세 가지를 들었다.

먼저 **전통**이다. 여기서 전통이란 오랫동안 봉건 영주들이 시행해 온 관습이나 풍습에 기인한 전통적 권력이다. 두번째로 **카리스마**가 있다. 어떤 사람에 대해 개인적으로 사면(赦免)을 내릴 수 있는 카리스마는 권위에 바탕을 둔 것이라고 베버는 주장한다:

> "사면(赦免)은, 소송(訴訟)에서, 어떤 사람을 위해 시민들의 전적으로 개인적이고 헌신적인 노력에 의해, 그리고 다른 어떤 한 사람에 대해 그가 비범한 품위를 가진 사람이라고 하는 신뢰에 기초한다."

하지만 카리스마적인 권위를 부여받은 자가 정치적인 지배를 행사할 때 비이성적인 면도 나타난다. 결국 권력을 보장해 주는 권위는 정치를 신성함에 의존하게 만든다.

마지막으로 세번째 방법은 **합법성**이다. 통치자가 피지배자를 다스리는 것은 합법성에 의한 것이다. 합법성은 권력이 '합법적인 상태'에서만 유효하다라는 신뢰에 기반을 두고 있다. 그리고 이 신뢰 위에서 근대 국가는 발전되었던 것이다.

시사화하기

권위에 대한 복종의 한계는 어디까지인가?

아이히만은 칸트주의자인가?

유대인 학살의 나치 책임자인 아이히만은 예루살렘에서 행해진 자신에 대한 전범 재판에 대해 불만을 품고 다음과 같이 항변하였다. "그것은 내 잘못이 아니다." 이러한 그의 항변은 이마누엘 칸트가 《도덕형이상학》에서 제시한 이론에 따라 논쟁으로 비화되었다. 왜냐하면 아이히만은 법의 권위에 복종만 하였을 뿐이고, 그 권위가 정당한지 부당한지에 대해 판단할 입장도 아니었기 때문에 자신은 거부감 없이 단지 도덕률에 따라 행동했을 뿐이라고 주장하면서 다음과 같이 자신의 입장을 침착하게 밝혀 나갔다. 칸트는 법은 강제적으로 준수해야 하는 것이기 때문에 법을 부정하는 모든 권리는 인정되지 않는다라고 말했다. 한나 아렌트가 《예루살렘에서 아이히만》이라는 저서에서 지적하고 있으며, 또한 "우리들은 명령에 복종해야 하는 의무를 다했을 뿐이다"라고 말하는 고문기술자들의 주장과도 비슷한 이 이야기는 권위에 복종해야 한다라고 하는 원칙에 따라 야기된 결과에 대해 다시 한번 생각하게 만든다.

아이히만의 주장대로 정말로 그런 것인가? 그가 다른 사람들에게 범죄 행위를 지시했던 것처럼 다른 사람들도 그런 식으로 범죄 행위를 지시할 수 있단 말인가? 권위에 복종해야 한다는 명목하에서 인간들이 잔인한 폭력을 행사하고, 또 그런 것이 당연하다고 한다면 재량권이라는 본질에 대해 의구심을 갖지 않을 수 없다.

몇 년 전 미국에서, 스탠리 밀그람이라는 학자가 이 문제에 대한 분석을 시도했다. 분석을 위해서 밀그람은 과학적 모의실험을 계획하였다.

기억력에 관한 실험으로서, 답이 틀릴 때마다 육체적인 고통을 가하면 기억력은 더욱 민감해지는지를 연구한다는 명분을 내세웠다. 밀그람은 의사와 실험대상자 그리고 명분에 적합한 실험 준비를 하고 전기 충격을 가할 지원자를 모집하였다. 밀그람의 실험에 참여하는 의사와 실험대상자들은 모두 배역을 맡은 배우였지만 전기 충격을 가하는 역할을 맡은 지원자들은 진짜 실험 목적에 대해서는 아무것도 모르는, 밀그람의 실질적인 연구대상자들이었다. 이 실험은 실제적으로 행해졌다. 먼저 과학자 역할을 하는 사람이 과학자처럼 하얀 가운을 입고 광고를 보고 찾아온 지원자에게 실험 과정을 설명하였다. 기억력 실험을 하는 동안 실험대상자 역할을 맡은 사람이 답을 틀리게 말할 때마다 실험대상자 역할을 맡은 배우에게 전기 충격을 가하고, 전기 충격의 강도도 매번 증가시키라고 지시하였다. 당연히 이 전기 충격을 가하는 지원자에게는 실험대상자가 실험대상자 역할을 하는 배우라는 것을 알려 주지 않았다.

이 실험의 실제적인 목적은 한 인간이 자기를 알지도 못하고 자기에게 어떠한 잘못도 하지 않은 다른 사람에게 어느 정도까지 전기 충격을 가할 수 있는지 알아보기 위한 것이었다. 이 실험에서 실험대상자 역할을 하는 배우에게 전기 충격을 가하도록 지원자에게 지시한 것은 단지 과학이라는 권위였을 뿐이다.

각본에 의해서 실험대상자가 계속해서 답을 틀리는 바람에 실험은 극단적인 상황으로 전개되었다. 계속되는 전기 충격으로 인해 실험대상자 역을 맡은 배우는 고통으로 괴로워했고, 1백50볼트로 전압을 올렸을 때는 실험을 멈춰 달라고 전기 충격을 가하는 지원자에게 애원하기 시작했다. 반면에 과학자 역할을 하는 배우는 이 지원자에게 실험을 계속할 것을 지시했다. 진짜 실험 목적에 대해 전혀 모르고 전기 충격을 가했던 지원자들 중에서 몇 명이나 가짜 과학자의 명령에 복종했을까?

밀그람의 연구는 의미심장한 결과를 얻어냈다. 실험에 참여했던 지원자의 60퍼센트가 실험대상자 역할을 한 배우에게 사망에 이를 수 있는 4백50볼트까지 최대한으로 전기 충격을 가했던 것이다.

"복종적인 사람들에게 가장 일반적인 현상은 사고 적응 과정에서 개인적인 모든 책임을 포기한다고 밀그람은 평가하였다. 그것은 합법적인 권위를 대표하는 과학자에게 자신들의 행위에 대한 전적인 책임을 전가한다는 것이다.
…… (중략)
권위에 대한 복종이 야기한 결과는 단연코 개인 책임에 대한 의미 상실이라는 아주 엄청난 결과를 불러왔다."

그러면 우리들 가운데 아이히만 같은 사람이 60퍼센트…… 아니면 그 이상일까?

교 외

> 정의하기

통제 불능

중세기에 교외(郊外)라는 용어는 제후의 포고가 미치는 범위를 나타낸 말이었다. 따라서 교외는 경계를 가리키는 말이었으며, 전쟁에 동원시키기 위해서 신하들에게 내린 소집령은 이 경계선 밖에 있는 지역에는 영향력이 미치질 않았던 것이다. 이 단어의 어원과 역사로 비추어 볼 때, 교외는 경계선인 동시에 중앙 권력에 의해 통제된 장소였다는 사실은 틀림이 없을 것이다. 교외는 중앙을 중심으로 원의 둘레에 해당하는 지역으로 보면 될 것이다.

현대에 와서 교외라는 용어는 아직도 변두리라는 장소를 지칭하는 말이기는 하지만, 시내와 완전히 반대되는 개념과 통제가 미치지 않는 범죄온상지라는 의미로도 사용된다. 이러한 변화가 생긴 이유는 지배 계급이라 불리는 사람들이, 위험하다고 생각되는 서민 계급의 사람들을 도시 밖으로 밀어내고 자신들이 도시 중심지를 차지한 결과 때문이다. 원래 파리 중심부는 오랫동안 민중들이 모여 살던 장소였다. 시민들이 자신들의 불만을 표출하기 위해 데모를 일으킨 곳도 파리의 거리들이었고, 19세기에는 시민들이 자기들의 영역인 것처럼 바리케이트를 설치하고 투쟁한 곳도 파리의 거리였던 것이다. 주지하다시피 나폴레옹 3세와 오스만 남작은 넓은 불바르(boulevard) 거리를 설계하고, 오페라 하우스와 같은 거대한 건물들을 건립함으로써 이러한 파리를 정비하려고 마음먹었다. 파리 코뮌이 끝난 후에 민중이 이끌던 파리의 모습은 막을 내리게 되었다. 이후 서민들은 서서히 파리 변두리로 밀려나기 시작하였는데, 이러한 이동은 아주 서서히, 그리고 지금까지도 계속되고 있는 것이다. 몇 년 전부터 프랑스에서 전개된 시내 '복원' 정책은 '역사적인' 장소라 손을 댈 수 없었던, 그래서 가장 노후화된 지역을 쇄신한다는 계획 아래 '시내'를 호사스럽게 만들 수 있는 사람들을 위해 가장 힘이 없는 세입자들을 교외로 내몰기에 이르렀던 것이다.

내용 구성하기

도시는 거주 장소인가, 아니면 통행 장소인가?

■ 도시가 가지고 있는 양면성 때문에……

오랫동안 수많은 사람들의 머릿속에 도시의 표상으로 각인되었던 도시는 바빌론이었다: '신(神)의 문(門)'(Bablli)이라는 이름에서도 엿볼 수 있듯이 메소포타미아 문명의 대표적인 도시였던 바빌론은 특히 '공중정원'으로 사람들의 관심을 끌고 있는 세계 7대 불가사의 중의 하나로 고대 문화의 상징이었다. 게다가 성경에 나오는 바벨탑으로 유명한 바빌론은 신에게 저주받은 도시들 중의 하나이다. 하늘보다 더 높은 탑을 세우려 했기 때문에 인간이 사용하던 언어는 여러 언어로 갈라지게 되었다. 바빌론이 가지는 상징은 다채롭다. 바빌론은 파멸에 이르게 한 도시의 야망과 다양성을 상징하고 있다. 매력적이면서도 한편으로는 위험하기 짝이 없는 도시의 신화는 그렇게 창조되었다.

현대 도시는 성경에 나오는 도시를 복제한 것이나 다름없다. 도시는 모든 것이 가능할 것 같은 매력으로 사람들을 도시로 끌어들이면서도, 반대로 주말이면 조용한 시골을 찾아서 떠나게 만들고 있다. 이 양방향적인 대이동을 낳게 하는 것이 도시가 주는 애매성이며, 결국은 도시의 진정한 본질이 무엇인지 생각하게 만든다.

■ 도시는 통행 지역이나……

성벽으로 둘러싸여 있던 과거의 도시는 현대에 와서는 그 경계를 찾아보기 힘들 정도로 변하였다. 옛날에는 도시를 둘러싸고 있었던 성문의 유적에서 보는 것처럼 도시의 경계를 확실히 구별할 수 있었다. 오늘날에는 과거의 파리 지역이 현재 파리의 한 구역에 불과할 정도로 파리는 차차 그 크기를 넓혀 가고 있다. 로마의 경우도 마찬가지로, 로물루스 유적이 있는 **포메리움**(poemerium)과 7개의 언덕으로 둘러싸여 있는 로마는 영화 《자전거 도둑》처럼 **돌체비타** 특권층들을 받아들이고 있을 뿐만 아니라 꿈을 찾아 몰려드는 모든 계층의 사람들에게도 문이 열려져 있는 '개방된 로마'가 되었다.

하지만 도시는 맞아들이는 기능만 하는 것이 아니라 동시에 인간들간에 격차를 조장하는 기능도 한다. 도시는 활짝 개방되어 있지만 몇몇 지역과 도시의 변두리 지역은 고립 지역으로 전락되는 경우가 종종 발생한다. 따라서 도시는 투명한 유리로 둘러친 대형 백화점처럼 보인다. 구매는 못하고 그냥 구경하면서 '지나가는' 백화점처럼 말이다. 파리 중앙에 자리잡고 있는 규모가 엄청나게 큰 레알(Les Halles) 건물이 이를 잘 묘사하고 있다. 사람들은 미로와 같은 통로로 각자가 원하는 데로 돌아다닌다. 그래서 도시를 통과하면서 서로 얽히고 설킨 도로의 모습이 말해 주는 것처럼 도시는 통행 지역이 되었다. 그래서 사람들은 도시에 정착하지 못하고, 단지 세입자나 무주택자로 살아가고 있는 것이다.

■ ……폭력적인 장소로 전락하게 된 것이다.

따라서 문화의 요람이었던 도시는 정글로 변모하게 된 것이다. 잠시 머물다 가는 장소로 전락해 버린 도시는 이제는 사람들을 끌어들이는 기능을 상실하게 된 것이다. 이 정글 도시는 어쩌다 그렇게 되어 버린 혼란 속에서 고독과 무관심, 게다가 언제 어떻게 터질지 모르는 폭력을 잉태하게 된 것이다. 카뮈・세린 그리고 사르트르를 매혹시켰던 뉴욕이라는 도시의 예는 도심지에 대한 역설적인 적대감을 확실히 보여 주고 있다. 사르트르는 맨해튼 한가운데에서 가장 잔인한 인간의 본성이 드러난다고 적고 있다. 빌딩들은 거대한 나무들처럼 보이고 인간들은 늑대처럼 보인다고 말이다.

심화하기

《황금눈의 소녀》
오노레 드 발자크(1815)

"거기서는 모든 것이 연기와 불에 휩싸여 타오르면서 곳곳이 부글부글 끓거나 활활 타오르게 되고, 그렇게 모든 것을 증발시키고 나서도 남아 있던 불똥이 이리저리 탁탁 튀면서 다시 불붙고 그리고 그렇게 모든 것을 다 태워 버린다."

여기서 '거기'란, 발자크가 그의 단편 첫 페이지에서, 살벌하면서도 아직도 고딕양식의 색채가 배어 있는 도시로 묘사한 파리를 말한다. 이 작품에서 파리는 '희끄무레하고 색깔이 없는 젊음'이나 '젊게 보여지기를 바라는 마음에서 겉치장만 한 노쇠함' 밖에 선택권이 없는 사람들로 가득 찬 현대판 지옥으로 묘사되고 있다. 욕망의 동요가 격렬할수록 파리 사람들의 생활은 다른 곳보다 더 빨리 힘이 소진된다. 파리는 진정한 열정의 도가니인 것이다:

"다른 나라에 사는 어떠한 인생도 이보다 더 힘들거나 뜨겁지는 않다."

모든 것이 불과 화염에 휩싸여 있다고는 하지만 이보다 더 체계가 잡혀 있는 곳도 없다. 지옥은 혼돈이 아니다. 지옥은 각 관문이 있기 때문에 발자크의 독자들은 각 관문을 방문할 때마다 안내를 받았다:

"여러분이 있는 이곳은 지옥의 세번째 관문입니다. 어쩌면 어느 날 여기에서 단테를 맞이하게 될지도 모릅니다."

사회 문제를 다룬 작가들이 가장 밑바닥에서부터 가장 더러운 곳, 그리고 덜 부패된 가장 높은 곳까지 거슬러 올라가면서 하나씩 하나씩 발견해 낸 것은 그것이 관문이 아니라 '영역'이라는 것이다. 왜냐하면 만약 파리 사람들이 파리와 대조적인 세계에서 산다 하더라도 그들은 파리에서 산다는 공통점을 가지고 있기 때문에 파리 분위기에서 아무도 벗어나지 못한다는 것이다.

발단 부분에 많은 지면을 할애한 이 소설은 작가가 아직 현대의 바빌론인 파리 신화를 다룬 《인간 희극》이라는 작품 전체에 대한 윤곽을 잡기 훨씬 전인데도, 파리는 벌써 혼자서 꿈틀거리면서 신화의 발판을 마련하고 있었던 것이다.

실제로 이 때문에 도시를 보는 새로운 시각이 생겨나게 되었으며, 적어도 도시 외곽에서 발생하는 야만적인 행동들을 목격하면서 사람들의 상상력이 부분적이나마 거기에 도달하게 되었던 것이다. 발자크가 묘사한 방탕하고 수상쩍은 마을들은 사실상 수많은 관점들이 속출하게 될 것이라는 것을 짐작하게 만들어 준다. 도시는 일상적인 수많은 사건들의 소품으로 이용된다. 도시는 정글이 되어 버렸다. 오스만 남작이 도시를 정비하고 그 다음에 발생한 파리 코뮌, 그리고 그 이후 티에르의 억압 정치에 의해 '평정된' 파리가 이러한 정의에 더 이상 부합되지 않았기 때문에 파리 외곽 지역은 그 여파로 사람들이 넘쳐나는 범죄의 온상지가 된 것이다. 발자크에 이어서, 《파리의 모히칸》을 쓴 뒤마와 《파리의 미스터리》를 쓴 페발은 도시를 가장 우울한 이야기에서 없어서는 안 될 소품으로 전락시켰다. 그들의 붓에 의해, 파리는 오늘날 방송에서 보여 주고 있는 도시 외곽의 모습처럼 그려졌던 것이다. '인디언'이 우글거리고 통제가 되지 않는 공간으로서 말이다.

시사화하기

실업률이 높은 우범 지대

19세기에는 대도시 중심 지역에서 모여 살던 '노동자 계층'을 '위험한 계층'으로 여겼었다……. 하지만 21세기에는 대도시 주변에 위치한 '우범 지역'에서 변변한 일자리조차 갖지 못하고 있는 소외 계층, 실업자 그리고 불법이민자들을 '위험한 계층'으로 여기게 되는 것은 아닐까?

예전에는 다른 도시로 일을 하러 다니는 사람들이 모여 살았던 이 지역은 편안히 잠을 잘 수도 없고 정착해서 살기에도 부적합한 지역으로 전락하면서, 인간적인 삶을 영위하기에는 너무나 부적합한 지역이 되어 버린 것은 아닌가? 외곽 '베드타운'이라는 개념은 예전부터 비판의 여지가 많았고 또한 관심도 별로 끌지 못했던 개념이었다. '베드타운'이

'삶을 영위하는 장소'로 바뀌게 되면 이에 대해서는 어떻게 생각해야 하는가? 결국 '교외 보호 구역'('인디언 보호 구역'이라는 단어에서 '보호 구역'이라는 의미를 다시 생각나게 만드는)이라는 새로운 형태의 도시 외곽 지역에서 인구가 1982년부터 1990년 사이에 8퍼센트 이상이나 증가하였다. 그렇다면 '텔레비전 뉴스'에서 비쳐지는 것처럼 도저히 사람이 살 수 없을 것 같은 이 지역에 현재 정착하고 생활하는 사람들은 누구란 말인가?

그들의 대부분은 청년층으로서 그들 중 32.9퍼센트는 20세가 채 안 된 사람들이다. 또한 이 지역의 외국인의 비율은 다른 지역보다 훨씬 높다. 프랑스 인구 전체 중에서 6퍼센트밖에 안 되는 외국인 비율이 여기서는 무려 18퍼센트에 달한다. 이 지역의 실업자 수는 20퍼센트 이상을 차지하고 있으며, 대부분이 청년 실업자들이고 또한 장기 실업 상태로 남아 있다. 이 외곽 도시는 셀린의 소설 《신용으로 죽다》의 내용처럼 50년대 파리 북쪽 지역의 화려하고 안락한 별장 같은 노동자 기숙사와는 그 모습이 완전히 다르다.

새롭게 형성된 이 외곽 도시는 현재 폭력이 난무하고, 마약과 연계된 L.A. · 뉴욕 · 워싱턴과 같은 이미지를 갖고 있다. 이 외곽 지역은 각종 위험성이 도사리고 있어서 톰 볼프의 소설 《허영심의 화형》의 주인공처럼 그 지역을 지나가는 사람들에게뿐만 아니라 거기에 거주하고 있는 모든 사람들에게도 불안에 떨게 만드는 위험 지역이 되었다. 이 지역에서 발생하는 범죄를 근절시키기 위해 새롭게 신설된 형사소송법은 처벌의 강도를 엄격하게 적용하고자 하는 목적을 가지고 있다. 벽에 낙서를 하게 되면 2만 5천 프랑에서 50만 프랑까지 벌금형이 부과되고, 건물의 훼손 상태에 따라서는 최고 징역 5년까지의 형을 내릴 수 있다고 형사소송법 322조 1항은 규정하고 있다. 불법 점거, 갈취, 구걸 행위에 대한 문제들도 재검토되었다. 결국 전철이나 교외선 철도 안에서 훔치는 것이 상점 안에서 훔치는 것보다 더 중대한 범죄로 취급되는 것에 주목해야 할 것이다. 사실 형사소송법 311조 4항에서는 '대중교통 수단 내에서나 그 입구에 해당하는 지역에서 절도가 발생하였을 때' 징역 5년형과 50만 프랑의 벌금을 과한다고 규정하고 있다.

행 복

정의하기

내면적인 영역

행복해지고 싶지 않은 사람이 어디 있는가? 행복이라는 어원은 '행운'이라는 뜻의 라틴어 augurium에서 유래되었으며, 고대 프랑스어에서는 heur(운, 기회)로 쓰였다. 개인적인 그리고/또는 집단적인 행복의 추구는 역사가 발전하는 과정 속에서 예술가들에게는 꿈을, 과학자에게는 영감을, 그리고 정치가들에게는 야망을 갖게 해주는 원동력이 되었다. 그러면 정확하게 말해서 사람들이 추구해 온 대상이 무엇인지 모른다면 행복에 대한 정의를 내릴 수 없단 말인가? 행복이라는 것이 시인이 꿈꾸는 아름다운 세상 속을 마음껏 뛰어다니도록 해주는 탈출구가 아닌 다른 무엇이란 말인가?

사실 《도덕형이상학기초》에서 칸트는 행복이라는 개념이 어떤 점에서 상상적인 영역인지를 잘 보여 주고 있다:

"행복이라는 개념은, 모든 사람이 행복해지기를 바라는 욕망에도 불구하고 너무나 막연하기 때문에 인간이 진정으로 바라는 것을 정확하고 조리 있게 말로 표현할 수 있는 사람은 결코 아무도 없을 것이다. 행복은 이성(理性)의 이상이 아니라 상상(想像)의 이상인 것이다."

우리 모두의 욕망에 대해 이룰 수 없는 만족이라는 형태를 띠거나, 아니면 전혀 불가능할 것 같은 열반의 경지와 같은 형태를 띠건 간에 행복은 내면적인 특징만을 가지고 있다는 말인가?

내용 구성하기

국민을 행복하게 만들어 줄 수 있을까?

■ 행복해지기 위해서는……

생 쥐스트는 "행복은 유럽에서 새로운 개념이다!"라고 말했다. 이 얼마나 어리석고 뻔뻔스러운 이야기인가! 왜냐하면 유럽은 분명히 인생은 행복해질 수 있다라는 말이나 고안하라고 공공복지위원회를 설립한 것이 아니기 때문이다. 프라고나르의 그림들과 디드로의 미소는 18세기초에는 사는 즐거움과 기쁨에(나중에 혁명의 회오리로 사라지게 되지만) 대해 찬양할 줄 알고 있었다는 것을 보여 주고 있다.

그렇다고 해서 생 쥐스트가 옳지 않다고 하는 것은 아니다. 집단의 행복은 분명 새로운 정치 이념이기 때문이다. 국가는 더 이상 어느 누구도 불행으로 빠져드는 것을 방치해서는 안 된다고 하는 이념 말이다.

어원에서 이미 다루었듯이 행복은 행운을 뜻하는 것으로, 처음부터 기회를 포착하는 데 있어서 유리함을 말하는 것이다. 우연은 가장 불공평하고 가장 비이성적인(우연은 다른 말로 궁극 목적성의 부재라고도 한다) 방법으로 각자의 인생을 규제하고 타락시키는 주범이다라는 인식이 혁명이 휘몰아친 몇 년 동안에 생겨났다는 것을 《피가로의 결혼》이라는 작품에서 충격적인 방법으로 보여 주고 있다. 보마르셰는 이 연극의 5막에서 자기의 약혼자인 수잔이 바람을 피운다는 사실에 충격을 받은 인물을

묘사하였다; 피가로는 자신의 운명을 그의 경쟁자인 공작의 운명과 비교하게 된다:

"당신은 신분 높은 귀족이기 때문에 스스로를 위대한 천재라고 믿겠지! ……귀족이라는 신분과 직위 그리고 재산, 당신은 이 모든 것들이 아주 자랑스럽게 여겨지겠지! 하지만 당신은 선한 일을 얼마나 많이 하면서 살아왔는가? 당신은 이 세상에 아이들을 태어나게 만든 것만 빼고는 아무것도……."

■ ……국민 모두가 평등해야 하는데, 그것이 가능할까?

행복은 불평등을 줄여 나가는 데서 시작된다. 다시 말해서 시민 평등을 실현하는 데서 시작된다. 그렇다면 시민 평등을 실현하기 위해서 특권층들은 자신의 특권 계급을 포기할 수 있는가? 그들은 태어나면서부터 자신들에게 주어진 행운, 즉 권력을 시민 전체의 행복을 위한다는 명목으로 포기할 수 있는가? 이 문제가 1789년 프랑스 혁명 당시에만 제기되었던 것은 아니다.

따라서 평등 속에서 행복을 추구하는 사회는 불평등 속에서 발전의 원동력을 찾고자 하는 사회에서만 생겨날 수 있는 것이다. 그러면 어떻게 불평등 사회에서 평등 사회로 실현할 것인가? 생 쥐스트는 혁명으로, 다시 말해서 절대적으로 새로운 질서를 창조하는 폭력에 기초를 두고 이루어져야 한다고 대답했다. 왜냐하면 **정치적 평등은** 지금까지 존재하지 않았다라는 의미이기 때문에 이런 개념은 **완전히 새로운 것이다.** 하지만 새로운 제도는 가능한 것인가? 그리고 과거를 완전히 백지화시킬 수 있단 말인가?

만약 토마스 모어가 모든 과거와 모든 지역적인 현실과는 완전히 동떨어진 평등 사회를 꿈꾸었다고 한다면, 그것은 우연히 그렇게 된 것은 아니다. 모어는 아브락사(Abraxa) 나라의 정복자이자 지배자인 유토피스(Utopus)라는 인간을 창조해 냈는데, 그가 새로운 사회를 건설하기 전에 첫번째 대비책으로 내세운 것이 아브락사를 섬으로 만드는 것이었다:

"그는 전쟁에서 승리를 이끌고 이 나라의 지배자가 되자마자 대륙과 연결되는 지역에 15마일의 지협(地峽)을 만들어 대륙과의 사이를 갈라 놓았다. 이렇게 해서 아브락사 땅은 유토피아(Utopie) 섬이 된 것이다."

그렇다면 행복한 삶을 영위하기 위해서는 이처럼 떨어져서 살아야 한다는 말인가? 정치가 국민들을 고립시키면서 다른 사람들과 격리시키고 과거와 인연을 끊게 만들어야만 국민들을 행복하게 만들 수 있다는 의미인가?

심화하기

《행복서설》
알랭(1928)

"옛날부터 현인(賢人)들은 행복을 추구하고자 하였다. 이들이 추구하고자 했던 행복은 이웃의 행복이 아니라 자기 자신들의 행복이었다. 알랭은 《행복서설》의 마지막 장에서 이같이 적고 있다." 20세기 초반 20년 동안에 걸쳐서 작성한 《행복서설》은 책 내용에서 직접적으로 언급한 고대 스토아학파의 현인들에게 바치는 찬가 형식으로 이루어져 있지만, 특히 책 내용 어디서도 인용한 적이 없는 에피쿠로스의 제자들인 현인들을 찬양하는 내용으로 구성되어 있다.

고대의 현인들처럼 알랭도 공동체 차원에서의 행복에 대해서는 무시해 버린 듯한 인상을 주고 있다. 공동체 차원의 행복은 **가족들이나 친구 모임처럼 극소수의 친한 사람들간의 사적인 일로 보았기 때문이다.**

《행복서설》의 각 장(章)들은 Topoi(헬레니즘 철학자들이 모여서 토론하던 장소)에서 다루었던 주제들을 간결하게 다루고 있다: 열정, 상상, 놀이, 행위, 우울 등등. 행복을 추구하기 위한 첫번째 단계는 치료하는 것으로부터 시작된다: 난폭한 열정을 치료하고 욕망을 알맞게 조절하는 것부터 말이다. ("그것은 가끔 사람들이 간절하게 원하는 것을 원하도록 만드는 훌륭한 예술이다.") 행복의 추구는 사회 생활에 있어서 개인적인 차원의 행복을 보장하고자 하는 성향으로 이어진다. 행복은 자신들 정원의 범위 내에서 의사 표시의 폭을 제한할 줄 아는 사람들에게만 해당된다는 것이기 때문이다. 사실 알랭은 정원 재배 문화가 행복을 가져다 준다고 하는 볼테르의 전통을 계승하고 있다. 알랭이 쓴 〈행복한 농부〉라는 제목의 장(章)은 볼테르의 《캉디드》란 작품의 서른번째 장(章)에 회답(回答)하는 내용이다:

"자기 자신의 밭을 경작하기 시작하면서 농사를 짓는 일은 가장 즐거운 일이 되었다."

"작은 땅이 많은 것을 가져다 준다"라는 것은 분명한 사실이다…….
따라서 행복은 자기 자신에 대해 관심을 쏟는 것에서, 자신에게 적합하게 환경을 꾸며 나가는 과정에서 그리고 노동 활동과 단순한 삶 속에 내재되어 있다. 알랭은 과도함을 몹시 싫어한다. 과도할 경우에 좋은 것은 아무것도 없기 때문이다. 과도함이란 공동체에(공손함(politesse)이라는 단어 속에서 polis(국가)라고 하는 어근을 아직도 찾아볼 수 있다) 속한다는 것을 표명하는 사람에게서 멀어지게 하고, 또한 이런 사람들을 배제하는

동물들의 영역 표시처럼 무례함(impolitesse)과 같은 것이기 때문이다:

"잔인함과 격분을 느끼게 하는 모든 것은 무례한 것이다: 잔인한 기색이나 협박도 마찬가지이다. 무례한 사람은 혼자 있을 때도 무례하다."

알랭이 말하는 행복이란 에피쿠로스가 말한 행복과 맥을 같이한다. 그것은 친구들끼리 나누는 절제된 쾌락에 관한 문제이다.

집단적 행복에 있어서 무관심은 **정원 철학의 흔적**을 나타내기도 한다. 개인적 영역으로 치우치고자 하는 성향은 역사에 대한 좌절을 말해 주는 것이다. 그래서 이 《행복서설》은 또한 20세기 초반의, 시대에 배반당한 사람들의 이야기이기도 한 것이다. 제1차 세계대전의 혼란은 캉디드가 겪어 온 혼란과 비길 만한 것이었다. 문화가 폐허가 되어 버리는 마당에 정원을 재배하는 것 말고는 무엇이 또 있단 말인가!

시사화하기

소비 사회는 '고슴도치(소비자)'들을 더 이상 행복하게 해주지 못한다.

소비 사회는 더 이상 어느 누구에게도 꿈을 심어 주지 못한다!
사회학자들은 이렇게 주장하고 있고 마케팅 전문가들도 이에 수긍하고 있다: 경제 위기는 새로운 형태의 소비자를 만들어 냈다. 새로운 형태의 소비자들이란 의심해 보고, 비교해 보고, 경험에 의한 방법으로 품질과 가격 관계를 살펴보고, 상표가 광고 문구와 일치하는지 의심하고 확인해 보는 소비자들을 말한다. 물건을 구입할 때 손해를 보지 않기 위해

꼼꼼해지고 노련해지고 호락호락하지도 않게 된 이 소비자들은 '고슴도치'라는 별명을 얻게 되었다.

　이런 소비자들의 출현은 어쩌면 수요와 공급, 그리고 끊임없이 새로운 욕구를 창출해 내는 개발이 번영의 원동력이었던 서양 사회에 궁극적인 변화가 일어났음을 말해 주는 것인지도 모른다. 고슴도치는 자신에게 쏟아지는, 상품이 전시되어 있는 진열장을 훑어보도록 만드는 갖가지 유혹을 거부하기 때문에 외부로부터 제안되는 모든 것에 대해 거부감과 두려움을 나타낸다. 불치병, 공해, 도시 폭력, 경제적 침체와 같은 것들이 방어적인 반응을 자극하게 되면서 고슴도치는 자기 몸을 움츠려서 둥그렇게 말고서는 엄격히 엄선된 외부 음식물만 받아들인다. 고슴도치에게 가격과 제품의 품질은 '신성하게' 보여져야 한다. 왜냐하면 그들은 영양물을 약(당분 유지, 신체를 강화시키는 섬유질 등)이 아니면 독(발암성 지방)으로만 구분하기 때문이다. 예전에는 구매의 즐거움을 선사하고 동시에 오락 공간이었던 슈퍼마켓은, 독일의 경우 벌써 대형 유통 상점의 22퍼센트 이상을 차지하고 있는 할인 점포 앞에서 조금씩 퇴화해 가고 있다. 동네 점포는 엄청난 타격을 받았다. 창고에는 아무런 상표나 설명서 없이 단순하게 포장된 물건들로 철제 보관대 위를 가득 메우고 있다. 소비는 더 이상 행복이 아니고 사람들은 물건 사러 나가기를 주저한다. 소비는 하더라도 가장 값싼 비용에 슬그머니 구입하고, 가능한 한 가장 빨리 안전한 굴 속으로 되돌아가 버린다. 미국인들은 벌써 이 극단적인 'cocooning'에 'burrowing'(to burrow: 땅속에 숨기 위해 땅을 파다)이라는 이름을 붙여 주었다.

형 벌

정의하기

교화인가, 처벌인가?

1939년 '공공의 적 제1호'인 와이드먼에 대한 공개 처형은 군중들이 집단적 광기를 부리는 사태로 돌변한 가운데, 어떤 여성들은 자기 손수건에 사형수의 피를 묻혀 가려고 하는 광기를 부리기도 했다. 그 이후 공개 처형은 사라지고, 사형은 감옥 안에서 집행되었다. 그리고 40년이 지난 후, 징벌이 비공개가 되면 징벌의 '존재 이유'가 상실하게 된다는 듯이 사형 제도는 폐지되어 버렸다.

사실 라틴어 castigare에서 유래된 징벌하다(châtier)라는 뜻은 벌을 주다라는 의미보다는 교화하다라는 의미에 더 가까운 것이었으며, **억제하다ㆍ제지하다**라는 의미에서 **처벌한다**라는 뜻을 가지고 있었던 것이다. 옛날의 징벌 기능은 시범 케이스라는 교육적 효과에 중점을 둔 것으로 이해된다. 따라서 징벌의 의미는 이미 행해진 범죄에 대해 처벌하는 것이 아니라 앞으로 일어날 범죄를 예방하기 위한 것이다. 징벌은 국가가 사회에 적용하는 일종의 교화이자 전체를 대상으로 범죄를 예방하고 통제하기 위한 장치이지, 개인이 지은 범죄에 대해 처벌하고자 하는 수단이 아닌 것이다.

내용 구성하기

어떤 범죄에 어떤 형벌을?

■ 각 범죄는……

징벌은 모든 사람들에게 죄의 대가가 어떤 것인지를 다시 한번 되새기게 하는 도구이다: 사형집행인은 사형수가 저지른 범죄에 해당하는 법조항을 사형수의 살갗에 새겨 놓았다. 이러한 징벌은 프란츠 카프카의 작품《유형지에서》묘사되었던 것과 같은 형벌이다: 죄수의 몸에 타자기로 그가 어긴 법조항을 기록하는 것이다. 사실 미셸 푸코가 왜《감시와 처벌》에서 루이 15세의 암살을 기도하다 실패한 다미앵에게 내린 형벌에 대해 자세하게 다루는 것으로 시작했는지 이해할 수 있을 것이다: 푸코는 절단형·화형 등의 잔인한 처형 과정을 독자들에게 그대로 전달하고 있다. 징벌의 잔인함은 범죄의 극악무도함에 따라 체계적으로 정해 놓았던 것이다.(예: 시역죄) 푸코는 니체의 작품《도덕의 계통학》의 영향을 받았다. 이 작품에서 니체는 효과적으로 기억시키는 방법은 고통을 주는 것이라고 주장하고 있다.

■ ……그에 해당하는 벌을 주면 된다.

뿐만 아니라 시범 케이스적인 이 형벌은 형벌 법규를 규정하는 데 있어서 세 가지 요소가 절대적으로 필요하다는 것을 사람들에게 인식시켜 주는 계기가 되었다. **형벌이 효과적이 되기 위해서는 합법적이어야 하며, 유용해야 하고, 죄에 합당한 것이 되어야 한다는 것** 말이다.

그럼에도 불구하고 가장 필수적인 이 세 가지 요소가 연구의 목표로 설정되고 그 연구 결과가 결실을 맺게 된 것은, 베카리아 후작이《범죄와 형벌》이라는 제목의 단편을 발표한 1764년이나 되어서였다. 베카리아는 여기서 형벌의 적법성에 대한 필요성을 다음과 같이 강조하였다:

"범죄에 합당한 형벌은 오직 법률만이 정할 수 있고, 사회 계약에 의해 구성된 사회 전체를 대표하는 입법권자만이 이러한 권력을 가질 수 있다."

당연히 국왕이 '자의'에 의해 날인한 명령서는 법률로 인정되지 않는다. 게다가 입법권자는 사회에 유용한 형벌만을 정해야만 한다. 형벌은 형벌 자체가 목적이 아니다. 또한 공공 질서를 해치지 않는 잘못에 대한 처벌에는 적용되지 않는다. 그래서 모든 종교적인 범죄(이단, 신에 대한 모독)는 적어도 이 '속세(세상)'에서는 '처벌당할' 가능성은 분명히 없는 것이다.

끝으로 베카리아는 형벌의 적법성 원칙을 다음과 같이 설정하였다:

"사람들이 죄를 짓지 못하도록 만든 장치가 너무 잔인해서 오히려 공익에 반하게 되는 역효과가 나는 것이다. 따라서 범죄에는 그에 합당한 벌을 주어야 하는 것이다."

심화하기

미셸 푸코
콜레주 드 프랑스 강의(1972-1973)

미셸 푸코는 유명한 대역죄인인 피에르 리비에르에 대한 강의를 하기 전에, 형벌의 양상을 띠는 또 다른 형태의 형벌 부과에 대한 사회적인 의미에 대해서 사람들이 고찰을 하도록 노력해 왔다. 이러한 노력은 1975년 《감시와 처벌》이라는 책의 출판으로 결실을 맺었다. 이 작품은 19세기초 프랑스에서 출현한 '군대 병영과 같은 사회에 대한 동경'에 대해 살펴보고 있다. 학교·병원 그리고 감옥은 국가에 의해 관리되고, 사회 구성원에게 적용하는 통제적이고 강제적인 기구로 보여진다.

푸코는 이 강의에서 형벌을 네 가지 형태로 구분하였는데, 유배형·배상형·절단형·수감형이 그것이다. 수감형은 가장 나중에 생겨났고 형벌의 일반적인 형태로 선택한 것이 투옥이다. 그리고 수감형은 현대 사회의 특징을 잘 나타내고 있기 때문에 관심을 끌었다. 푸코는 19세기 초반부터 시행된 수감형(예를 들어 왕에 의해 위임된 젊은 토크빌은 감옥의 죄수들을 연구하기 위하여 북아메리카로 떠났다는 것을 기억할 것이다)이라는 선택에 대해 이해가 되지 않는다고 말했다. 사실 유배는 나름대로 논리가 있다. (사회는 법을 순종하지 않은 사람을 추방시켰다.) 금전적인 배상은 사회 결속을 배려한 것이다(잘못에 의한 손해를 원상복구해 주었다). 낙인을 찍거나 절단하는 형벌은 확실히 교육적인 효능이 있다. 하지만 감옥은 어떤 효능이 있는가? 감옥은 가장 힘이 없는 사람들을 수용하는 곳이기 때문에 억제력이 떨어질 수밖에 없다. 게다가 사회 비용의 부담도 크다. 그리고 감옥은 여러 종류의 범죄자를 섞어 놓기 때문에 그들로 하여금 자신들을 거의 영원히 추방한 사회에 대항하는 결속력이 강한 동질의 범죄 집단을 양산하게 만든다. 이 때문에 여러 비판이 따르고 있다. 이러한 사실에 비추어 볼 때 어떻게 감옥이 범죄를 양산하는지 이해가 될 것이다. 이것이 바로 프랑스가 예전에 감금형을 전혀 행하지 않았던 이유인 것이다. 구제도(Ancien Régime)하에서는 예를 들어 투옥이라는 형벌은 형법에 명시되어 있지도 않았다. 투옥을 명령하는 것은 왕의 고유한 권한이었다. 이것이 바로 왕이 내리는 투옥명령서가 법적인 구속력을 가지지 못하는 이유인 것이다. 투옥은 형벌이 아니었던 것이다. 투옥

된 사람들은 거지나 미친 사람 또는 엉뚱한 짓을 하는 사람들이었다. 다시 말해서 법 질서를 어긴 사람들이 아니라 사회 질서를 흐리는 사람들이었던 것이다. 기형아나 괴물 같은 사람은 형벌을 받는 것이 아니기 때문에 감금만 했던 것이다.

그때부터 투옥이라는 형벌 제도는 범죄에 대한 인식의 변화라고 설명할 수 있는데, 이는 결국 범죄를 일종의 질병으로 생각하고 이를 치료하기 위해서는 약의 용량을 조절할 수 있는(형량을 조절할 수 있는) 징역이 이상적인 처방 약이라고 생각했던 것이다. **따라서 감옥은 학교(국가)가 미리 예방할 수 없었던 병을 치료하기 위해 있는 것이라고 볼 수 있다.**

| 시사화하기 |

형사소송법 개혁

1992년 7월 22일, 프랑스 의회는 4개의 법률안으로 구성된 새로운 형법을 채택하였다. 이 형법은 특히 현재 고려중인 형벌의 본질이라는 부분에서 한층 더 진전된 것으로 평가받고 있다. 예를 들어 형(刑)으로 인정되는 최저형에 대해 더 이상 언급하고 있지 않다는 사실을 주목하게 될 것이다. 판사는 관대한 방향으로 자유롭게 형을 정할 수 있다. 반면에 최고형은 기존의 상태대로 유지시키고 있다. 따라서 새로운 법안은 재판을 가장 융통성이 많은 방향으로 진행하게 만들고, 특히 19세기 이후부터 기준으로 적용되던 수감형을 대체형(代替刑: 수감하는 것을 대신하는 형벌)으로 바꾸는 방법을 모색하려고 하는 것이다.

이는 푸코가 《감시와 처벌》에서 판명한 감옥형이라는 논리에서 벗어나고 있는 것은 아닐까?

이러한 경향은 경범형에서 명백히 인지할 수 있다. 형벌의 종류는(131조-3항) 오늘날 훨씬 더 다양해지고 있다. 입법부는 수감형을 '일당벌금'이나 공공 노역을 통한 벌금형으로 확대하는 쪽으로 선택의 폭을 넓힐 것을 제안하고 있다. 결국 이것은 감옥에 대해서는 민영화적인 특징을 인정한 것이고, 반대로 대체형은 국유화로 조장하겠다는 것을 보여 주는 것이다. 따라서 새로운 법안은 '훨씬 더 사회 정신을 반영한 것'이라고 보는 것이다. 다시 말해서 형벌을 공동체를 위해 활용하는 것이다. 이렇게 되면 그것이 형벌이라고 말할 수 있을까? 사회의 이익을 위하여 일을 하게 될 때 죄인들은 '벌을 받고 있다'는 의식을 느끼게 될까? 그것은 어쩌면 중세기적인 특징을 가지고 있는 프랑크족들이 구상해 낸 사법 제도라고 미셸 푸코가 주장한 '배상'의 논리에 역행하는 형벌의 '논리'일지도 모른다.

　　결국 이러한 변화가 입법권자들의 의지에서 유래된 것인지, 아니면 비용도 많이 들고 효과도 없고 단지 죄수들로 바글바글한 감옥 문제를 해결하고자 하는 필요성 때문인지 좀 의아하다고 생각되지 않는가? 그렇다고 해서 이 형벌자유주의에 대한 선택권이라도 있었던가?

계 약

정의하기

법의 기원

민법에서 "계약은 합의이고, 이 합의에 의해 하나 또는 그 이상의 사람들이 하나 또는 그 이상의 사람들에 대하여 양도하거나 그리고 이행하거나 아니면 이행해서는 안 되는 것들에 대해 의무를 지는 것"이라고 정의하고 있다.

계약은 사실상 의견 일치에서 비롯된다: 라틴어에서 cum-trahere('함께 이끌어 내다')는 모두가 원하는 목적을 위하여 노력을 공유한다는 것을 언급한 것이다. 계약 당사자들이 상호간에 의무를 진다라는 말은 자신들을 위한 권리와 의무를 스스로 규정한다는 것이다.

그리고 집단적 의지의 표출이라는 관점에서의 계약은 17세기의 법률가들에게 자연 상태에서 시민 사회로의 변화 과정을 고찰하기 위한 모델로 사용되었다. 계약이라는 모델을 통해서 사회는 자신의 의지를 표현하는 사람들에 의해 자유스럽게 합의한 단체라는 것을 유추해 낼 수 있는 것이다. 세기의 계약이든, 아니면 일상적으로 행해지는 계약이든(우리는 끊임없이 계약을 한다. 예를 들면 소비자로서 말이다) 계약은 법을 만들어 낸다. 따라서 니체는 《인간적인, 너무나 인간적인》이라는 저서에서 "계약이 없으면 권리도 없다"라고 했던 것이다.

> 내용 구성하기

계약과 법

■ 만약 법규가……

　법은 본질이 모두 다른 수많은 규칙들로 구성되어 있다. 사람들은 이 법을 더할나위없는 정당한 규칙으로 기꺼이 받아들인다. 그래서 법은 강제되는 것이고, 모든 당사자들의 동의를 필요로 하지 않는다. 법은 모든 특정 개인에게 법의 보편성에 따르도록 강제한다. 그래서 법을 만들고 말하는 사람들은 힘을 과시하게 되는 것이고, 그 힘은 엄격하게 합리성에 기초를 두어야 하는 것이다. 국민의 주권이 의회에 의해 대표되는 민주주의에서는 당연히 다수가 힘을 발휘하기 때문에 법은 항상 가장 강한 세력의 견해가 되는 것이다.

■ 계약과 상충된다면……

　그렇다고 해서 최고 권위가 시민들에게 강제한 규칙을 시민들이 단순히 따르기만 하는 것은 아니다. 따라서 계약은 자연 발생적으로 합의와 자율의 원칙에, 다시 말해서 자신들이 지킬 수 있는 법을 스스로 만들어 내는 능력에 근거한 법을 제정하는 수단으로서 강제된 법률과는 완전히 상충되는 것이다. 따라서 계약은 법이 내포하고 있는 법의 인위적인 특징보다 우선하게 되는 것이다. 사실상 만일 사람들이 자연법(최고 권위의 표현인 신이나 자연)이라는 개념을 인정할 수 있다면 '자연 계약'이라는 표현은, 홉스가 주장한 것처럼 자신의 생존을 보장하기 위해 인위적인 수단을 만들어 내고자 하는 인간들의 본능적인 특징을 강조하고자 하는 뜻 이외에는 별다른 의미가 없는 것이다.

■ ……이 둘은 법을 통해 힘을 구현한다.

이 말의 의미는 계약 개념이 내포하고 있는 상호성이라는 것이 계약은 '자율적인' 법규를 만들어 낸다는 것을 뜻하는 것인가? 계약은 법을 반혁명주의 사상가들과 마르크스주의자들 이후에도 계속적으로 반복되고 있는 법에 대한 의심으로부터 벗어날 수 있도록 해주고, 궁극적으로는 가장 강력한 법으로 구현되도록 해주는 것인가? 그것은 계약이 협상의 목적이 되고, 계약 당사자간의 충돌을 반드시 피하도록 해줄 수 없다는 것을 망각한 것일지도 모른다. 강자가 약자에게 강요하는 '편파적인' 계약과 상대방의 무지와 부주의와 소홀함을(눈에 잘 띄지 않게 기재된 계약 조항이나 어려운 전문 용어 등) 교묘하게 이용하는 계약이 존재한다. 이 의미는 합의를 한다는 것이 항상 자유롭게만 합의가 이루어진다는 뜻은 아니라는 것이다. 합의는 일반적으로 보여지는 것처럼 무늬만 합의일 수도 있고, 법률적인 기법을 이용해서 순진무구한 사람들을 속이는 궤변론자들의 계략일 수도 있기 때문이다.

심화하기

《리바이어던》
토머스 홉스(1651)

토머스 홉스는, 그보다 1세기 늦게 태어난, 인간들간의 끊임없는 전쟁 상태와 같은 자연 상태를 창안해 낸 장 자크 루소에 비해 전혀 손색이 없는 전형적인 공상 작가이다. 이 전체에 대한 개인의 전쟁 상태는 인간의 본능은 욕망이라는 본능에서 있어서도 똑같다라고 하는 가설의 결과인 것이다: 《사회계약론》을 쓴 루소가 말한 자연 상태는 토머스 홉스가 말한 자연 상태와는 근본적으로 반대된다.)

"죽어야만 멈추게 되는, 권력을 획득하고자 하는 이 끝없는 욕망이 모든 인간이 가진 일반적인 성향이고, 나는 이 성향을 제일 우선으로 여긴다."

인간들은 모두 같은 것들을 원하기 때문에 일반적으로 대립을 하게 된다. 이는 루소의 시각과는 완전히 다른 것이다. 인간의 타고난 본능인 욕망을 평등하게 한다는 것은 시간이 지나면 결국 인류에게 해를 끼치게 되는 것이다. 인간은 살아가는 동안에 특별한 욕망, 즉 존속의 욕망을 가지게 된다. 깊이 내재되어 있는 욕망이라는 유일한 법칙에 의해 지배되고 있는 인간이 처한 불안전한 상태는 순식간에 견디기 어려운 상태로 돌변한다. 따라서 이러한 충동과 권력에 대한 욕망을 통제할 수 있는 방법을 찾아야 한다.

그래서 홉스는 인간들은 자신들의 갈등을 해결하는 책무를 제삼자에게 넘겨야 한다고 생각했다. 인간들은 모든 형태의 폭력을 포기하고 합의를 통한 계약에 의거하여 만들어진 인위적인 기구에 이를 일임하기로 결정한다. 따라서 인간은 현재 유일한 폭력의 소유자인 이 거대한 괴물 리바이어던, 즉 국가를 만들어 내게 된 것이다:

"그것은 마치 각각의 사람들이 각각의 상대방에게 말하는 것과 같다: 나는 이 사람이나 이 전체를 인정한다. 그리고 나는 그에게 내 자신을 지배하도록 내 권한을 포기한다. 이러한 조건하에서 당신도 그에게 당신의 권리를 포기하고, 같은 방법으로 당신은 그의 모든 행위를 인정한다. 그렇게 다수가 오직 한 사람에게 모이게 된 것이 공화국(République)이라고 하는 것이다."

홉스에 의하면 정치 단체는 이해 관계에 따라서 생겨난 것이고, 이러한 단체는 조건에 대한 상호성 보장에 바탕을 두는 합의를 전제로 한다는 것이다. **이것이 바로 계약이다.**

만약 사회가 계약 행위에서 생겨나게 되었다면 사회는 인간의 특성에 따라 자연적으로 생겨난 것이 아니라 인간의 노력에 의해 생겨난 인위적인 결과처럼 보여진다. 따라서 인간은 더 이상 '정치적 동물'처럼 인식되는 것이 아니라 동물과 구별되는 정치의 창시자로 인지되는 것이다. 자연을 완전히 정복하지 못했기 때문에 자연 속에 있는 인간을 위한 보호막처럼 자연에 대항해서 만들어진 것이 사회이다.

| 시사화하기 |

모든 계약을 합법화해야 하는가?

현대 사회는 수많은 계약을 통해 이루어지고 있지만 대부분의 계약은 암묵적으로(소비 활동만 국한해서 보면) 이루어지고 있으며, 또 반드시 합법적인 것도 아니다. 사실 계약이라는 것이 모든 계약 당사자들이 자유롭게 합의한 모든 형태의 합의라고 할 때 이러한 계약은 악용될 소지가 너무 크다. 사실상 계약이 합의를 전제로 한다면 이 합의라는 것이 어쩌면 힘 대결 관계의 결과이기 때문이다. 따라서 어떤 계약들은 공평하지 않게 되는 것이다. 이러한 이유 때문에 개인적인 권리 행사에 국가가 점점 더 개입하게 된 것이다. (예를 들면 임차 계약에서, 국가는 계약 작성 형식을 강요하거나 세금을 공제하는 방식으로 개입한다.) 계약에서 법의 간섭은 실제로 개인들의 사적 교환 영역에 공권력 개입이라는 문제로 확대된다. 결과적으로 절대자유주의 옹호론자들이 계약에 대해 국가의 자유로운 통제를, 게다가 모든 형태의 계약 체결에 있어서 국가의 허락을 받아야 한다고 주장하는 것으로 사람들은 생각하게 되는 것이다.

따라서 급진자유주의자인 미국의 경제학자 월터 블로크는, 제목과 내용이 매우 도발적인 《보호할 수 없는 사람들을 보호한다》라는 저서에서 포주와 창녀, 마약판매상과 마약중독자, 그리고 고리대금업자와 돈을 빌리는 사람 간에 맺어진 가장 합법성이 없는 계약도 합법화하자고 제안하였다. 그리고 "모든 활동이 폭력을 유발하지 않는 한 이러한 활동들은 합법화되어야 한다"고 주장하고 있다. 이는 계약에 대한 매우 자유주의적인 개념이라는 이름으로 합의에 대한 새로운 정의를 다시 내리자고 제안하는 것이다. 하지만 '합의한다'는 것은 '서로 뜻이 맞다'라는 것을 의미하는 것이 아니며, 법은 힘의 우위를 가지고 있는 사람들의 파렴치함을 인정해서는 안 되는 것이다. 지배 관계는 자진해서 원하거나 언제든지 파기될 수 있는 경우에만 계약의 목적이 될 수 있는 것이다. (예를 들면 사세 마소크와 그의 주인 완다가 맺은 계약을 들 수 있다.)

이 '보호할 수 없는 사람을 보호하는 사람'을 진정으로 보호할 수 있을까?

문 화

정의하기

자연적인 것은 더 이상 아무것도 없다

라틴어 colere라는 동사는 **땅을 경작하다**(cultiver la terre: 열매를 맺을 수 있도록 정성을 다하다라는 뜻에서), **거주하다**(habiter: 이 의미는 colons(식민지 개척자), colonisation(식민지화), colonie(식민지)라는 단어들에서 인지될 수 있다), 그리고 **신들에게 경의를 표하다**(honorer les dieux: culte(숭배 예찬)이라는 단어로 통용된다)라는 의미를 포함하고 있다. 따라서 **문화**(culture)는 이 세 가지 의미를 포함하고 있기 때문에, 인간에 의한 자연 개조의 성스러운 과정이라고 정의할 수 있는 것이다.

인간은 자신이 처해 있는 환경을 변형시키고자 하는 본성과 동시에 자신의 변신도 실현시키고자 한다는 인간의 본성을 고려한다면 "인간은 문화적 존재이다"라고 말할 수 있는 것이다. 문화는 물질적 저항에 직면한 정신적 활동이자 동시에, 예전에 이미 모든 난관을 극복해 온 인간의 모든 경험을 통틀어 말하는 것이다. 결국 **문화**는 **자연적인** 것이며, 인간 본성이라는 매개물을 통해 영속되는 자연이라는 표현도 되는 것이다.

> 내용 구성하기

문화는 예외가 있는가?

■ 문화적 예외인 인간이……

인간은 다른 동물들과 같은 본능이 없기 때문에 자연 상태에서는 늘 위험 속에서 살 수밖에 없다. 따라서 인간은 자신들에게 알맞도록 주변 환경을 바꾸는 노력을 통해서만 이 위험한 자연으로부터 벗어날 수 있는 것이다. 결국 인간은 문화를 통해서 자연으로부터 보호받는다. 문화는 자연으로부터 인간을 구제해 주고, 라틴어 ex-capere(~으로부터 끌어내다)라는 단어의 의미처럼 인간을 자연으로부터 '예외(ex-cepte)' 시키는 것이다. 따라서 인간은 문화적인 예외인 것이다. 사실 문화는 인간 중심의 규범과 인간의 가치를 중시하는 인본주의의 가치와 상당히 밀접한 관계가 있다. 문화적 예외라는 개념은 정확한 의미로 인본주의자들의 목표를 실현하는 것이고, 동시에 이 목적을 위한 필요 조건인 것이다.

물론 최근에 있었던 가트(GATT) 협상에서 규정한 '문화적 예외'라는 개념은 일반적으로 예술이라고 하는 특별한 활동에만 국한시키고 있지만 말이다.

■ 예술을 통해서 간파한 것은……

예술이란 이질적인 문화를 수용한 것이다. 먼저 정의에 의하면, 예술은 획득할 수도 없고 전수해 줄 수도 없는 천재성과 노하우라는 기술의 혼합을 필요로 하기 때문이다. 따라서 예술가는 근본적으로 타인과의 뜻밖의 만남 속에서 자신의 창조적인 에너지를 끌어낼 줄 아는 '혼합된 인간'이다. 혼합은 또한 예술가들이 영감을 얻어내는 동력이기도 하다: 지난 세기말에 기교파들이 일본 거장(모네는 호쿠사이의 작품을 수집했다)들의 수채화와 판화 속에서 재생할 수 있는 재료를 찾아낸 것처럼 입체파는 흑인 예술의 영향을 받아서 생겨나게 되었다.

모든 것은 로트레아몽으로부터 벗어나기 위해, 마치 '우산이나 재봉틀에 대한 세밀한 분석을 한 작품을 뜻밖에 보게 됨으로써' 작품이 만들어지는 것처럼 진행된다. 이런 관점에서 결합하고 혼합하고 연결하고 불가능한 의사소통을 구체화하려고 끊임없이 노력하는 20세기는 그 자체가 예술가인 것이다.

■ 문화는 혼합의 실습 과정이지만……

사실 현시대는 문화 전이(文化轉移)로 특징지어지기도 하지만, 동시에 창조적인 혼합이라는 끊임없는 유혹에도 불구하고 문화적 특성이 완전히 다른 지역이 공존하는 것처럼 폐쇄적인 지역도 계속해서 증가되고 있다. 클로드 레비 스트로스는 이러한 역설적인 상황이 왜 필요한지를 설명하기 위해 끊임없이 노력하였다: 문화 생활을 영위하고 발전시키기 위해서 자신의 특수성을 강조하는 것만큼 다른 이들과의 교류도 필요하다. 일본의 예는 특히 유명하다. 사람들의 문화 생활은 외부의 빛이 너무 강하면 닫히고 어두울 때는 열리는 사진기의 조리개처럼 반응한다는 것을 보여 준다. 이러한 관점에서 가트 협상이 야기한 '문화적 예외'라는 개념은 시기적절하다 하겠다.

■ ……민중들의 아이덴티티를 해체시키지는 못할 것이다.

문화는 사업의 대상이 될 수 있는가? 작품을 단순한 다른 일반 상품처럼 격하시켰다고 기분 나쁘게 생각하는 의분(義憤)이라는 측면에서 해답을 찾아야 하는 것은 당연히 아니다. 하지만 예술과 돈은 오래전부터 떼려야 뗄 수 없었던 관계가 아니던가! 예술이 건재하게 된 데에는 오히려 시장이라는 특성 때문이다. 가트에서 벗어난다는 것은 사실상 미국의 일방적인 압력으로부터 벗어나는 것과 마찬가지이다. 경제 체제는 사실상 자신의 특수성을 강요하고 자신의 특수성을 보편화시키려 드는 돈 많은 부자들에게 유리한 문화적 창조를 꽃피우는 데 편리하도록 되어 있다. 미국은 자신들이 만들어 놓은 틀 속에서 이 무모하고 엄청난 혼합을 받아들이게 하려고 애를 쓰고 있는 것이다. 이러한 혼합을 반대하는 것은 '(미국의) 표준화'에 반대하는 굉장히 멋진 혼합인 것이다. 오늘날 감히 잡탕문화(melting pot)의 국가가 문화를 혼합해야 한다고 위협하고 있다니!

심화하기

《사유의 패배》
알랭 핑켈크로트(1987)

현재 문화(Culture)라는 프랑스어 단어는 소유라는 독특한 형태를 나타내기 위해 더 이상 대문자로 시작해서 쓰질 않는다.(Culture → culture) 예를 들어 나의 문화(ma culture)라는 말은 내가 속해 있는 공동체를 뜻하는 말이 된다. 그래서 핑켈크로트는 문화라고 불리는 보편적 가치의 창조적이고 영적인 활동이 인간의 모든 표현 방법에 똑같은 가치를 부여하고, 이를 평준화하는 문화적 상대주의 앞에서 어떻게 무너지게 되었는지를 보여 주고 있다. 문화의 보편적인 특징의 상실은 두 차례에 걸쳐서 나타난 '사유의 패배'인 것이다.

첫번째 단계는 계몽 사상에서 낭만주의로 넘어가는 과정에서 시작되었다. 역사적이고 민족적인 내용을 빼고 생각할 수 없다고 주장하는 헤르더와 피히테의 영향 아래서 낭만주의 작가들은 문화를 자신들의 특수

성을 중시하는 표현 방법으로 삼았다:

"문화라고 하는 것은 사람들의 무지와 편견을 줄이기 위한 것이 아니라 자신만의 독특한 독창성으로 국민들을 지켜 주는 국민의 유일한 영혼을 표현하는 것이다."

그럼에도 불구하고 1827년에 괴테는 에커만에게, 시(詩)나 소설이 나타내는 특별한 조건을 초월하는 무엇이 있다고 느껴지는 것 같고, 그리고 중국 소설이 자신이 쓴 서사시인 《헤르만과 도로테아》가 담고 있는 '영혼'을 읽고 있다는 것을 이 무엇 때문에 알아낼 수 있었다고 토로하였다.

두번째 단계는 사상에 대한 평가절하 과정 속에서 유럽의 절대 군주제에 대해 나폴레옹이 전쟁을 일으켰던 것과 같이 완전히 '정치적인' 사건이 일어난 후에 나타났다. 만약 낭만주의 작가들이 주창하는 문화민족주의가 프랑스의 정복 정신과 계몽주의의 개화적인 모델을 확산시키고자 하는 프랑스인들의 야망에 **대해 대항해서** 생겨났다면, 오늘날의 현대화를 대표하는 문화상대주의는 탈식민주 이후에 생겨난 죄책감에서 비롯된 것이다.

이처럼 '사유의 패배'는 2개의 '역사적인 배경'을 가지고 있다.

사실 오늘날 우리가 살고 있는 다원주의 문화는 인본주의 가치를 강제하기 위해 관용의 법칙을 인정하고 있는 상대주의인 것이고, 인간의 창조적인 이런저런 표현에 우월성을 부여하는 것을 거부하고 있는 것이다. 모든 가치는 우열이 없기 때문이다.

"문화(일상적인 생활) 속에서 교양인(영적 생활)들의 보복적이고 자학적인 몰두는 모든 문화적인 활동을 인간의 위대한 창조라는 반열에 올려놓는 일종의 정신 착란으로 대체되었다."

핑켈크로트는 나중에 유명하게 된 다음과 같은 문장으로 상황을 설명하였다: "롤리타들이 읽는 것은 《롤리타》와 같은 가치가 있다." 랩뮤직은 교향곡 음악과 같은 **가치가 있다**. 스텔론과 오슨 웰스의 경우를 말하자면 그들도 같은 일을 하는 사람들인 것이다.

그렇다고는 하지만 탈식민주의와는 도대체 어떤 관계가 있는 것인가?

지난 세기에 서양인들은 식민자(식민지의 원주민)들보다 우월하다고 생각했기 때문에 그들의 문화는 일찌감치 별볼일 없는 것으로 여겼었다. 하지만 서양인들은 원주민들도 문화를 보유하고 있었다는 사실을 나중에서야 간파하게 되었다.

레비 스트로스는 서양인들이 다른 문화를 평가절하하는 행동은 '인종 중심주의'라는 개념에서 유래되었다고 설명하였다. 다시 말해서 당연한 것처럼 여겨지도록 하기 위한 의도에서 유래되었다는 것이다. 핑켈크로트는 그러한 논리들에게 '관대한 배반'이라는 이름을 붙여 주었고, 그리고 그것은 원칙적으로 구조주의자들의 소행이라고 설명했다. 문화에 보편적인 가치의 인정을 거부하는 것은 여기서 유래되었다. "야만은 문화를 취하는 것으로 끝이 난다"라고 사람들이 무턱대고 주장하는 것도 이런 이유에서이다.

시사화하기

문화의 문외한

20세기는 대중의 시대이다. 지금은 흔한 말이 되어 버렸지만, 대중의 시대라는 개념은 지난 10년 동안 서구 사회가 어떻게 발전해 왔는지를 생각하게 만들어 준다. 대중의 시대라는 말은 또한 철학자 한나 아렌트가 '문화의 위기'라고 명명한 것, 알랭 핑켈크로트가 '사유의 패배'에서 밝혀낸 것, 그리고 시청각 창작물에 관한 가트 협상을 문화의 문외한들이 장악하고 있다는 사실을 이해하는 데 도움을 주는 말이다.

아렌트에 의하면, 문외한이라는 단어를 제일 먼저 사용한 사람은 브렌타노였다고 한다. 브렌타노는 "모든 것을 물질적인 가치나 근시안적인 효용성에 기준을 두고 판단을 하고, 자연이나 예술을 나타내는 활동을 쓸데없는 짓이라고 여기며, 사물을 볼 줄 아는 눈이 없는 사람"을 문외한이라고 정의하였다. 따라서 예술가들이 지칭한 예술가들의 적(敵)은 문외한인 것이다. 19세기에 이 말은 사실상 가장 모욕적인 말이었다. 플로베르의 《일반사상사전》과, 레옹 블로이의 《공공 장소의 주석》은 문외한들을 위해 씌어진 것이다. 이 작품들은 '부르주아' 사회의 가치를 구체적으로 표현하고 있는데 이 때문에 혐오스럽기 그지없는 것이 되어 버린 것이다. 이 부르주아들에 기대어 예술가들이 모이게 되었고, 겉만 번지르한 작품만을 만들어 내었던 것이다.

대중의 시대가 도래하면서 두각을 나타내야 한다는 필요성을 느끼게 되었고, 문외한들도 다른 사람들과 마찬가지로 이에 대한 필요성을 느끼고 있었다. 문화는 부가적인 가치를 띠게 되었다. 그것은 예외라고 하는 외형적인 신호가 되었고, 문외한을 경시하는 풍조마저도 문외한들에게는 가격을 매기는 새로운 지표가 되었다. 따라서 예술과 예술가들은 '원상을 회복'하게 되었다. **마침내 문화가 '상업적인 면'에서 인정을 받게 되었다는 것은 부(富)의 외부적인 표현일 뿐임을 발견하게 되었던 것이다.**

사실 뜻밖의 반전으로 인해 19세기 살롱 예술의 작품들은 현재 판매장에서 확실한 가치를 인정받게 되었고, '저주받았던 시(詩)'들은 프랑스 수능시험(Baccalauréat)에 출제될 정도로 전성기를 구가하고 있는 것이다.

이는 작품들의 파괴적인 의미가 어떻게 시장의 수요에서 사라지게 되었는가를 말해 준다: 문외한들이 확실한 성공을 거두었던 것이다. M. 오메는 가격을 떨어뜨리려는 목적밖에 없는 사람들에게 비싼 가격을 제시하면서 자신이 가지고 있는 영혼의 위대함을 보여 주려 하였다. 그는 자신이 만든 모든 작품이 팔리는 것으로 그것을 증명해 보였다: 어느것도 더 이상 계산 앞에서는 버틸 수가 없는 것이다. **자금**의 힘이란 한계가 없는 것이 아니던가!

쇠퇴와 몰락

정의하기

파멸과 최후

폐허는 18세기 전기 낭만주의자들의 취향에 잘 어울리는 것처럼 보인다: 르 로랭(Le Lorrain)이라 불렸던 클로드 젤레와 위베르 로베르는 역사의 마지막 순간을 담고 있는 듯이 무성한 숲 속에 파묻혀 있는 폐허를 즐겨 표현하였다. 폐허는 여러 가지를 생각하게 만들기 때문에 샤토브리앙은 이러한 점에 대해 많은 연구를 할애하였다. 디드로는 이보다 몇 년 전에, 로베르의《폐허가 된 루브르 대회랑의 상상의 풍경》이라는 작품에 관해 이런 고백까지 하였다. "폐허에 대한 관심이 내 안에서 꿈틀대기 시작하고 있다는 생각은 위대한 깨달음이다. 모든 것은 파괴되고, 소멸되고, 사라져 가고, 삼라만상만이 존재하는구나"라고.

이처럼 같은 시기에 '쇠퇴'라는 개념이 유행하는 것은 조금도 놀라운 일이 아니다.

사실 이 쇠퇴라는 말은 건물이 점차적으로 파손되어가는 것을 지칭한다. 몽테스키외는 이 용어에 비유적인 의미를 부여하면서 정치적인 전문용어로 만드는 데 기여하였다. 1734년《로마인의 위대함과 그 쇠락의 원인에 관한 고찰》이 출판된 이후 사람들은 제국의 쇠퇴나 국가의 쇠퇴, 아니면 민족의 쇠퇴와 같은 말을 곧잘 생각하게 되었던 것이다. 폐허를 그리는 화가들이 은유적으로 표현하고자 했던 것은 쇠퇴하고 있는 제국이나 제도로서 이를 무너져 내리는 건축물로 간접적으로 표현하고 있다. 쇠퇴하는 것은 건축물도 있지만 왕조나 왕국의 쇠퇴와 같은 말에만 쓰는 것이 적절할 것이다.

반면에 종말이라는 말은 훨씬 더 일반적으로 사용된다. 종말의 은유적인 의미는 유기적인 것이다: 살아 있는 사람이 숨을 막 거두는 것이 종말이다. 여기서 뉘앙스의 차이는 중요하다. 몰락은 돌이 부식되어 가는 것처럼 오랜 기간 속에서 이루어지는 데 반해, 종말은 생의 짧음을 강조한 것이기 때문이다.

내용 구성하기

쇠퇴는 '근대화의 선물' 인가?

■ **쇠퇴는……**

비록 로마의 쇠퇴가 다른 모든 쇠퇴의 '모델'이 되고 있는 것은 사실이지만, 원래 라틴어에는 쇠퇴라는 단어가 없다. 쇠퇴라는 말과 가장 가까운 단어는 그리스어의 **degeneratio**, **phthora**(탄생과 분리해서 생각할 수 없는 폐허)를 들 수 있을 것 같다. 사실 고대인들은 쇠퇴라는 말에 특별한 관심을 가질 필요가 없었다. 쇠퇴는 전체 가운데 한 부분이고, 삶의 한 부분이었을 뿐이다. 암흑 세계와의 단절이라는 것을 말하기 위해 쇠퇴라는 말을 만들어 낸 사람들은 현대 작가들이었다. 피에르 쇼뉘라는 역사가는 다음과 같이 말했다. "쇠퇴는 근대화의 선물이다"라고. 이 말이 뜻하는 바는 먼저 비판을 하는 사람들의 수단이 되었다가 나중에는 다시 그것을 옹호하는 사람들의 수단이 되는 이데올로기적인 성격을 나타내는 말이다.

■ **현대인들에게……**

사실 플라톤이 《국가》에서 이야기했던 것처럼 역사에 우회적인 의미를 부여하지 않는 이상 쇠퇴란 존재하지 않는다: 어떤 때는 신들이 정권을 잡고, 어떤 때는 사람들이 정권을 잡고, 이렇게 되면 사태의 흐름은 거꾸로 흐르기 때문에 아무것도 제대로 이루어지지 않는다! 하지만 《인종 불평등에 관한 에세이》에서 고비노가 표현했던 것처럼 예를 들어 역사에 부여된 일반적인 의미로서의 '역(逆)으로'는 쇠퇴로부터 거꾸로 진보가 이루어질 가능성이 있을지도 모른다. 결과적으로 쇠퇴는 현대 작가들의 모든 영향을 간파한 서양 사람들이 때늦게 반영한 이미지, 즉 재표현(再表現)인 것이다.

사실 이것은 1918년 출간된 《서양의 몰락》에서 오스발트 슈펭글러가 말한 것이다. 그에 의하면 서양의 정신은 '파우스트 성향'으로, 실현 불가능한 것을 열망하는 것이다. 시대는 같지만 근본적으로 다른 접근 방법을 통해 철학자 후설은 《유럽학문의 위기》에서 다음과 같이 말하였다:

"그것은 무한한 생각이고, 모든 정신의 변화가 겉으로 드러나지 않는 방법으로, 이 무한한 생각에 이르기를 바라는 것이다."

서양 사람들은 무한대를 목표로 삼고 있으며, 이 무한대에 대한 포부는 학문 활동의 원동력이 되었다.

실제로 현대 작가들은, 유럽인들이 자신들의 유한성과(그들은 공간에서 하나의 점에 불과하다) 함께 자신들의 지식을 넓혀 주는 무한한 가능성을 발견하고 있는 이 시점에 있는 것이 아닐까?

■ 현대 작가들의 실패를 표현하는 수단으로 사용된다.

그래서 단지 욕망의 무한성을 반영하는 무한한 욕망은 현대인들을 끊임없이 지치게 만들고 있다. 발자크 소설의 주인공인 발랑탱이 소원을 하나씩 말한 후에 슬픈 얼굴로 찌그러지는 이유는, 제2제국하에서 국가를 독점한 과학자의 열정에 대한 반발처럼 나타난, 19세기말의 쇠퇴가 녹초가 되어 버린 쇠약을 연출하게 될 것이라고 예고하는 것이다. 위스망스가 《거꾸로》라는 작품에서, 졸라가 《쟁탈전》에서, 그리고 보들레르가 《세상 밖 어디든지》에서 의도한 것은 숨쉬기가 너무 힘들 정도로 오그라든 인간들의 공간을 보여 주고자 했던 것이다. 퐁트네에 있는 자기 집의 벽에 둘러싸여 근근이 살아가고자 했던 데 제생트, 온실의 뜨겁고 짓눌리는 분위기 속에서 격화된 르네의 감정, 퇴폐적인 상상으로 가득 찬 이 모든 인간들은 자신들의 욕망의 무모함으로, 도를 넘어선 자신들 육체의 갑갑함으로 괴로워한다. 퇴폐주의의 예술가들은 우울함으로 인해 점점 죄어오는 목을 예술로써 승화시켰다.

쇠퇴는 모든 재현의 행위처럼 각성에 대한 연구 결과이다. 현대 작가들의 연구 결과는 선물이 될 수 있지만 이 선물은 확실히 판도라 상자에서 튀어나온 것임에 틀림없을 것이다.

심화하기

《시상(詩想)》
스테판 말라르메(1870-1898)

당대에 뒤늦게 빛을 본 스테판 말라르메의 몇 안 되는 작품은, 19세기 말기에 성행했던 사상에 대한 모든 흔적을 담고 있으며 쇠퇴가 무엇에 대한 연출이었는지를 이해하는 데 도움을 주고 있다.

영어 교수였던 말라르메가 명성을 얻게 된 것은 《거꾸로》를 쓴 J. K. 위스망스 덕분이었다. 이 쇠퇴에 대한 지침서가 된 《거꾸로》라는 작품은 말라르메의 작품이 흙 속에 묻힌 진주와 같은 작품이고 너무나 난해해서 일반 대중들이 접하기에는 어려웠지만, 이에 아랑곳하지 않고 묵묵히 집필한 작품이었다는 것을 독자들에게 보여 주고 있다. 위스망스는 《거꾸로》라는 소설의 14장에서 말라르메의 시에 대해 다음과 같은 글로 찬사를 보냈다:

"총선거가 있었던 당시 돈에 눈이 어두워 사람들이 이리저리 날뛰고 있었을 때, 거만에 휩싸인 어리석은 인간들을 피해 세상을 등지고, 아무런 서신 왕래도 하지 않고, 이미 허울뿐인 사상에 대해 지나치게 매달려 부질없는 우아함이나 접목시키면서 지성에 대한 경이로움과 지능의 통찰력에 만족하는 이 시인의 작품들을 사랑했던 것처럼, 그는(데 젱세트, 소설의 주인공) 또한 이 시인의 시(詩)를 사랑했다."

지나친 세련됨과 배려에 대한 결여라는 시의 두 특징 때문에 말라르메의 작품은 **난해성**을 지닌다. 사실 말라르메의 문제작들은 읽기에는 상당히 어렵게 진행된다. 이 시들은 읽는 어려움과 쓰는 어려움을 정확히 표현하고 있으며, 언어에서 표현의 한계성을 가지고 있는 무력한 인간의 비극을 반영하고 있다. 말라르메 작품의 상징적인 내용은 〈순결, 생동감······〉이라는 제목의 소네트(14행시)와 비슷하다. 우아한 백조 한 마리가 얼음 속에 날개가 갇혀서 스스로 날개를 자르지 않으면 거기서 빠져 나오지 못한다:

"깃털을 붙잡고 있는 땅의 공포가 아니라

그것을 거부하는 새에게 가해진 공간에 의해

백조의 목은 이 하얀 임종의 고통으로 떨게 될 것이다."

이 이미지가 주는 상징적인 힘은 강렬하다: 이 이미지는 동시에 차디찬 하얀 종이의 불안감을 반영한 것으로 시인을 마비시키고 있는 것이다; 결과적으로 이 이미지는 창의력의 고갈에 대한 공포를 미화한 것이다. 뿐만 아니라 이는 정확한 표현을 이끌어 내는 데 있어서 그 한계 때문에 너무나 저속하게 되어 버린 언어의 냉혹함을 불러일으키기도 한다……. 간단히 말해서 백조의 순결함 속에서, 그리고 이 백조를 수정처럼 맑게 미화시키는 얼음으로부터 말라르메는 잃어버린 과거의 추억과 귀족 정신(왕을 상징하는 색은 백색임)과 더 이상 인정받지 못하는 그 시대의 문화를 반영하고 있는 것이다. 쇠퇴는 최후의 저항이라는 찬사를 자신들 작품의 주제로 만드는 엘리트들의 '고귀한' 소멸을 연출하는 것은 아닐까? 말라르메의 천재성은 또한 언어에 대한 투쟁 방법으로 사회적·도덕적 상징을 취하고 있다. (이 시인의 산문은 초인간적인 노력을 통해 침묵 속에서 이끌어 낸 것처럼 그 작품 수는 매우 적다.) 몇몇 작품들은 당연히 행동으로 나서도록 호소하고 있다. 또한 이러한 무기력에서 탈출하기 위해서는 '사회에서 쓰는 말들에 더 많은 의미를 부여하도록' 생각해 보아야 할 것이다. 언어에서 어원의 본질에 대한 고찰은 동시대인들로 하여금 시인을 영원히 이해하지 못하도록 만드는 것은 아닐까? 이러한 절대적 요구는 반대로 시를 없애 버리고 싶어서 '맥이 빠진 쓸데없는 소리'를 만들어 내게 하는 것은 아닐까? 작품들은 시인이 속한 사회와 인간의 골을 깊게 만들면서도 이러한 깊은 골을 확인하는 것으로는 만족하지 못하고 있다(보들레르의 《악의 꽃》에 나오는 〈알바트로스〉는 이를 잘 나타내고 있다). 결국 끈질긴 침묵 속에서 진행하는 창작 활동이 정치적 차원으로 변모하게 되면, '퇴폐주의'와 '상징주의' 예술가들에 대해 글

을 쓰는 장 폴 사르트르의 비판으로부터 모면할 수 없게 되는 것이다:

"그들은 몰락한 귀족의 헛된 회한을 귀족이라는 이름으로 장식하고 있을 뿐만 아니라 그들만의 독창성이라 하는 것도 궁극적으로는 보편성에 대한 부정에 불과한 것이다."

《말라르메, 각성과 그의 어두운 면》

퇴폐주의는 정치에 실망한 몇몇 사람들의 미학적인 면에 대한 단순한 편향보다 한층 더 실망한 것이고, 또한 민주주의에 대한 증오를 여실히 드러내는 것이다.

시사화하기

위기 문화

위기라는 단어처럼 지속적으로 대중매체에서 사용되는 단어들은 흔하지가 않을 것이다. '위기'라는 단어의 어휘적인 용법은 퇴색해 가고 있지만 단어 자체는 지속적으로 사용되어지고 있다: '경제(위기)'라는 말은 자주 쓰이고 있고, '사회(위기)'라는 말은 가끔 쓰이고 있으며, '존재(위기)'라는 말조차도 쓰이고 있다. 텔레비전이나 영화에서도 그 의미가 왜곡되고 있는 실정이다(이브 몽땅이 진행을 맡았던 텔레비전 방송, 〈위기 만세!(Vive la Crise!)〉라는 '고상한' 한 프로와, 세로가 만든 《위기》라는 영화가 기억날 것이다). 이 '위기'라는 단어는 거의 신비스럽다. 이 단어는 현재성을 고스란히 담아내고 있으며, 과거에 대해서도 합리성을 부여하고 있기 때문이다. 결국 위기는 닥쳐왔으며("C'est la crise") 이미 때는 늦은 것이다.

하지만 이 말이 의미하는 것은 정확하게 무엇인가? 이런 말을 하는 그런 의연함은 너무 세상을 모르고 하는 이야기는 아닌가? 위기라는 단어의 의미를 확대해 가는 것은 지금 현재가 '쇠퇴기'에 있다는 의미를 나타내고자 하는 것이 아닐까?

위기라는 단어는 그리스에서 히포크라테스 의사가 쓰던 말로부터 유래되었다. 이 말이 의미하는 것은 환자를 치료하는 의사가 쓰는 말로서, 환자의 예견되었던 순간을 말한다: 병세가 나타나고, 마침내는 썩지 않던 부위가 썩게 되었는지 또는 건강한지 그렇지 않은지를 구별할 수 있을 때를 말하는 것이다. 위기가 한창일 때는 잠복해 있던 모든 것이 겉으로 드러나게 되는지 아닌지를 더 이상 명확하게 보지를 못한다. 이런 상태에서는 위기가 일시적으로 나타나지만 또한 충격적으로 나타난다: 위기 상태에 빠진 몸은 치료가 되거나, 아니면 죽게 되는 경우밖에 없다. 기차에서 내리는 모습을 보고 고뇌하는 루드(Lourdes)교 순례자들의 고통을 열거하는 위스망스를 연상시키는, 병적인 겉치레가 만연하는 '위기'에 대해서는 어떻게 생각해야 하는가?

사실 퇴폐주의는 병원을 좋아하는 것 같다. 퇴폐주의는 불치의 병에 걸려 있다고 생각하는 사람들이 모여 있는 병원(말라르메,《창문들》)이라는 각도에서 세상을 보고 있다. 이는 소설의 마지막 페이지에서 나나(Nana)의 얼굴이 제2제국을 감동적으로 비유한 것처럼 진보를 매독(성병)으로 왜곡하는 당시의 분열 증세를 말하기 위해 병(maladie)을 은유적으로 표현한다. 위스망스가 리드윈 드 스히담에게서 19세기말의 반동적인(réactionnaire: 엄격한 용어의 의미에서) 이상(理想)을 표현하는 퇴폐적인 감수성의 성인(聖人)을 발견했다고 하는 것은 이해가 된다: 리드윈은 늘 병에 시달리고 있었고, 그의 몸은 예상 가능한 모든 질환의 대상이었기 때문에 그 '열정'은 수많은 위기로 반복적으로 나타났다. 자신의 가련한 육체에 낙심한 네덜란드의 성인(聖人) 리드윈은 현대인들이 아주 열렬히 찾는 '의학사전'에 나오는 모든 병을 견뎌내면서 살아왔던 것이다.

  그후, 10년 전부터 우리가 끊임없이 반복해서 쓰고 있는 이 '위기'라는 말은 현대에 대한 자신들의 퇴폐주의적인 표현을 인정받기 위해 퇴폐주의자들에게 필요한 사회의 지병을 나타내는 말은 아닌가? 진단보다는, 가끔 '세기의 종말'이라는 특징을 나타내는 '위기'라는 말이 훨씬 더 위축된 도덕을 위한 이데올로기적인 도구로 사용되고 있는 것은 아닌가?

민주주의

정의하기

신(神)의 정부

로베스피에르가 내린 민주주의에 대한 정의는 간단하다:

"민주주의란 주권이 국민에게 있고, 국민 스스로가 만든 법에 의해 근거하여, 국민이 할 수 있는 모든 것은 국민들 자신이 정하고 국민들 자신이 정하지 못하는 모든 것은 대표자들을 통하여 정하는 것이다."

《정치도덕의 원칙에 관하여》

따라서 민주주의는 국민의 정부로서, 국민들에게 자치권을 획득하도록 길을 열어 주고 국민들 스스로가 법을 정할 수 있도록 능력을 부여하는 제도이다. 민주주의 제도와 함께 자치권을 획득한 국민은 정치적 유아기에서 벗어나 군주나 독재자가 취한 가부장적 형태로부터 해방되는 것이다.

하지만 민주주의 원칙들이 이렇게 단순하다 할지라도 이를 적용시키기 위해서는 제도라는 매개체를 통해서만 가능하게 되는데, 이 제도란 것이 너무 복잡해서 국민에게 부여된 가상적인 권력들간의 사이를 벌어지게 만든다. 민주주의 제도에서도 이러한 간격이 벌어지고 있을 뿐만 아니라 민주주의 제도의 기능에 장애를 일으키는 '민심에 이반되는 법률'도 있는 것이다. 국민이 자신들의 이름으로 대표자들을 선출하기 때문에 의회민주주의에서 나타나는 특징인 국민들의 간접적인 권력 행사는 비난받아야 되는 것인가? **직접민주주의**만이(이 제도하에서는 고대 그리스나 스위스의 몇몇 지역처럼 국민들이 의회에 모여서 직접 결정한다) 국민들에게 권력을 보장할 수 있는 것인가? 5세기경의 아테네 민주주의 제도에서 나타나는 결함 때문에 '진정으로 민주적인' 민주주의 제도는 인간들에게 불가능한 제도라고 하는 생각을 지우지 못하고 있는 것이다. 루소가 《사회계약론》 3권 4장에서 결말지은 다음과 같은 말은 그래서 유명하게 되었다:

"만약 신들로 구성된 국민이 존재한다면 민주적으로 통치될 수 있을 것이다. 하지만 이러한 정부는 너무나 완벽해서 인간들에게는 적합하지 않을 것이다."

내용 구성하기

민주주의는 반론 없는 제도가 될 수 있을까?

■ **민주적인 논의에서 필수적인……**

반론(contradiction)은 민주주의를 실행하는 구성 요건 중의 하나이다. 아고라(agora)에서 행해졌던 토론에서는 반론이 제기되고(contra-dicere, 반대를 말하다라는 뜻) 의견들이 서로 상충된다 할지라도 각 참가자들 모두에게는 발언권이 있었다. 국민에게 권력이 있다고 하는 증거는 먼저 다양한 의견을 인정하는 데서 비롯된다. 이러한 다양성의 논리는 모든 국민 구성원들의 평등을 인정하고 있다는 것을 의미한다. 사실 국민은 하나이다라는 말은 국민들이 평등하다는 말이다. 그렇다고 해서 **평등이 유사성을 의미하는 것은 아니다.** 발언권의 평등은 평등이라는 특징을 표현하는 데 있어서 필요 조건처럼 보여진다. 따라서 이상적인 민주주의는 개인주의에 대한 열망을 키워 주고 있는 셈이다.

이런 조건에서 의견의 다양성에 대한 인정과 의견의 일치에 도달하게 하는 필요성 사이에 모순이 있는 것은 아닐까? 사실상 민주주의가 자신의 의사를 자유스럽게 표현하는 것이라면, 반론을 제기하다 보면 어느 순간에 가서는 의견의 일치를 필요로 하는 때가 오게 되는 것 아닌가?

■ **반론 때문에 난관에 봉착하게 되는데……**

사실 민주주의는 단지 이론만 있는 것은 아니다. 민주주의는 특히 정부 제도를 말하는 것이기도 하다. 결국 정부가 통치를 하게 되는데 이 통치라고 하는 것은 결정한다는 의미이고, 그 결정이 채택되기 위해서는 시민들 사이에서 표출되었던 반론을 어느 순간에 멈추게 만드는 것이 필요하다. 그래서 각자가 상대적이고 절대적인 다수결이라는 법칙에 따르는 투표라는 방법을 쓰게 되는 것이다. 따라서 민주주의는 결코 국민의 권력이 아니고, 오히려 국민의 일부인 대다수의 권력인 것이다. 민주주의는 가장 많은 수가 가장 강한 힘이 되는 것으로 간주하는, 그래서 가장 강한 쪽으로 기울어지는 다수의 권력인 것이다. 결국 모순처럼 보여지는 것은 한쪽의 실제 권력과 자신들의 권리가 축소되는, 엄격히 말해서 자신들의 것은 단순한 '의사 표명'이었던 것으로 전락하는 다른 한쪽 간에 틈이 벌어진다는 것이다. 게다가 다수는 항상 현명한 것도 아니고 유능한 것도 아니다.

그래서 인간의 본성에 관심을 가지는 비관주의자들의 시선은 민주주의에서 다수라는 폭군이 있다는 것을 주목하게 되는 것이다. 세상에서 최고라고 결정되었던 것들이 대부분의 경우 현명하지 못했거나 세련되지 못했던 결정이었다는 사실을 고려한다면, 정부가 무지하고 어리석게 되는 위험성에 노출되어 있는 것은 아닐까?

■ ……이는 정부라는 제도를 실행하려고 할 때 나타난다.

현실로 나타나는 것은 이러한 불안감들을 해소시켜 주고는 있지만 동시에 새로운 모순이 나타나고 있다는 것이다.

사실 통치를 하는 것은 다수가 아닌, 다수를 대표하는 대표자들이기 때문에 국민의 대표자들은 국민의 대표자가 아닌 것이다. 민중들은 몇몇 사람, 말을 아주 잘하고, 그런 일에 능숙하며, 자신의 이름으로 조심스럽게 권력을 행사하는 사람에게 통치를 맡긴다. 따라서 민주주의 제도는 취지와(어원에서 유래된 의미), 통치자와 피통치자, 그리고 대표자와 피대표자라는 이중적인 분립 속에서 표출되는 현실과의(전문가 **계층**의 권력획득) 모순 속에서 표출되는 것이다.

심화하기

《민주주의의 변모》
로랑 코앵 타뉘기(1989)

코앵 타뉘기의 표현을 빌리자면, 오늘날 프랑스 민주주의는 법에 대한 재평가를 중심으로 하는 '조용한 혁명'에 의해 탈바꿈되고 있다고 한다. 이는 특히 **입헌주의의 발전**으로 해석되기도 한다. 사실상 입헌주의는 법률보다 우위에 있는 헌법 조문에 의해 제정된 기본법과 일치한다.

따라서 1958년에 설립된 헌법위원회는 입헌주의를 기초하는 8월 23

일 판결문에서 다음과 같이 요약하였다:

"의결 법안은 (…) 헌법을 존중하는 범위 내에서만 일반 의지를 표현한다."

그러므로 법은 최고로 공표된 규범, 즉 헌법에 의해 지배를 받게 되었다. 이러한 위원회의 결정은 프랑스 혁명으로부터 물려받은, 법은 일반적 의지라는 표현으로서 절대적이라고 하는 전통을 깨뜨린 것이다. 이같은 법의 절대성은 상대성으로 변하게 된 것이다.

두번째 단계를 넘어선 것은 1971년에 위원회가 1789년의 인권선언 전문, 1946년의 헌법 전문, 1958년의 헌법 전문에 기술한 모든 원칙에 헌법적인 가치를 부여했을 때이다. 위원회는 모든 분야를 망라하는 청문회를 열었다. 이 청문회에서 사회 질서에 대한 온갖 문제들이 제기되었다. 이는 위원회가 목표로 삼고 있는 원칙의 척도를 평가하지 못하도록 하는 정치적인 토론은 거의 없다는 것을 의미한다. 따라서 위원회는 자연법 원칙에 대한 심사에서 의회에 의해 가결된 법을 존중하면서도 사회 내에서 발생한 분쟁들을 조정할 수 있었던 것이다.

마침내 1974년 발레리 지스카르 데스탱이 원했던 위원회의 법정 점유 메커니즘에 대한 개혁은 그에 합당한 장치를 마련하는 것으로 완성되었다. 사실 위원회는 자신의 고유한 주도권을 행사할 수 없었고, 그리고 만약 위원회 자신들의 권위를 표현하는 데 있어서 법률적인 방법을 규정하려고 해도 그렇게 할 가능성은 없었다. 1974년까지는 오직 대통령과 수상 그리고 국회의장만이 위원회에 중재를 요구할 수 있었다. 개혁 이후에 이러한 가능성은 의회의 반대에 부딪히게 되었다. 왜냐하면 위원회에 어떤 법에 대한 위헌 여부를 심사하도록 청원되기 위해서는 60명 이상의 하원의원이나 상원의원이면 충분했기 때문이었다.

결국 1789년의 '인권선언'의 문헌이, 프랑스 민주주의의 기초 문헌이자 참조 문헌으로 유지되게 되었고, 현대 프랑스 정치사에서 위원회는 프랑스 정치의 진정한 명맥을 보장시켜 주는 기준임을 상기시키는 필수적인 제도적 장치로 자리잡게 된 것이다.

시사화하기

투표함 속의 프랑스 민주주의

선거법 제66조는 무효표와 백지투표를 따로 구분하지 않는다. 다시 말해서 입후보자들 중에서는 아무도 선택하지 않겠다는 명백한 의사의 표현인데도 불구하고(유권자들은 합법적인 차원 안에서, 아무것도 기재하지 않는 백지투표라는 것을 스스로 '창안' 해 내었다. 의사의 표현과 참여라는 것을 보여 주는 얼마나 아름다운 사례인가. 이것이 바로 **행동**이다) 오류가 있는 투표지는 무효표로 처리시키는 것처럼 백지투표를 단순한 실수로 간주하고 무효표 처리를 시키는 것이다. 게다가 개표 당시 백지투표나 무효표는 득표수에 포함되지 않고 단지 투표 참가자 수를 계산하는 데만 포함시킬 뿐이다. 선거분석가들은 국민 투표 참여율을 분석할 때 기권표만 관심을 가지는 것 같다. **결국 백지투표는 프랑스 민주주의에서 배제된 것이다……**. 하지만 이에 무관심한 척하고 별것이 아닌 것으로 간주되기를 바랬던 정치전문가들은 백지투표의 숫자가 늘어나면서 동요되기 시작했던 것이다.

사실 1993년 3월에 있었던 총선거에서 선거인의 3.64퍼센트, 투표자의 6.40퍼센트에 해당하는 1백40만의 투표자들은 무효표나 백지투표를 하였다. 얼마나 엄청난 숫자인가! 달리 말을 하자면 녹색당에 투표한 사람보다 더 많다는 이야기이다. 그렇다면 누가 백지투표를 하도록 부추겼는가? 따라서 백지투표를 무효표와 달리하는 방법을 찾아낸다면(예를 들어 투표 기계에서 '백지투표'라고 점을 찍는 것으로 예상된다) 백지투표는 엄청난 의미를 갖게 되는 것이다. 그것은 실제로 정치인들에게 정당에 의해 공천된 후보자와 정치 전체에 대한 불신의 표현과 더불어 거부감을 나타내는 것이다. 백지투표를 한다는 것은 민주주의에 대한 애착이자 동시에 시민으로서의 의무이고, 국민들에게 그들의 대표자를 강요하도록 주장하는 정당의 '실력 행사'에 단호히 항의하는 것을 입증하는 일이다.

따라서 백지투표는 백지투표의 수를 발표하지 않는 통계의 무관심보다 훨씬 위험한 것이다: 2차 투표에서 투표자의 '과반수'를 차지하지 못하고 당선된 수많은 당선자들이 가지는, 과반수 이상으로 당선되었다는 착각에 대한 약점을 찌르는 것이 될 수도 있기 때문이다. 그렇게 된다면 당선자들의 위신은 얼마나 큰 타격을 받겠는가! 민주적으로 당선된 대표자라는 합법성을 얼마나 얼룩지게 만드는 일인가! 투표자의 50퍼센트도 안 되는 지지로 당선된 대통령의 권위는 또 무엇이란 말인가! 백지투표를 고려함으로써 발생하는 상징적인 결함의 여파를 가늠할 수 있겠는가? 이러한 고찰을 하지 못하도록 했던 한 가지 예를 들면, 만약 총투표자 수에서 '백지투표나 무효표'를 계산에 넣었다면 마스트리히트 조약은 투표자의 49.31퍼센트만의 찬성으로 채택된 것이 될 것이다. 그리고 만약 선거법 개정이 정치 계급을 각성시키는 신호가 된다면······.

전제군주제

정의하기

절대 권력

그리스어의 **despotès**는 전제군주에 의해 통치되는 최고 권력을 말한다. 몽테스키외는《법의 정신》에서 전제주의 정부는 '법도 없고 규칙도 없이 모든 것을 군주 자신의 의지와 자신의 일시적 기분에 따라 통치하는' 독재 정부라고 설명하였다. 사실 군주가 '왕국의 기초적인 법률'에 반(反)하여 통치를 할 수 없고 중간 세력의 권력을 인정한다는 점에서 독재자는 군주와 다르다:

"군주의 휘하에 있는 중간 세력의 권력이란 귀족의 권력을 말한다. 어떻게 보면 귀족은 군주제에서 없어서는 안 될 부분이다. 따라서 군주제의 기본적인 방침은 '군주가 없으면 귀족도 없다. 귀족이 없으면 군주도 없다' 이다."

《법의 정신》

계몽과 군주라는 말이 완전히 모순이라고 느껴졌을지도 모르는 18세기에는 **계몽군주제**(despotisme élairé)라는 표현은 통용될 수 없었을 것이라고 생각된다. 따라서 계몽군주제는 19세기에 만들어진 개념인 것이다.

볼테르와 디드로는 **계몽주의** 사상가들의 국정 자문으로 인해 빛을 발하게 된 전제군주를 지칭하기 위해 '철학적인 왕' 이라든가 '계몽군주' 라는 용어를 사용하였다.

내용 구성하기

이성(理性)적인 전제주의는 정치적 이상(理想)인가?

■ 독재주의를 불신하는 것은……

비록 '계몽' 이라는 말로 수식된다 할지라도 전제군주는 경계해야 한다! 디드로는 《엘베시우스의 반박》에서 이렇게 적고 있다: "올바르고 양식 있는 군주의 전제 정부는 언제나 나쁜 것이다. 그 위력은 가장 위험하고 가장 확실한 유혹으로 나타난다." 사실 그 효력은 국민들의 경계심을 마비시키고 수동적 행복이라는 맛에 길들이게 하며 노예 근성 속에서 행복을 느끼게 만든다. "그렇게 국민들은 기분 좋게 깊은 잠에 빠져든다. 하지만 그 잠은 죽음의 잠인 것이다. 그 잠 속에서 애국심은 사라지고, 국민들은 정부에 무관해진다." 이러한 이유에서 18세기는 계몽군주제의 부흥이 보장되기를 선호했고, 안토니우스 황제의 방침을 자기 것으로 만드려고 했던 것이다:

"국가의 행복을 위해서는 철학자가 왕이 되거나, 철학자적인 왕이 되어야 한다."

그렇지만 왕-철학자 또는 철학자-왕은 같은 것을 말하는 것은 아니다.

■ 철학자 왕을 부흥시키기 위해서……

철학자를 군주의 자리에 앉히는 것보다는 군주를 교육시키는 편이 훨씬 '자연스러울지'도 모른다. 페늘롱이 《텔레마크의 모험》(젊은 군주 이타크의 세무 공무원인 망토르라는 인물을 만들어 낸)에서 주장한 것이 바로 이것이다. 여기에서 볼테르는 '북쪽의 솔로몬'이라 불리는 프르시아의 프레데릭의 초청을 받아 가는 것을 꿈꾸었다. 그 결과는 확실하지 않지만…… 네롱은 그의 세네크를 데리고 있었고, 마크 오렐은 그렇게 되지 못했다……. 군주들이 왕위를 물려받았다고 해서 자동적으로 철학에 대한 좋은 재능을 상속받는 것은 아니다. 플라톤이 지적하듯이 모든 인간은 같은 재질로 만들어진 것이 아닌 것처럼 말이다.

결국 훌륭한 자질을 갖춘 사람들은 권력을 잡지 못한단 말인가? 《국가》에서의 소크라테스는 피레 항구에서 이상 국가(理想國家)를 위한 지도자가 될 만한 철학자가 누구인지를 상상해 보았다. 그러나 소크라테스는 곧 철학자와 정치는 서로 어울리지 않는다는 것을 발견하게 된다. 철학자들이 통치하고자 하는 욕망이 없는 이유는, 그들의 진리에 대한 사랑이 정치를 하게 되면 그것이 아무리 고귀하다 할지라도 거짓으로 둔갑되고, 또한 정치적 관심거리라는 방향으로 사람들이 생각하기 때문이다. 그래서 《티마이오스》에서는 최고의 통치자들이란 그러고 싶은 마음은 없다 할지라도 모든 것을 계산적으로 수행할 수 있는 이성을 가지고 있고, 전쟁의 여신인 아테네 여신과 흡사한 사람들이라고 설명한 것은 아닐까?

■ 정치와 철학의 부조화를 무시하는 것이다.

통치를 한다는 것은 실제적으로는 거짓말을 하는 것이다. 《국가》에서 플라톤이 말하기를, 고귀한 정치적 거짓말이 필요하다고 하였다. 이 거짓말은 이중적인 특징이 있다. 먼저 하나는 통치자들에게 전체를 위해 일부분을 택하도록 만들게 하는 것이고, 천혜의 땅을 그 땅의 일부분과

동일시하는 것이다: 이런 거짓말이 아니면 조국도 없고 애국심도 없는 것이다. 다른 한편으로는 철학자 왕은 이런저런 방법으로 사회 불평등을 정당화하도록 해야 하며, 적어도 그것을 받아들일 수 있도록 만들어야 하는 것이다. 간단히 말해 유명한 동굴 우화의 요소 가운데 하나를 취하도록 하기 위해서 정치는 '어둠을 가르쳐 주는 사람'이 되어야 하고, 당연히 눈에 보여지는 것으로 승부를 해야 하는 것이다. 군주는 철학자이든 아니든 간에 외관상으로 보여지는 쪽에 있음을 인정해야 하는 것이다.

"군주는 아주 고결한 수많은 덕망을 다 갖출 필요는 없다. 필요한 것은 그것들을 모두 갖추고 있는 것처럼 보여지게 해야 한다는 것이다."

마키아벨리,《군주론》

심화하기

《법의 정신》
샤를 드 몽테스키외(1748)

《법의 정신》은 정부 형태를 공화제·군주제·전제군주제로 나누어 서로 비교하고 있다. 하지만 전제군주제는 몽테스키외가 생각하는 것과 같이 정치적 고찰에 있어서는 별도의 영역으로 자리잡고 있다.

사실 전제군주제는 진정한 악의 화신이라는 강박 관념적인 방식으로 생각되어졌다: 레이몽 아롱은《사회학 사상 발전 단계》에서 "몽테스키외는 전제군주제 속에서 절대적인 정치악(政治惡)을 제시하고 있다"라고 적고 있다. 여기서 공화제와 군주제는 각각 자기 나름대로 개인 자유 보호 장치를 표명하고 있지만, 전제군주제는 삼권(입법, 사법, 행정)이 한 사람의 손에 집중되어 있다는 놀랄 만한 광경을 보여 주고 있는데, 이마저도 제멋대로 통치되고 있다는 것이다.

뿐만 아니라 전제군주제 정부는 단순히 '형이상학적인 정치'를 돋보이게 하는 정부라고 하는데, 그보다는 오히려 위협적인 존재로 보는 것이 타당할 것이다.

공화제와 군주제는 부정부패로부터 자유롭지 못하고, 전제군주제는 몽테스키외가 보기에는 정치에서 퇴화된 운명이라고 한다. 이러한 논리는 다른 나라를 정복하고자 하는 엄청난 욕망을 내포하고 있다. 공화제는 협소한 영토에 어울리고, 군주제는 중간 크기의 나라에 알맞기 때문에 결국 전제군주제만이 넓디넓은 광활한 지역을 통치할 수 있다라고 몽테스키외는 지적했다: 전제군주제는 그렇게 넓은 영토를 통제하기에 필수적인 공포에 기초를 두고 있다는 것이다. 이 광활한 지역에서는 독재자가 늘 어디 있는지 알 수가 없고, 또 영구히 모습을 드러내지 않기 때문에 독재자에 대해 가지는 두려움은 클 수밖에 없는 것이다. 대리인들에 의해서만 자신의 지배하에 둘 수 있는 사람들을 가장 효과적으로 지배하는 방법이 공포라는 것을 독재자는 잘 알고 있다. 모든 것을 하나로 만들기 위해서 상당히 광활한 지역에 수백만의 사람들이 퍼져 있는 국가의 지배를 유지시킬 수 있는 방법은 공포밖에 없다고 레이몽 아롱은 말하고 있다. 군주가 통치하는 광활한 지역을 바꾸는 것이 정복이기 때문에 정복 정책은 군주를 독재자로 변신하게 만들고, 군주제는 사라지게 되는 것이다. 로마의 예는 몽테스키외에게 설득력을 실어 주고 있다: 광활한 제국의 영토는 대부분의 황제들을 '동양의 독재자'로 행동하게 만들었고, '원로원과 로마 시민의 이름으로' 통치하는 것을 망각하게 만들었다.

확실히 최초의 계몽주의 사상가인 몽테스키외에게는, 독재 정치는 지역적으로 너무 멀리 떨어져 있어서(중동에 위치하고 있기 때문에) 가끔은 환상적으로 느껴지는 현실로 남아 있다. 하지만 《법의 정신》을 쓴 몽테스키외는 또한 《페르시아인의 편지》를 쓴 작가이기도 하다. 《페르시아인의 편지》에서 몽테스키외는 생각이 깊고 상식과 유머가 있는 우스벡(Usbek)이 자신의 궁전에서 모습을 드러내지 않고, 자신의 내시들을 통해 절대 지배의 원칙에 따른 가장 무서운 독재자의 모습을 드러내고 있는 것을 보여 주고 있다. 강력한 독재자에 대해 너무 익숙해져 있기 때문에 독재 정치가 우리와는 상관없는 것으로 보여지는 것은 아닐까?

시사화하기

'흑인 왕'에서 남아메리카의 독재자까지: 현대 독재자에 대한 선명치 못한 이미지

《페르시아인의 편지》저자인 몽테스키외의 생각은 동양의 독재주의 국가에 국한하는 것으로, 특히 술탄의 왕궁과 폭염의 사막이 있는 중동으로 국한되고 있다. 하지만 현대에 와서 서양인들이 관심을 돌리고 있는 곳은 검은 아프리카나 남아메리카의 '흑인 왕'과 쿠데타를 일으킨 장군들인데, 그 이유는 이들이 18세기 전제군주제와 현대 전제군주제라는 이중적인 양상을 보여 주고 있기 때문이다.

이들은 '법도 규칙도 없이' 국가를 통치하는 것처럼 보인다. '흑인 왕'의 과대망상은(보카사 1세가 대관식을 하고 황제가 될 수 있는 것처럼) 멈추질 않고 있고, 남아메리카에서 쿠데타를 일으킨 장군들이(죽음의 기동대처럼) 보여 주는 냉엄한 잔인성은 한계가 어딘지 알 수가 없을 정도이다. 이는 개발도상국에서 특징적으로 나타나는 정치적인 미숙으로 야기된 불행한 결과로 보여지며, 이 때문에 법치 국가의 제도가 상대적으로 더 돋보여지기도 하는 것이다. 이 두 경우는 결국 독재자를 풍자할 때 이를 가장 잘 표현해 주는 전형적인 인물로 이용되고 있다.

그럼에도 불구하고 2-30년 전부터 뉴스에서 들먹이던 독재자의 두 전형은 몽테스키외가 말한 독재 정부와는 차이가 있는 것 같다. 현대의 독재자에 대한 풍자와 그들에 대한 평판은 《법의 정신》을 쓴 작가가 두려워하던 독재자와는 딴판이기 때문이다. 우부(Ubu)와 같은 경우는 확실히 공포를 자아내게 만들지만, 한편으로는 코미디 같기도 하다. 다시 말해서 두려움을 자아낸다고 보기에는 너무 우스꽝스럽기도 하고, 너무 모습을 많이 나타내서 공포감이 떨어지기도 한다는 것이다. 이런 점에서 진짜 무서운 독재자는 '빅 브라더(Big Brother)'가 훨씬 더 가까운 것 같다. 이 빅 브라더는 오웰이 쓴 《1984년》에서 나오는 얼굴 없는 독재자로서, 흑인 왕이나 쿠데타를 일으킨 장군이 아니다. 만약 보카사(Bokassa)나 '베이비 독(Baby Doc)'이라고 불리는 뒤발리에(Duvalier)가 독재자에 대한 혼란스럽고 분명치 않고 손상된 이미지로 비추어지고 있다면 그것은 어쩌면 국제 정치에 너무 익숙해져 있기 때문일지도 모르며, 정권에 오른 '흑인 왕'이나 쿠데타를 일으킨 장군들이 국제 관계 속에서 **제멋대로** 통치할 수 없을 것임을 우리가 잘 알고 있기 때문일지도 모른다. 이들은 자신들이 원하는 대로 행동하는 것이 아니라 오히려 소수의 이익을 보호하려는 의도를 눈치채지 못하도록, 표면상 한 사람의 정열로 인한 무질서로 보이기 위해서 독재자라는 가면을 쓰도록 만든, 정치적으로나 경제적으로 강력한 강대국의 지시에 따른 것이기 때문이다. 만약 보카사를 지원했다가 나중에는 그를 포기한 프랑스가 아니었더라도 보카사는 독재자가 되었을지도 모른다. 하지만 누가 진정한 독재자였던가? '흑인 왕'이었던 보카사였던가? 아니면 뒤에서 그를 이용하고 조종했던 프랑스였던가?

법

정의하기

직각자

 '법'은 사회 구성원들의 행동을 규제하는 규범(norme)의 총체를 지칭한다. 라틴어의 'norme(직각자)'라는 단어의 어원에서 볼 수 있듯이 법이라는 단어에는 '곧다' '바르다'라는 개념이 포함되어 있다.
 칸트는 "완전히 직선적인 무엇인가를 끄집어 내는 것이 가능할까 하고 생각될 정도로 엄청나게 뒤틀려진 나무를 재단해서 만든 것이 인간이다"라고 말했다. 그렇다면 인위적으로 만들어진 법은 인간의 '사나운' 본질을 바로 고치기 위해서 만든 것인가? 아니면 법 자체가 비도덕적인 인간의 본질을 비호하고 있는 것인가?

내용 구성하기

법은 공정하지 않을 수도 있는가?

■ 정의(Juste)와 법률(Juridique)과의 상충은……
 소피스트〔궤변가〕들은 인간에 관한 모든 것은 인위적인 것이라고 말하였다. 법(Droit)은 인간이 만들었기 때문에 인위적이고 인습적인 것이며, 결과적으로 법은 유동적이라는 것이다. 그러나 정의(Juste)라는 개념은 그리스인들이 말하는 자연(Nature)이라는 규범과 동일한 개념으로서 부동적이라는 것이다. 따라서 소피스트들은 법은 자연과 상충된다고 설명하였다: "플라톤의 《프로타고라스》를 보면 히피아스는 '법은 인간들에게 있어 폭군이며, 법의 강요는 자연과는 상충된다' 라고 말하고 있다." 플라톤의 《고르기아스》에서 칼리클레스가 상세하게 설명한 사회(cité)에서 인간들간의 평등을 조장하는 법조차도 불공정(injuste)한 것이며, 자연에 부합되는 유일한 법만이 가장 강력한 법이 아니던가!

소피스트들에 대한 아리스토텔레스의 대답은 두 가지 점에서 서로 관련이 있다. 먼저 인간의 본질 속에는 인위적으로 만들어 내고자 하는 본능이 있기 때문에 인위적인 것은 반(反)자연적인 것이 아님을 상기시키고 있다. 게다가 사회(cité)는 인간들에게 있어서 자연적인(naturel) 장소인데도 어떻게 도시를 구성하고 있는 법을 자연과는 아무런 상관이 없는 것으로 생각되어질 수 있는지 상상하기 힘들다는 것이다. 그래서 자연적인 정의(juste naturel)는 자연스럽게 법적인 정의(justice légal)를 지배한다는 것이다.

두번째로, 정의의 근원처럼 보여지는 자연은 소피스트들이 묘사하는 폭력적인 대혼란(Chaos)과는 전혀 다르다는 것이다. 자연법은 가장 강력한 법이 아니다. 반대로 이 자연법은 어떤 질서처럼 보여지며, 각 개인은 이 질서 속에서 자신의 궁극적인 목적을 달성하거나 아니면 이 목적에 접근할 수 있음을 발견한다.

결론적으로, 자연적인 정의가 정확히 법적인 정의를 지배하지 못하게 될 때 정치적인 정의는 더 이상 정의가 아닌 것이다. 사회(cité)에서 최강자의 법을 제정하는 것은 정의가 아니며, 다시 말해서 자연에 반(反)하는 것이다.

■ 법의 최종 목표에 대한 검토를 헛되게 만드는가?

아리스토텔레스의 논리는 근대화로 인해 무너지게 되었다. 사실 근대인들은 자연을 더 이상 최종적인 체제로 생각하지 않을 뿐만 아니라, 반대로 자연은 아무런 의미가 없고 단지 무질서하고 위선적인 것으로 생각했던 것 같다. 인간은 이러한 자연을 더 이상 믿을 수 없기 때문에 법 규범을 만드는 것이다.

인간은 인간의 본성 때문에 무엇이 정의롭고 무엇이 정의롭지 않은지를 배우게 된다. 그렇다면 인간의 본성이란 무엇인가? 인간 본성의 특징은 상대성에 바탕을 두고 있는 것처럼 보여진다.

변화하지 않던 법의 지배를 받는 사람들은 보편성에 대한 열망 때문에 법의 내용을 변하게 만들었다.

그 내용이 무엇이든지간에 보편적인, 다시 말해서 특정 이익과 개인적인 이익을 초월하는 법을 통하여 사람들은 규칙의 필요성을 발견하게 되는 것이다. 법을 지키면서 인간들은 예민한 성향으로 치우치지 않도록 배우며 덕성을 키워 나가는 것이다.

따라서 법은 인간들에게 인간 자신의 존재에 대한 윤리적인 차원의 기준을 부여하기 때문에 정의의 원천과는 무관하게 항상 정당한 것이다.

심화하기

《법의 순수이론》
한스 켈젠(1934)

오스트리아의 유명한 법학자인 한스 켈젠은 제1차 세계대전이 끝나고 제2차 세계대전이 일어나기 전까지의 기간 동안에 진정한 법학의 기초를 세우고자 노력하였다. 그의 열정은 칸트가 비평을 시도한 '순수 이성' 처럼 자신의 주요 작품에 '**순수 이론**……' 이라고 제목을 선택한 것에서 볼 때 완전히 칸트적인 어조가 담겨져 있음을 감지할 수 있을 것이다. 칸트가 시도한 비평의 출발은 우리가 알 수 있는 것의 한계를 설정하는 데 있고, 그 이상으로 발전하게 되면 가끔은 유용한 고찰이 되지만 대체로 공론에 불과해서 인식에 대한 판단이 되지 못하였다. 같은 맥락에서 켈젠은 법에 대해 모든 가치 판단을 떠나서 확고한 인식을 확립하고자 했다. 그것은 모든 주관적인 결정을 배제하는 것이다. 다시 말해서 이런 저런 법이 공정한지 불공정한지에 대해 의구심을 품는 것을 금지하는 것이다.

켈젠은 먼저 법규가 **사물들 사이에서 기술된 관계**를 특징지으려 노력했다. 왜냐하면 법은 무엇보다 우리와 어떤 사항들과의 관계를 특별한 방법으로 진술하고 있기 때문이다. 따라서 법률적인 진술은 이런 점에서 과학적인 진술과는 다르다라고 켈젠은 말하고 있는 것이다. 과학적인 진술은 원인에서 관계를 기초한다. 과학자들은 "만약 A라면, 결과는 B이다"라고 말한다. B라는 현상은 원인인 A라는 현상에 대해서만 이해된다. 반대로 법률가들은 전가하는 방법으로 A/B 관계로 정리한다. "만약 A라면 결과는 반드시 B이어야 한다." 법규는 결코 법의 존재라는 관점에서 A와 B가 관계되지 않는다. 하지만 '존재해야만 한다' 라는 관점에서는 이러한 관념은 법의 전이 분야가 존재하는 것이다.

모든 법률적 시스템은 어떻게 구성되었는가? 법조문의 본질을 확립한 이후 켈젠은 법에서 규범의 다양한 형태와 항상 서열화되어 있는 규범들을 구별해야 한다고 주장하였다. 가장 기본이 되는 법은 **헌법**이다. **규칙**에 상위는 명령이고, 이 **명령**을 규정하는 것은 **법률**이며, 이 **법률**은 **헌법**에 의해 종속되는 것이다. 이 규범들의 등급에서 중요한 것은 혁신적인 개념을 들 수 있다. 이 개념에 따르면 법의 권위는 법을 공포하거나, 아니면 법을 고취시키고자 하는 것에 따라 달라지지 않는다는 것이다. 오직 법체계에서 법이 차지하는 상황만이 법에 권위를 부여하거나, 법에서 권위를 박탈하는 것이다.

시사화하기

법의 쇠퇴?

2년 전부터, 프랑스 국정자문위원회(Conseil d'Etat)[정부의 행정·입법의 자문 기관과 최고행정재판소의 역할을 겸함]는 1991, 1992년 연례보고서에서 **법률 인플레이션이라는 혼란한 현상**에 관하여 공권력에 경고하였다. 현재와 비교해 볼 수 있는 5개의 수치들을 살펴보면
• 30년 동안 프랑스 의회에서 투표된 법률안의 연간 수치는 35퍼센트 증가했는데, 명령의 수치는 25퍼센트 증가하였다.
• 따라서 5공화국 초기에 매해 평균적으로 80개의 새로운 법이 만들어졌다. 이 숫자는 현재 1백10을 넘고 있다.
• 1992년에는 프랑스 전역에 적용된 법률이(수정 법률, 동의를 얻은 조약이나 협정은 포함시키지 않았다) 7천5백 개가 조사되었고, 8만 2천 개의 명령이 시행되었다.
• 범례라는 항목으로 지난 10년간 문교부 장관이 회람한 전체 부피는 50퍼센트 이상 증가하였다.
• 끝으로 각 회람의 평균 페이지 수는 3장에서 6장 정도였다.
이 '행정 명령 인플레이션'은 당연히 설명이 가능한 것이다. 모든 사회 생활 분야에서 국가 개입의 증가, 국제 관계의 발전, 20년 전부터 실시해 온 탈집중화 노력 등이 어쩌면 이러한 성장을 피할 수 없게 만들었

을 것이다. 이러한 성장은 어쨌든 진정한 법의 성공이라기보다는 오히려 법이 쇠퇴를 의미한다 하겠다.

사실 인플레이션이라 하는 것은 증가할수록 그 가치는 떨어지게 된다는 것이다. 시민들에 대한 법의 임팩트는 약해지고, 법의 과잉은 전반적인 법 체제의 일관성을 훼손하는 것으로 결말이 나는 것이다. 하지만 그것보다 더 중대한 문제가 있다. 이 수많은 법조항들이 대다수 법률가들에게 읽히지 않는 법으로 전락되고 있다는 사실이다. 일상 생활에서 시민들이 계약을 맺을 때마다 매번 법전을 뒤져야만 한다면, 그리고 각 개인마다 매번 권리와 의무에 대해 상기시켜 주어야만 한다면 카프카의 소설 《심판》에서 나오는 한 인물이 "우리가 알지도 못하는 법으로 통치된다는 것이 얼마나 고통스러운가!"라고 말했던 것과 같은 세상과 다를 것이 무엇이란 말인가!

이런 상황에서 만약 "어느 누구도 법을 모른다고 여겨지지 않는다"라고 한다면, 법은 보호하는 것으로 간주된다는 사실을 법이 무시하는 것은 아닌지를 누가 지금 알아보고 싶겠는가?

인 권

정의하기

자연법의 승리

라 파예트는 1789년 7월 11일 인권 선언 계획안을 의회에 제출하였다. 이 계획안은 7월 14일에 채택되었고, 오늘날 우리들이 알고 있는 이 선언문의 내용은 8월 20일부터 26일까지의 회기 동안에 작성되었던 것이다.

이 선언문의 역사적인 유래는 물론 앵글로색슨으로부터 비롯된 것이다: 프랑스 인권 선언은 영국 철학자들(특히 로크)과 1776년 7월 4일에 발표된 미국 독립 선언의(우리는 다음과 같은 것이 자명한 진리임을 믿는다. 모든 사람은 태어나면서부터 평등하고, 조물주는 인간에게 몇 가지 양도할 수 없는 권리를 부여하였으며, 그 권리 중에는 생명과 자유와 행복의 추구가 있다) 영향을 받은 것이다.

프랑스 인권 선언의 독창성은 1791년 헌법의 첫 제목과 전문에서 강제하고 있는 내용에서 찾아볼 수 있다. 이는 결과적으로 인간 본질에 따른 자연법(인간 본성의 관점에 기초한 이상적이고 이론적인 법)에 속하는 법 관념이 실정법(일정한 사회를 현실적으로 지배하는 관습과 법의 총체)의 영역에 스며들고 있음을 보여 주고 있는 것이다. 결국 인권이 주된 내용으로 자리잡게 되었으며, 이 인권이 시민권보다도 기득권과 우선권을 인정받게 된 것이다: 자연법은 실정법을 포함하고 있다.

내용 구성하기

인권 선언은 철학적 진리를 표출하고 있는가?

■ 인권은 작위적인 것인가…?

• **법률적 개념**

인권 개념은 무엇보다도 자연법 분야에서 따온 법률적 개념이다. 자연법에 대한 교육은 17세기부터 유럽에서 확산되기 시작하였다. 이에 따라 인간 본성에서 유래된 항구적이고 확고한 개념들이 설립되었으며, 이는 역사의 일정 기간 동안 특정 사회에서 확립된 지도 규범의 총체를 규정하는 실정법과는 반대되는 것이 되겠다. 그러므로 실정법은 유동적이고 상대적이며 다양성을 띠게 되는 것이다.

• **정치 행위**

따라서 이 인권 선언은 무엇보다도 정치적인 행위인 것이다. (이 인권 선언은 철학자가 아니고 단지 정치가일 뿐인 라 파예트와 시에예스의 추진력에 의해 만들어진 것이다.) 왜냐하면 선언문이 공표되면 그 효력은 사회(Cité) 전체에 미치기 때문이다. 그리고 이 인권 선언은 당시까지 완전히 분리(이론과 실체처럼)되어 있었던 2개의 법 분야에서 시민법을 자연법에 종속시키면서 서로 연계시키기에 이르렀고, 인간 본질에 바탕을 둔 정치 생활을 영위하기 위하여 역사의 불안정성으로부터 정치 생활을 분리시키는 것이라 주장하고 있다.

• **철학적 진실의 허울**

그러므로 선언문의 형태와 선언문에 사용되는 용어는 '철학적'인 것이다. 따라서 선언문을 발표하는 사람들은 기본적으로 특정 계층의(특별히 마르크스가 비난했던 대상들) 이익을 대변하고 있는 선언문의 내용에 보편적 차원을 부여하기 위해서 철학을 이용하거나, 심지어 형이상학적인 것을 이용했는지 의심해 보지 않을 수 없는 것이다. 그렇다면 선언문에 담겨져 있는 '철학적인' 진실은 가장 약삭빠른 소피스트들이 만들어낸 조작이 아닐까?

■ 아니면 이성(Raison)을 위한 주된 이념인가?
• 인간 본질에 대한 편견

사실 누가 인간의 본질에 대해 안다고 주장할 수 있는가? 인간이 만든 자연법이란 임의적인 판단이라고밖에 말할 수 없다. 게다가 혁명기에는 여러 개의 인권 선언들이 발표되었는데, 선언문이 발표될 때마다 선언문의 내용이 조금씩 변화되는 것을 볼 수 있다. 1789년에는 없었던 '평등'이라는 내용은 1791년의 선언문에 새로 첨가되었으며, 빈칸으로 남아 있었던 자리에는 '압제에 대한 저항'이라는 문구가 삽입되었다. 1795년의 선언문에서는 '자유'에 첫번째 자리를 빼앗겼던 '평등'이라는 말이 다시 첫번째 자리를 차지한 것이다. 게다가 이 인간의 본질은 너무나 복잡해서 4개의 특징만으로는 그것을 규정하기에 충분하지 못했다. 따라서 이 인권에 대한 보편적인 차원에 대해 의심을 품게 되면서 여러 논쟁들이 벌어졌던 것이다.

• 정치가들을 위한 정치적 지침

한편으로 선언문 내용의 이면에는 인권의 형식, 다시 말해서 자신의 행동을 인권에 기초해서 평가하도록 정치가에게 공개적으로 행해진 요구 사항의 내용은 계속해서 불확실한 상태로 남아 있었다. 이 인권은 분명히 정치적인 고찰의 방향을 제시하고 조절하게 만드는 개념이다. 결국 정치적인 노선을 정해야만 입법권자들이 정책의 방향을 결정할 수 있게 되는 것이다. 이것이 바로 당시의 시국에 대해 칸트가 다음과 같은 말로 열광적으로 찬양하게 되는 이유인 것이다:

"인간 역사에 있어서 이와 같은 현상은 절대로 잊혀지지 않을 것이다. 그 이유는 이전 상황의 흐름과 관계되는 어떠한 정치가도 이와 같은 것을 생각해 내지도 못했던 것에 비해, 인간의 본질 속에서 진보를 향한 진가를 찾아내고 그것을 실현시키는 능력을 보여 주고 있기 때문이다."

《법의 교리》

심화하기

《프랑스 혁명론》
에드먼드 버크(1790)

휘그당과 관련이 있는 영국의 한 하원의원에 의해 작성된 이 '고찰'은 1789년 프랑스에서 선포한 **인권 선언의 추상적인 성격을 고발한 것이다.** 프랑스 인권 선언이 표명하고 있는 추상적인 관념에 대한 이 의견의 내용은 앵글로색슨이 발표한 선언문이 가지는 전통적인 법률의 추상적인 관념과는 차이가 있다는 것이다. 프랑스 혁명가들은 인간의 본성을 규정한다고 주장하면서 법은 만들지도 않고 형이상학을 만들어 냈다. 하지만 프랑스 사람들이 발전시킨 것은 인간 본성의 복잡성을 무시한 '단순한' 형이상학일 뿐이고, 그들은 이 인간 본성의 복잡성에 따라 자신들의 새로운 정부를 수립하려고 했던 것이다: "인간의 본성은 복잡하고, 사회의 최종 목표는 인간이다; 또한 어떠한 개념이나 단순한 권력 기구도 인간의 본질이나 인간의 문제에 적합하지 않다."

인권 선언을 발표한 사람들은 '가짜 권리'를 창안해 내고 '진짜 권리'를 잃어버렸다. 사실 버크는 모든 인간은 수많은 권리(재판의 권리, 교육의 권리, 자신들의 삶을 가능하게 하는 수단으로 보호받을 권리)를 가지고 있지만, 이 권리들은 인간 존재의 사회적 차원에 의해서만 의미를 가지고 있다고 주장하였다. 1789년에 선언한 이 권리들은 인간의 영혼은 역사와 함께 변하는 것이 아니라는 가정에서 유래되었기 때문에 부조리한 것이라고 버크는 설명하고 있는 것이다.

"사실 인간들의 관심과 열정으로 복잡해지고 거대해진 이 집단 속에서, 인간의 권리는 너무나 얽히고 설킨 방향 속에서 고찰되었고 굴절되어 왔기 때문에 마치 인간들에게 원시적인 단순함 같은 것들이 아직도 남아 있다는 듯이 인권에 대해 말하는 것은 부조리한 일이다."

한마디로 본성은 오랜 역사 발전의 결과처럼 나타나기 때문에 버크는 루소와 로크 같은 경쟁 상대들이 본성(nature)을 본질(essence)의 동의어로 사용한 것에 대해 비난하였던 것이다.

버크가 행한 분석 가치는 인권의 형식적인 성격인 입법권자들이 보장할 수 있었던 **실질적인 권리**의 필요성을 반박하는 19세기 비평가들에게 장(場)을 열어 주었다는 것이다.

시사화하기

매우 상대적인 보편성

마르크스는 《유대인 문제》라는 저서에서 1789년의 인권 선언은, 매우 특별하게 자신들에게만 편중된 것이어서 오로지 자신들의 개인적인 이익만을 챙기고 자신들의 사적인 개인 의지를 중시하는, 그래서 공동체와는 거리가 먼 사람들의 인권 선언이라고 말했다. 이 인권 선언의 보편적인 특성은 마르크스에게는 상당히 '상대적'인 것처럼 보여지는 것 같다; 사실 이 인권 선언은 부르주아가 창안해 낸 것이었다.

오늘날에 와서 이 인권 선언의 상대성에 관한 문제가 새롭게 제기되고 있는 것은 국제적인 단계에——이 단계는 부르주아와 프롤레타리아가 충돌하는 사회적인 단계는 더 이상 아니다——관한 것이다. 그래서 1993년 6월 14일 빈에서 세계인권회의가 열리는 동안 유엔 사무총장이었던 부트로스 부트로스 갈리는 다음과 같이 선언하였던 것이다.

"보편성이라는 것은 법령으로 포고되는 것이 아니다. 그리고 이 보편성은 일부 국가들이 다른 나머지 국가들에게 행하는 이데올로기 지배라는 표현도 아니다."

이 선언은 다음과 같이 발표된 1993년 4월에 있었던 아시아-중동-남태평양 지역회의의 최종 결의문에 대한 반향이었던 것이다.

"인권의 적용은 국가나 또는 사회적·경제적·역사적·문화적 조건이라는 이유에 따라 다양하게 적용되어야 한다."

이 말의 의미는 오늘날 개인주의가 지배하는 사회가 발전하는 데 용이하도록 서양 사람들이 창안하고 만든 이 인권 선언의 보편성을 거부하는 제3세계 국가들의 수가 많다는 것을 뜻한다. 국제 사회에서 이 인권 선언의 원칙을 지킨다는 명목으로 서양민주주의가 지구상의 모든 국가에, 가끔은 국가 주권을 무시한 채 개입해야 한다고 주장하는 것은 무엇을 의미한단 말인가? 인권은 간섭의 권한을 핑계로, 인본주의를 위한다는 고귀한 생각이라는 가면을 쓰고 식민 열강 제국주의로 귀환하는 방법이 되어가고 있는 것은 아닐까?

생 태

정의하기

자연의 편에 서야 하는가?

생태 정책을 위해 투쟁하는 것과 환경 정책을 이끄는 것은 다른 것이다. 환경부 장관이 반드시 생태주의자인 것은 아니다.

사실 프랑스어 'écologie(생태)'라는 단어의 어원은 '집'이라는 뜻의 고대 그리스어 oikos에서 유래되었다. 따라서 자연이란 생태주의자들에게는 일종의 거주지인 것이다. 반대로 environnement(환경)이라는 용어는 인간이 거주하는 장소라기보다 인간을 둘러싸고 있는 주변 여건을 말한다. 이것은 반드시 구별되어야 한다. 생태주의자들(Écologistes)에게는 인간들이 거주하는 장소를 보호하는 것이 중요한 일이고, 환경보호주의자들(Défenseurs de l'environnement)에게는 인간이 있는 주변 환경을 정비하는 것이 중요한 일이기 때문이다. 따라서 엄격한 의미에서 환경부 장관이 인간 중심적인 장관이라고 말하는 것은 지나친 것이 아니다.

내용 구성하기

"충분한 가치가 있다. 하지만 시인이 보기에는,
인간은 이 땅 위에서 산다."

횔덜린

■ 인간은 시인이다······
• 그리스인
'생산(production)'이라는 현상, 다시 말해서 잠재해 있는 상태, 눈에 보이지 않는 상태에서 베일이 벗겨져서 숨겨져 있지 않은 상태로의 과정을 말하는 생산에 대해서 제일 먼저 고찰하고자 했던 사람들은 그리스인들이었다.

이 생산 메커니즘을 고대인들은 포이에시스(poiesis, 생산)라는 이름으로 불렀다. 자연 속에서 인간은 '시인(poète)'으로 행동을 하게 되는데, 이 말이 뜻하는 바는 인간은 자연 발생적으로 생산되지 않는 것들의 베일을 벗겨야 하는 숙명을 가지고 있다는 것이다. 그래서 철학자 아리스토텔레스는 인간 행동의 결과로 생겨나는 것과 자연 발생적으로 생겨나는 것을 구별하였고, 사람들은 인간 행동의 결과로 생겨난 것을 인공(人工)이라 불렀다.

• 기술자
"하이데거는《기술 문제》라는 저서에서 현실 속에서 존재하지 않는 것을 생겨나게 하고, 또한 그것을 발전시키기 위해서 동원(faire-venir)하는 모든 것을 포이에시스, 즉 생산이라고 말했다. 인간의 순수한 생산은 기술(Technique)이라는 형태를 띠고 있다. 인간은 기술을 통하여 자연 속에서 자발적인 방법으로 생산될 수 없었던 것들의 베일을 벗겨낸다. 이런

시적인(poétique) 행위는 자연적인 현상이다. 왜냐하면 인간에게는 기술자가 되고자 하는 본성이 있기 때문이다.

따라서 인간은 시인처럼 행동하면서 지구 위에 자신의 집(oikos)를 짓는 것이다.

■ 인간이 시인이 된 것은 위험스런 근대화 때문이다.
• 근대 기술

고대인들은 기술을 통하여 자연을, 전체를 위한 일부로 설정하고 파멸시켜 왔다.

근대화를 통해 상황이 역전되면서 인간은 더 이상 자연에 종속되지 않게 되었고, 모든 자연과학을 자신들을 위해 동원하면서 이와 같은 사실을 부추기도록 노력하였다. 근대 기술을 통하여 자연은 인간이 축적할 수 있는 에너지를 빼앗기는 상태로 전락하게 되었다. 이것은 인간이 자연에게 행한 폭력이다. "기술은 자연을 조사하며, 자연을 멈추게 하고, 자연을 감시하며, 자연을 설득시킨다고 하이데거는 설명하고 있다."

• 파괴자 시인

자연은 결국 하이데거가 명명한 것처럼 '재산'이 되었으며, 근대인들은 이 재산을 끌어다 쓰고 있는 것이다. 고대 기술은 자연의 '목적성'에 대한 베일을 벗긴 것이고, 근대 기술은 자연을 '재산'처럼 베일을 벗겨낸 것이다. 자연은 이제 단순한 수단으로 전락했다. 일부가 (인류) 전체를 지배하게 된 것이다.

자연이 재산이 된 것처럼 인간 자신도 재산의 일부가 되면서 위험이 발생하게 되었다. 그리고 사실상 근대 기술은 인간을 재료가 아닌 도구로 만드는 데 목적이 있는 것이다. 따라서 근대 기술은 자신을 이용하는 인간에게 등을 돌리게 되었고, 인간을 해방시키는 것과는 상관없이 인간을 소외시키며 차츰차츰 인간을 파괴하고 있는 것이다. 인간의 승리는 재앙으로 돌변하였고, '자연의 지배자이자 소유자'인 인간은 이번에는 거꾸로 소유되어졌으며, 인본주의는 비인간적인 것이 되었다.

급진 생태주의자들은 하이데거의 책을 읽었음에 틀림없다는 생각이 든다.

심화하기

《새로운 생태학적 질서》
뤽 페리(1992)

16세기와 17세기의 인본주의는, 오늘날 급진 생태주의자들이 막을 내리고 싶어하는 사상사(思想史) 속의 여담일 뿐인가? 뤽 페리에 의하면 이는 자연 정책을 담당하고 있는 모든 이들에게 제기되는 문제이고, 이 자연 정책이 남용되고 있는지는 '자기 중심적인 생태주의자'라고 불릴 정도인 사람들의 선언을 통해서 알아볼 수 있다는 것이다.

이 '이기적 생태주의자'들에게 인본주의란 자연에 대해 인간이 가한 '완력'이었을 뿐이라는 것이다. 과학과 기술로 무장된 서양은, 데카르트가 《방법서설》에서 결론내린 문장을 다시 인용하자면 '자연의 주인이자 소유자'처럼 인정되었다. 일부가 전체에 대항하여 반란을 일으킨 것이다. 수많은 요소들 중의 하나인 인간은 자신이 구조적으로 종속되어 있는데도 불구하고 반대로 이를 지배한다고 주장한다. 인간은 자연에 속해 있는 것이지 그 반대가 아닌데도 말이다. 인본주의자들은 현대화(전통과 단절을 뜻함)라는 것을 창안해 내면서 모든 도덕의 가치와 원천을 인간으로 만들어 버렸다. 그들은 제품의 생산과 예술 분야에서만큼 법이나 경제와 같은 특수한 수단 분야에서도 흉내내야 할 유일한 모델을 '자연'

으로 생각했던 고대인들의 유산을 거부하였던 것이다.

'이기적 생태주의자'들은 인간을 제자리로 돌려놓기를 바랐으며, 지구라는 행성의 이익을 지구에 살고 있는 종류들 중의 하나인 인간의 이익보다 앞세우기를 바랐던 것이다. 자연은 인간 때문에 병을 앓게 되었고 (오염, 사막화, 생물학적 불균형 등등), 인본주의를 떠나서 이러한 자연을 고쳐야 하는 것이다. 원래 이 병의 근원은 인간이 동물들이나 식물들보다 한층 더 가치가 있다고 생각했기 때문이다. 따라서 동물과 식물들에게 오랫동안 인간에게 빼앗겼던 권리들을 되돌려 주어야 한다. 더 일반적으로 이야기를 하자면 18세기의 사회 계약이라는 가설적인 모델 위에서 자연과 '계약'을 맺어야 할 필요가 생긴 것이다. 미셸 세르는 《자연 계약》에서 이러한 요구 사항을 분명하게 밝히고 있다: "사실 지구는 우리들에게 힘·관계·상호 작용이라는 용어로 이야기하고 있고, 이는 계약을 맺기에는 충분한 조건이 된다. 따라서 공생 관계에 있는 각 계약 당사자들은 법으로서 계약을 어길 시에는 죽을 각오를 하고 다른 삶을 살도록 하게 하는 의무가 있는 것이다."

그래서 뤽 페리는 극단적 생태주의자들이 상호적인 인정보다 더한 것을 요구하고 있음을 보여 주고 있는 것이다. 극단적 환경보호주의자들은 **자연에 대한 인류의 복종을 한발 더 나아가서 인구의 집단적인 감축을** 요구하고 있다. 자연을 복구하고자 하는 걱정 속에는 최악으로 몰고 갈 수 있는 인간에 대한 증오를 감추고 있지 않다. 존 러브팩은 지구가 인간의 '파괴적인 행동'으로부터 고통을 당하지 않기 위해서는 지구의 이상적인 인구의 숫자는 5억이라는 평가를 내렸다. 그리고 윌리엄 에이컨이라는 미국인은 다음과 같이 덧붙였다: "자연 환경과 비교해 볼 때 전 세계 인구의 90퍼센트를 줄여야 하는 것이 우리 인류의 의무이다."

뤽 페리는 극단적 환경보호주의자들의 이야기에서 정확하고 풍부한 세부 사항을 인용하였는데, 이는 하루도 빠짐없이 인본주의를 보호하고 재건해야 한다는 것을 강조하기 위함이었을 것이다.

시사화하기

국경은 없는가?

자연은 역사가 만들어 놓은 국경과는 아무런 상관이 없다. 이는 오늘날 언론 매체를 통해 소개되고 있는 오염과 자연 파괴로 인한 '환경 재앙'이 어떠한 것인가를 보여 주는 것이다. '환경 재앙'이라는 의식은 토리 캐넌(Torrey Cayon)이라는 선박의 난파 사건에 의해 시작된 것 같다. 1978년 아모코 카디즈(Amoco Cadiz)호와 1989년 엑슨 발데즈(Exxon Valdez)호 사건이 환경 문제는 국경을 초월하고 있다는 사실을 확인시켜 주었는데, 이 사실에 의하면 유조선의 난파로 인해 바다로 흘러나온 원유를 옮기는 바다의 해류는 정치적인 국경선이나 국제법의 형편과는 전혀 무관하게 영향을 미친다는 것이다. 하지만 **실제적으로 환경 오염이 국경을 초월한다는 사실을 명백히 해준 사건은** 1986년 체르노빌 사건 이후 독일과 스웨덴 상공에서 방사능 구름이 관찰되고 나서부터이다. 오늘날 국제 사회는 빙원에서의 기온 상승과 이에 따른 해수면의 증가는 대기권에 집중되고 있는 탄소가스와 관련이 있다고 말하고 있을 뿐만 아니라, 세계의 허파라 불리는 아마존 숲이 앓고 있는 '폐병'을 브라질 혼자서 치료하게 내버려둘 수는 없다고 말하고 있다.

위험에 빠진 자연은 아주 오랫동안 서로 전쟁을 하거나 무시해 왔던 국가들간에 연대감을 조성시킨 것은 아닌가? 위급한 상황이 벌어진 것이다. 숲과 동물들의 생존 문제뿐만 아니라 인간의 생존 문제가 걸려 있는 것이다: "미셸 세르는 1990년《자연 계약》에서 다음과 같이 이야기하고 있다. 우리가 옛날에 그랬던 것처럼, 현대 산업은 세상의 평화적인 얼굴과 인정(人情)을 위하여 일을 하거나 이를 바꿔 나가지 못할 것이라는 것을 우리는 더 이상 과학적인 측면에서 알지 못할 것이다: 환경 재앙이라는 변화에 따른 대량 살상이 기다리고 있다."

그럼에도 불구하고 1992년 리우(Rio)에서 있었던 지구정상회담은 완벽한 만장일치를 기대할 수 있었음에도 상당한 의견의 차이가 있음을 보여 주었다. 환경 오염 현상에 대해서 국가들의 입장은 달랐다. 만약 서양 국가들이 지구 차원에서 대응해야 한다는 필요성을 느끼고 있다 할지라도 환경 악화는 서양의 산업과 기술 발전의 결과였다는 것을 잊어서는 안 될 것이다. 오늘날 서양 국가들은 환경 오염에 대한 필수적인 노력을 견지하면서 자신들의 발전 모델이 더 이상 전 세계에 강요되지 않도록 요구하고 있다. 결국 **개발도상국의 대표들은 이번에는 자신들에게 오염시킬 수 있는 '권리,'** 다시 말해서 자신들을 언제나 서양 세계에 대한 종속 상태로 유지시키게 하는 산업적인 악조건을 감소시킬 수 있는 권리를 강력히 요구하고 있는 것이다. 환경 문제는 국경을 초월하고 있지만 경제 정책은 국제적 논쟁과 갈등으로 치닫고 있는 남-북(반구) 간의 문제로 남아 있다.

교육

> 정의하기

교화인가, 아니면 교육인가?

국립 교육(Education nationale)이라는 표현으로만 항상 지칭되었던 것은 아니다. 18세기와 19세기에는 이보다는 **공교육**(Instruction publique)이라는 표현을 더 많이 사용하였다. 하지만 교화시키다(instruire)와 교육시키다(éduquer)는 같은 말이 아니다.

'교육시키다' 라는 뜻은 당연히 '인도하다' (라틴어로 ducere)라는 뜻을 가지고 있다. 그렇다면 어디로 인도하는가? 누구와 무엇의 바깥으로 인도한다는 말인가? 내가 당신에게 행한 교육을 통하여 나는 당신을 당신 자신의 한계를 벗어나도록 인도하는 것이다. 이 '교육시키다' 라는 말은 자신의 이타성(異他性)의 발견을 전제하는 것으로 외부와의 접촉을 뜻한다. 하지만 이러한 발견은 '강요' 된 것이고, 교사의 손에 의해 이루어지는 것이다. 내가 교육을 시킨다면 그것은 내가 강요를 한다는 이야기인데, 국가적인 차원에서 그러한 행동의 결과를 보지 못하는 것인가?

반대로 '교화하다' 라는 뜻은 내면(in), 즉 개인의 인성과 영혼의 정립(struere)을 중시한다. 교화는 개인에게 자신의 내면을 발전시키고 주체적인 인성을 구축하도록 하는 수단을 부여하는 것을 목적으로 한다.

만약 교육과 교화가 서로 상쇄되지 않는다면 교육은 교화의 필요한 조건이라 이해되는 것이다.

> 내용 구성하기

학교는 무슨 소용이 있는가?

■ 학교는 단순한 사회 기구가 아니고……

인류에게 배움이란 생물학적인 차원에 있어서 필요한 것이다. 사실 다른 동물들에 비해 상대적으로 작은 인류는 연약한 창조물에 불과하다. 인류는 절대적으로 자연에 적합하게 태어난 것이 아니다. 인류에게는 자신들의 본능적인 욕구를 절제할 수 있는 본능은 없다. 이런 조건 속에서 학교가 하는 일이란 사회적 차원에서 자연에 순응하도록 만드는 일 이외에 다른 것은 없다. 학교는 성찰이라는 방법을 통해 충동을 절제하도록 가르친다. 하지만 이런 기능들은 가정에서도 수행해 나갈 수 있을 것이다. 그렇다고 해서 학교의 교육 목표를 본능을 억제하는 것으로 국한한다면 핵심적인 것을 빠뜨리는 것은 아닐까?

■ 학교는 민주주의 발전을 보장하며……

실제로 1792년 콩도르세는 만약 '공교육의 필요성'에 대해 생각을 하게 된다면 학습 내용에 대한 문제를 절대로 간과해서는 안 될 것이라고 강조하였다. 사실 학교는 자연에 수긍하는 것을(어떤 관점에서, 이는 칸트의 지론이다) 가르치는 것보다 문화적인 삶을 영위하도록 가르친다. 교육 **제도**에 대한 고찰은 사회에서 민주주의 사상이 급속히 확산된 이후 비로소 발전하기 시작했다. 학교의 필요성을 제도적인 측면에서 본다면 그것은 삶에 대한 지식의 습득을 담당했던 가정을 학교가 대신한다기보다 이러한 교육을 보충시키고자 하는 목적 때문이었다. 학교에서는 개인 스스로가 미래에 자유 시민으로 살아갈 수 있는 방법을 찾아낼 수 있도록 가르쳐야 한다. 결국 학교는 진정한 민주주의 문화를 전파시키는 기계의 주요 부품처럼 보여지는 것이다.

■ **학교와 민주주의 발전은 긴밀한 관계가 있는 것처럼 보인다.**

따라서 학교는 단순한 욕망의 절제와 생활 규범의 습득이라는 수준에서 벗어나게 하는 임무를 띠고 있을 뿐만 아니라 콩도르세가 말하는 '기초 지식'을 제공하는 임무도 가지고 있는 것이다. 민주주의 제도에서는 각 시민은 자신의 의사를 반영하는 기회가 왔을 때 자유스럽게 선택할 수 있도록 읽고 쓰고 셈을 할 줄 아는 능력을 가지고 있어야 한다. 사실 무지는 독재와 협력 관계에 있는 것처럼 보여지기 때문에 새로운 공화국을 건설하는 데 맞지 않는다. 학교는 무슨 소용이 있는가? 바로 민주주의를 발전시키는 데 필요한 것이다.

하지만 문제는 그리 단순하지 않다. 이 '기초 지식'은 주체적인 시민이 되도록 만들고 이해하기 쉬운 시민 생활을 영위하게 할 정도로 기초적이지 못하다는 것이다. 단순히 읽고 쓰고 셈을 할 줄 안다고 해서 공개 토론에서 벌어지는 내용의 정확한 의도를 파악할 수 있을까? 최상으로 민주주의가 기능을 할 수 있도록 만들어 주는 학교와, 훨씬 더 요구되고 훨씬 더 복잡해진, 그래서 학교로부터 훨씬 더 폭넓은 지식의 전달을 요하게 되는 민주주의 사이에는 끊임없는 상호 작용이 일어나고 있는 것이다.

> 심화하기

《교육에 관한 고찰》
이마누엘 칸트(1780)

 인간은 완벽하지 못하고 자연법은 인간이 생존할 수 있도록 해주기에는 충분하지 않기 때문에 인간들은 자신들을 위한 법을 만들어야 한다. 궁극적으로 동물과의 차이점을 든다면 인간은 본능적으로 자신의 행동을 조절할 수 있도록 해주는 본능은 전혀 없다. 따라서 각 개인들은 자신들의 충동적인 욕구에 대해 조절할 줄 알도록 배우는 것이 필요하다. 칸트에 의하면 이러한 필수적인 교육을 수행하는 임무를 가진 곳이 바로 학교라는 것이다:

 "사람들은 제일 먼저 아이들을 학교로 보내는데, 이는 아이들이 학교에서 무엇인가를 배우도록 하기 위한 것일 뿐만 아니라, 학교에서는 습관적으로 조용하게 앉아 있어야 된다는 것과 선생님이 자신들에게 시키는 것을 정확하게 준수하도록 하는 것을 배우기 위해서이다."

 학교는 지식의 내용을 가르치는 것이 아니라 학생들이 나중에 지식의 내용을 습득할 수 있도록 가르치는 것이다. 학교는 지시를 내리고, 질서 의식을 심어 주고, 고찰하는 인내심과 철학이라는 매개를 준비시키는 것이다. 이는 무엇보다도 문화 발전에 필수적인 환경을 마련하도록 해주는 제도에 해당하는 것이다. 학교는 형식주의에 따른 교육을 할 수밖에 없는 것이다. 따라서 학교에서는 "사고(思考)가 사고가 되기 위해서는 시간이 걸리는 것이다."

  학교가 **질서 의식을 심어 준다**는 것은, 적어도 법과 관련해서 **길을 들인다**는 뜻이 아님을 주의해야 할 것이다. '길을 들인다'는 것은 사실 어떤 일정한 행동이나 임무를 수행하게 만드는 목적성을 가지고 있다. 따라서 동물을 **길들이는 것**이지 학생을 길들이는 것은 아니다. 사실 학습은 학생들에게 공부하는 습관을 길러 주는 것밖에는 없기 때문에 학생들이 배우는 내용은 별로 중요하지 않다. 동시에 학생들은 복종하는 상태에 있지만, 이는 모든 사람들에게 해당하는 객관적인 질서에 대한 복종일 뿐이다. 따라서 질서 의식은 모든 사람들에게 관계되는 질서 의식이 되는 것이다. 개인의 독단에 따르는 것이 아니고 교육 제도에 따르는 것이기 때문에 학생들은 보편적인 권위를 따르도록 하기 위해서 자신들의 특수한 성향을 초월하도록 교육을 받는 것이다. 이러한 보편적인 교육 과정은 학교에 도덕적인 차원을 부여한다. 학교 규칙은 사실상 강제적이고 절대적인 법규뿐만 아니라 도덕법을 예고하고 있는 것이다.

  "인간은 교육이 필요한 동물이다."

  이것이 바로 《인류학에 관한 고찰》이라는 제목에서 따오고, 교육학은 무엇보다도 인간의 학문이라고 하는 의미를 띠고 있는 이 《교육에 관한 고찰》의 결과가 어떤 것이 될 수 있는지를 보여 주고 있는 것이다.

시사화하기

의무 교육

프랑스에서 교육 시스템의 비중은 막중하다. 학교의 지위와 기능, 그리고 고쳐야 할 개선점에 대한 것보다 먼저 학교에 대해 정확한 평가를 내리는 것이 타당할 것이다. 중등 교육을 받은 학생들 중에 '단지' 52퍼센트의 학생들만이 바칼로레아(대학입학 자격시험)를 통과하는 실정이지만 어쨌든 프랑스는 모든 국민들이 의무 교육을 받도록 하는 데는 성공했다.

1993년 9월 87만 명의 교사들이 사립과 공립 교육 기관에서 1천3백만의 학생들을 가르치고 있는 것으로 나타났다. 교육 예산은 국가 예산의 19.7퍼센트에 이르며, 액수로 환산하면 약 2천6백25억 프랑이나 소요된다. 교육에 드는 전체 비용은(국가 예산, 지방 예산, 기업이 교육에 부담하는 비용, 가정에서 매일 아이들 교육을 위해서 들어가는 비용) 4천5백40억 정도로 국민 총생산의 6.7퍼센트에 해당한다.

이처럼 엄청난 사업을 관리하는 데 있어서 여러 가지 난관이 따르게 되는 것은 어쩌면 당연한 일일지도 모른다. 하지만 '의무 교육'이라는 기상천외한 발상은 매년 입학 시즌마다 언론이 반복적으로 문제삼고 있는 고질적인 교육 기능 장애로 인해 프랑스가 실현하고자 했던 국가 차원의 교육과는 여러 괴리가 나타난다 하더라도 이 의무 교육 제도가 교육 제도에 있어서 유일한 성공 사례라는 사실에 대해서는 이론의 여지가 없을 것이다. 오늘날 소외 현상이 다반사로 일어나고 있는 도시 외곽의 '문제 지역'에서 의무 교육 제도가 문제를 해결해 주는 열쇠도 아니고, 또한 이러한 소외 현상이라는 문제들로부터 보호를 해주지 못한다 할지라도, 그래도 학교가 아직도 대개의 경우 '뒷골목'에 대한 유일한 해결책처럼 여겨지는 데는 다 이유가 있는 것이다. 경찰들조차도 아직은 이 지역에 들어가기를 꺼리고 있기 때문에 국가에서 파견하는 특수 공무원들은 교사들로 구성되어 있다. 현재 이 교사들은 국가에 절대적으로 필요한 지방 재정을 확보하는 데 있어서 공존(共存)만이 유일한 성공 조건이라는 신념을 가지고, 폐쇄적인 지역이나 공공 장소에서 다양한 사람들이 서로 공존하면서 지낼 수 있도록 여건을 조성하는 어려운——어떤 이들은 불가능하다고 말한다——임무를 맡고 있다. 국가적 차원의 통합(intégration)은 공립학교의 명부에 학생들을 등록시키는 것만으로는 절대로 이루어지지 않는다. 사실 학생들이 배워야 할 내용들은 국가가 가르치고자 하는 일반적인 형식에 가려져서 제대로 교육되지 못하고 있다. 너무 형식 위주로 치우치다 보니 학교의 효율성은 전례에서 찾아볼 수 없을 정도로 땅에 떨어지게 되었다. 그리고 엄청나게 드는 비용 문제도 다양한 인종과 다양한 민족들, 그것도 철저한 개인주의로 뭉쳐진 사람들의 단결을 유지하기 위해서는 어쩔 수 없이 감수해야만 할 것 같다.

참 여

정의하기

'우리들의 의도와는 상관없이'

프랑스어의 '보증을 서다(Mettre en gage)'라는 말은 '참여하다(engager)'라는 말과 일맥상통하는 부분이 있다. 따라서 참여는 책임이라는 다른 뜻으로 이해될 수 있다. 예를 들어 "나는 참여한다"라고 한다면, 나는 보증을 서고 있기 때문에 어떤 행동과 원인에 대해서 아니면 내가 보증을 선 사람에 대해서 책임을 진다라고 하는 뜻이 내포되어 있는 것이다. 따라서 참여하다라는 말은 나의 의지 표명이라 할 수 있는 것이다.

그러나 다른 한편으로는, 이러한 의지 자체는 당장 본의가 아닌 것으로 드러난다. 참여의 특징은 어쨌든 간에 어느 누구도 참여에서 벗어날 수 없기 때문이다: 장 폴 사르트르는 《상황 II》에서 이렇게 적고 있다.

> "인간은 나무나 조약돌과 같은 방법으로 존재하지 않는다: 참여되었으면 확신을 가져야 한다. 그리고 나서 간섭할 것인지 아닌지는 선택에 달려 있다."

우리는 모두가 참여된 것이고, 따라서 세상에 대해 모두 책임을 져야 한다. 그런데 사르트르는 참여 작가에게는 특별한 책임을 부여하고 있다:

"작가가 가장 현명한 의식과 또 전폭적으로 참여하려는 의식을 가지려고 노력을 할 때 나는 그들이 참여했다라고 말할 것이다."

예술가들의 참여는 일반적으로 참여되었다라는 의식에도 관심을 가지고 있다. 그래서 입을 다물고 있기는 불가능하지만 침묵은 말을 계속해서 하는 것과 같다는 것을 그들은 알고 있는 것이다.

내용 구성하기

사람들은 언제 그것은 '참여 작품이다' 라고 말하는가?

■ 예술가의 참여는……

최근에 있었던 뉴스에서 누구나 작가가 될 수 있다는 것과, 20세기말 유럽에서 가장 오래된 민주주의 국가 중의 한 나라에서 살 수 있다는 것과, 그리고 단 한 편의 소설을 출판하면서 자신의 목숨을 위험에 빠뜨릴 수 있다는 것을 알려 주었다: 옛날에 볼테르가 교회와 왕의 재판을 피해 스위스로 도망가려고 애를 썼던 것처럼 살몬 루시디는 이란에서 온 살인 청부업자들을 피해 아직도 숨어 살고 있다. 사람들은 항상 예술가들이 가지고 있는 표현의 자유와, 그리고 자신들이 살고 있는 시대 상황에 대한 토론회에 예술가들이 참가하는 자유에 대해 거부감을 가지고 있다. 왜냐하면 예술가들이 가지고 있는 참여의 자유는 작품 활동으로 표출하는데 그 메시지는 열성 분자들이 행하는 선동보다 훨씬 강할 뿐만 아니라 앙드레 말로가 anti-destin, 즉 반운명적(反運命的)이라고 말했던 것처럼 지속적인 반향을 불러일으키게 하는 사람들이라서 아무도 그들을 이겨낼 수 없기 때문이다. 그렇다면 어떤 작품이 어느쪽이든 '편을 들 때' 단순히 그것을 참여 작품이라고 말할 수 있는 것인가? 참여 작품 자체가 중재자적인 역할은 없단 말인가? 그리고 언제나 위대한 참여 작품에 대해 왈가왈부해서는 안 된다는 말인가?

■ **예술적 창조 과정에 따라 연루된 것이며……**

사르트르는 《문학이란 무엇인가?》에서 "참여 작가는 말의 의미가 곧 행동이라는 뜻을 내포하고 있다"고 이야기했다. 만약 참여 문학이라고 이야기하게 한다면 이는 문학이 행동이라고 인식된 것이며, 따라서 모든 문학은 정의에 의하면 참여된 것이다. 사르트르는 덧붙이기를 "작가의 임무는 어느 누구도 세상에 대해 무지하지 않도록, 그리고 어느 누구도 거기에 대해 무죄라고 말할 수 없도록 노력하는 것이다"라고 말했다.

따라서 에밀 졸라가 광부들의 힘겨운 삶의 현장을 묘사했다는 것은 드레퓌스 대위를 변호했던 것만큼이나 사회 문제에 참여한 것이나 다름없다고 보아야 할 것이다. 이와 같은 논리로 보면 《적과 흑》과 같은 작품도 아주 심도 있는 참여 작품인 것이다. 왜냐하면 쥘리앵 소렐의 뒤를 이어 스탕달이 반영하고자 한 것은 자신의 세계에 틀어박혀서 경직되어 버린 사회 이미지이기 때문이다. 무덤(시골, 신학교)과 같은 이 세상에서 정열이라는 공기를 들이마실 에너지를 가지고 있는 사람들은 투쟁을 해야 한다. **예술 작품이란 베일을 벗겨내는 것**과 같아서 그리스인들이 생각했던 것과 같이 이미 눈에 보이는 존재하는 것들을 재생산해 내는 것이 아니라, 존재는 하고 있지만 아직도 베일 속에 감춰져 있는 존재들을 보고 느낄 수 있도록 해주어야 하는 것이다. 사진 분야에서는 파리 국제전시장에서 전시되었던 구에르니카라는 작가가 보여 주었던 예가 상당한 의미가 있을 것이다. 그의 사진 작품들은 1937년 당시 전쟁에 별로 관심을 두고 싶어하지 않았던 사람들에게 스페인 전쟁의 참상을 보여 주고자 했던 것들이다. 산산조각나 버린 인간의 육체, 고통으로 일그러져 버린 팔과 다리들, 인간인지 짐승인지 더 이상 구별되지 않을 정도로 엉클어져 있는 시체들은 민중들이 품고 있는 고통을 뼈저리게 느끼게 만든다. 스페인 작은 마을에 대한 폭격 사진의 이면에는 흑백(사진) 시대를 대표하고 있는 당대의 잔인성을 표현하고 있는 것이다.

■ **창조적 예술 과정은 세상의 베일을 벗긴다.**

작품이 어느 한쪽 편을 들어 표현을 하거나, 공개적으로 발표한 편지 내용에 작가가 동의하거나 할 때 이는 확실히 참여 작품인 것이다. 하지만 참여 작품에 대한 인식은 너무나 한정적이다. 이는 모든 작품들이 현실에 대한 베일을 벗겨내는 행위라는 것과, 예술가라고 해서 벽 위에 너무나 현실적인 방법으로 포도송이를 표현해서 비둘기들이 날아와 부딪혀 부리가 깨질 정도로 그림을 그린 그리스 화가 제욱시스와 같은 것이 아니라는 사실을 외면하고 있다는 것이다. 작품에서 표현하고자 했던 의도에 비해서 참여라는 관점에서 보면 그만한 만족을 얻어낸 작품은 없다. 다시 본론으로 돌아와서, 사르트르가 마들렌 샵살에게 토로한 것처럼 "당대의 문학이란 그 문학으로 소화된 한 시대를 말하는 것이다." 참여는 예술 작품에 '생물학적으로' 필수적인 것으로 현실에 적응시키고 소화시키는 장치처럼 보여진다.

|심화하기|

《형벌》
빅토르 위고(1853)

1851년 12월 2일 쿠데타가 일어나자마자 빅토르 위고는 처음에는 강제적이었지만 곧 자진해서 프랑스를 떠나 오랜 유배(1870년에야 파리로 돌아왔다) 생활에 들어갔다. 사실 나폴레옹 3세는 국경 밖에 있는 건지 섬에 유배되어 있는 빅토르 위고가 너무 부담스러워서 여러 차례에 걸쳐서 돌아오라고 압력을 넣었다. 하지만 위고는 이 추방으로 인해 자기보다 훨씬 강력한 적수인 군주의 수준으로 자신의 위신을 세울 수 있고, 자기가 꿈꾸었던 위대한 시인이 될 수 있는 계기가 될 것임을 알아차리게 되었다. 위고는 권력에 대항하는 민중의 편에 서서 작가로서 정의로운 투쟁이 될 싸움에 참여하게 된다. 특히 볼테르는 종교에 의해 무자비하게 희생된 사람들을 대변하였고, 위고는 프랑스 전체 민중을 위해 대변하였다. 나중에 '비참한 사람들(Les Misérables)'이라고 불리게 되는 사람들과 연대한 새로운 형태의 예술가인 **참여 작가가 탄생된 것**이다.

《형벌》이라는 작품은 투쟁의 도화선이 되었다. 이 작품은 자유를 침해하는 쿠데타의 암흑(Nox, 1장의 제목이기도 함) 속에서 치욕스런 군주가 몰락하는 날을 보게 되는 광명(Lux)으로 전개되는 과정으로 구성되어 있다. 위고는 나폴레옹을 악덕으로, 상대적으로 시인을 미덕으로 역할을 나누었다. 사실상 이 작품의 내용은 오늘날 '새끼 나폴레옹(Napoléon-le-Petit)'이라 불리는 나폴레옹 3세에게는 잔인하고 모욕적이며 경멸적인 것이다:

"맹목적인 운명에 의해 선택된, 이 졸부야,
그래서 야심가를 모방하는 이 식충아,
재앙에 약삭빠른 이 보잘것없는 전하야,
너에게 노래 한 소절을 내뱉어 주마 이 늑대야……."

《범죄도당》

위고는 동원할 수 있는 온갖 수단을 다 사용하였다. 그는 8월 4일 한

밤중에 일어난 7세된 소년의 죽음에 대해 가장 비장한 이야기로 모두를 사로잡았다. 아무 죄 없이 유탄을 맞고 숨진 부르시에라는 꼬마는 유린된 신생 공화국의 상징이 되었다. 이 영향은 병리학 의사의 냉정한 보고서처럼 들리는 간결한 이 문장에 의해 더욱 커져만 갔다:

"소년은 머리에 두 발의 총탄을 맞았다."

《4일 밤의 회상》

시인의 모든 미사여구와 시흥은 투쟁심을 불러일으키는 데 이용되었다. 어조가 야유적이든 비장하든 찬양적이든 간에 선동가들의 주장은 하나가 되었다: 게다가 파리에서 멀리 떨어진 곳에서도 한 사람(위고)이 선동하고 있질 않은가……. 자신의 시집(詩集) 마지막 내용 중의 하나인 《최후 통첩》에서 위고는 이렇게 고백하였다:

"만약 우리가 1천 명이 넘는다면 나도 그 중에 하나이고
만약 1백 명밖에 안 된다 해도 나는 용감히 맞서고
만약 10명만 있어도 나는 열번째가 될 것이고
그리고 만약 하나밖에 남지 않았다면 나는 그 하나가 될 것이다."

참여 작가란 바로 이와 같이 확고부동한 사람을 말하는 것이다. 위고는 이 때문에 전설적인 인물이 되었고 같은 이유로 팡테옹(Panthéon)[파리에 있는 팡테옹은 위인들의 묘지로 사용되고 있다]에 묻히게 된 것이다. 어느 누구도 위고가 자신의 투쟁을 승리로 이끌었다는 것에 대해 의심할 사람은 없다. 이는 위고가 승리로 이끌었다는 것을 지적해 주는 국장(國葬: 이 장례식은 1885년에 이루어졌다)으로 치러진 장례식 때문도 아니고, 항상 제2제정(帝政)이라는 말로 수식이 되는 명성 때문도 아니다.

시사화하기

비겁한 사람이 된다는 것

  사람들이 비겁한 사람으로 태어나는 것은 아니지만 어쩌면 약간 지나칠 정도로 텔레비전 뉴스를 보면서 겁쟁이가 되어가는 것이다……. 사실 텔레비전 뉴스에는 비참여라는 끔찍한 논리가 담겨 있고, 이 논리 속에서 수많은 세상 이미지들이 우리들을 사로잡아 가고 있다. 만약 일어나는 모든 사건에 대해 우리들이 진정으로 책임을 느끼고 있다면 연일 속수무책으로 발생하는 사건들을 보면서 우리는 어떤 상황으로 빠지게 되겠는가? '어쩔 수 없다'라고 말하는 숙명론자들을 어떻게 아직도 믿을 수 있겠는가? 텔레비전 뉴스에서 보도되는 사건들이 나에게 보여 주고 있는 것은 '현재 벌어지고 있는 일'도 아니고, '현재 벌어지고 있는 일에 대해서 알고 싶지 않다'는 생각을 키워 주는 것도 아니다.

  왜냐하면 사르트르는 이에 대해 확실하게 설명한 적이 있었으니까 말이다: 나의 자유는 한계가 없고, 이 자유는 나에게 절대적인 책임을 부여해 주고 있는 것이다. 나는 내가 실행에 옮기도록 결정할 수 있는 자유 외에는 아무것도 없는 것이다:

  "상황에 대한 역경의 요인을 결정하고 어디까지가 예측 불능한 상태인가를 스스로 결정하는 것은 나 자신이 아니던가."

《존재와 무》

  보스니아 위기가 절정에 달했을 때 사람들은 이러한 경험을 하게 되었다. 전쟁과 불행으로부터 무방비 상태인 보스니아를 위해 보잘것없을 만큼 상징적인 행동(보스니아를 위한 촛불 시위)밖에 취하지 못했던 것이다. 그뿐만 아니라 유럽 사람들도 자신들이 변해 가고 있다는 것을 깨닫게 되었다. 텔레비전은 이런 유럽 사람들에게 1938년에는 방영할 방법이 없었던 까닭에 보여 주지 못했던 겁쟁이의 모습을 삽화나 다른 여러 가지 방법으로 반영시켜 주었다. 파렴치함이나 전형적인 무관심을 거부하기 때문에 그렇게 된, 비굴함이라는 일상적인 표현 앞에서는 '겁쟁이의 위안(lâche soulagement)'(뮌헨 회담 후에 레옹 블룸이 했던 표현처럼)은 '불가능한 위안'이 되는 것이다.

  매일 저녁 우리는 비겁자가 되도록 좀더 배우게 되는데, 이는 **진정시키고 싶지 않은 고뇌에 대한 질책 속에서 연대감을 느끼기** 때문이다. 도대체 우리는 무엇을 할 수 있단 말인가? 아니면 우리의 영혼이 양심의 가책과 불량한 양심, 그리고 못된 의식 때문에 괴로움을 당하고 있는 것을 그대로 내버려두어야 한단 말인가? 효율성을 따지는 것은 더 이상 적절치 않다. 행동으로 나서야 한다. 오로지 행동이라는 원칙 속에서 평가를 해야 하는 것이다. 나의 독단적인 의지가 대단한 것이 아닐지라도 그것은 별로 중요하지 않다. 어쨌든 이 의지는 25년간 텔레비전에 의존하게 되면서 감춰지게 된 진실에 이르는 길을 열어 주는 힘을 가지고 있기 때문이다. 그게 아니면 이런 고통에 대해 아무런 관심이 없다는 것이고, 이런 상황에서는 사람들도 더 이상 나에게 그러한 것을 보여 주려고 하지 않는다는 뜻일 것이다……. 영상물이라는 것도 소비라는 요구에 부응하기 위해서만 공급된 제품과 같다는 것을 지워 버려야 한다는 것이다…….

국 가

정의하기

민족의 틀?

프랑스어에서 대문자로 시작되는 '국가(Etat)'란 민족을 구성하는 인간 전체를 지배하는 기능을 가진 사법-정치 구조를 말한다. 에릭 베유는 국가의 역사적 차원을 주장하면서 다음과 같이 정의를 내렸다:

"국가란 역사를 공유하고 있는 공동체 조직 제도의 총체이다."

《정치철학》

엄밀히 말해서 이 철학자는 국가의 개념과 민족의 개념을 달리 보았다. 사실 한 민족의 정치 역사는 아주 종종 민족적인 현실과 국가 기구를 서로 부합시키고자 하는 사람들에게 어려움을 겪게 만든다. 그 예로서 프랑스의 특징을 살펴보면 프랑스는 민족보다 국가가 먼저 형성되었다. 실제로 프랑스라는 '국가'는 10세기와 13세기 사이에 성립되었다. 프랑스 '공화국'은 오랜 역사의 과정을 거친 결과일 뿐이고 민족이라는 개념에 대한 종지부를 찍게 만들었다.

하지만 대부분의 경우 민족 정체성이라는 의식이 국가가 성립되기 이

전부터 벌써 자리잡고 있었던 것이다(이탈리아, 19세기 당시의 독일). 이 두 나라의 경우는, 국가는 민족을 바르고 꿋꿋하게 지탱해 주는 척추와 같은 것이 아닌가 하고 생각하게 만든다.

내용 구성하기

국가의 용도는 무엇인가?

■ 국가는……

국가는 사회를 조직하고 조절한다. 이것이 국가가 **존재하는 이유**가 아닌가 생각된다. 이렇게 되기 위해서는 국가는 하나의 객관적인 권력 기관으로, 즉 합법적인 힘과 폭력을 독점적으로 취할 수 있는 하나의 기관으로 구성되어야 한다:

"경계가 명확한 한정된 영토 안에서 국가 이익을 위하여 **합법적인 신체적 폭력을** 공동체가 **독점**하고 있는 형태, 그런 근대 국가를 세워야 한다."
막스 베버, 《정치가의 숙명과 직업》

이러한 기관은 집단의 내외부적인 위협에 대항해서 안전을 보장할 수 있는 기능을 가지고 있다.
결과적으로 국가는 쓸모가 있다.

■ 유용한 기구인가…?

홉스는 처음으로 국가의 필요성을 명백하게 밝힌 사람으로, 특히 국가의 존재 이유는 존재 이유 그 자체에 대한 이해 관계의 결과라고 밝힌 사람이다.

사실 이 말은 자연 상태를 특징짓는, 모두가 모두에 대해 끊임없이 일으키는 전쟁이 제기하는 문제에 대한 해결책을 제시하는 것이다. 따라서 인간들은 합의를 하고 함께 자신들의 자연권의 몫을 포기하며 폭력을 절대 권력인 제삼자의 손으로 넘겨 주는 것이다. 따라서 국가는 인간들의 자유 보장에 필요한 안전을 보장하는 것이다.

이런 상황 속에서 인간들은 어느 날 국가 조직은 더 이상 필요하지 않게 될 것이라고 상상이나 할 수 있을까? 그렇다면 우리는 영원히 국가와 결별할 수 없다는 말인가?

■ **아니면 없어져야 하는 것일까?**

만약 국가가 일반적인 계산 끝에 만들어진 결과라고 한다거나, 아니면 더 정확히 말해서 국가가 실제로 모든 이들에게 필요한 것이라고 한다면 그럴 수 있을지도 모른다. 그래서 마르크스주의자들은 국가가 사회 지배 계급의 이익을 위해 이용된다는 것을 지적한 것이다. 국가는 당연히 지배 기구이기 때문에 모든 이들의 자유를 보장해 주는 것이 아니라 단지 수단으로 이용되고 있을 뿐이고, 그런 것 자체가 목적이 아니기 때문에 몇몇 사람들만 보호를 해주고 나머지 모두를 희생시키고 있다는 것이다. 그러한 이유로 해서 국가는 계급 투쟁을 위해서 이용되며 계급 투쟁이 끝나게 되면 사라지게 된다는 것이다. 국가가 권리의 보편성을 실현한다고 주장한다면 그것은 거짓말이 되는 것이다:

"국가는 모든 냉혹한 괴물들 중에서도 가장 냉혹한 괴물이다. 국가는 냉정하게 거짓말을 한다. 여기 입에 발린 거짓말이 있다. '짐이 곧 국가이고, 내가 곧 국민이다.'"

니체,《차라투스트라는 이렇게 말했다》

> 심화하기

《국가와 혁명》
레닌이라 불리는 블라디미르 일리치 울리야노프(1917)

레닌의 정치적 고찰은 국가에 대해 논한 마르크스와 엥겔스의 저서 여기저기에 흩어져 있는 내용들을 모아 놓은 것처럼 보여진다. 레닌은 여기서 국가 본질에 대한 정확한 분석을 이끌어 내고자 했다. 그에 따르면 국가의 본질은 산업 사회에서 사회 갈등의 단계를 특징짓는 억압 기구라는 것이다. 따라서 국가는 역사적으로 살펴볼 때 계급 투쟁과 관련이 있는 것이다:

"만약에 국가가 서로 다른 계급은 양립할 수 없다는 사실에서 생겨났다고 가정한다면 억눌린 계급의 해방은 폭력 혁명에 의해서 이루어져야 하고, 지배 계급에 의해 만들어진 국가 권력 기관을 제거하지 않고서는 그 해방이 불가능하다고 하는 것은 자명한 것이다……."

국가라는 기구는 부르주아들이 계급 투쟁의 영향을 억제하고, 동시에 자신의 지배를 제도화하는 데 이용되었다. 군대와 관료를 동원하면서 국가는 부드럽기도 하고, 동시에 잔인하기도 한 이중적인 폭력을 사용하기에 이르렀다. 레닌은 몇 년이 지난 후에도 막스 베버가 말한 내용을 여러 번에 걸쳐서 되풀이했다. 국가는 합법적이라는 명목하에서 폭력을 행사한다.

"국가는 특수한 권력 기관이다. 국가는 어떤 계급을 굴복시키도록 만들어진 폭력 기관인 것이다······."

헤겔이 자신의 제자들에게 설명한 것처럼 프롤레타리아는 사회 발전 과정 속에서 부르주아에 대한 자신의 지배를 확립하기 위해서는 폭력 기구를 조속히 독점해야 한다. 어제까지 지배를 받아 왔던 계급은 국가 기구의 탈취를 통해서 내일부터는 지배하는 차례가 될 것이다. 투쟁의 결과가 프롤레타리아에게 승리로 돌아갈 때, 다시 말해서 모든 계급 투쟁이 사라지게 되면 계급은 더 이상 존재하지 않기 때문에 국가는 필요 없게 될 것이다. 엥겔스가 예견한 것처럼 말이다:

"유물론에 입각한 행정과 생산 과정에 대한 지도가 인간 정부를 대체한다. 국가는 폐지되지 않는다. 다만 쇠퇴할 뿐이다."

《오이겐 뒤링 씨의 과학 변혁》

시사화하기

복지 국가가 위기를 맞았을 때

복지 국가(Etat-Providence)란 국가가 앞을(pro) 멀리 내다본다(videre), 다시 말해서 국가가 앞으로의 일을 예견한다는 의미인데 도대체 무엇을 예견한다는 말인가?

복지 국가란 본래는 사회 문제, 즉 정기적인 수입에 의존하고 있는 노동자들에게 닥칠지도 모르는 문제를 대처하기 위한 것이었다. 노동에는 질병, 불의의 사고, 해고뿐만 아니라 노후 문제나 출산 등과 같이 수많은 위험들이 도사리고 있다. 자기 자신은 끝까지 직업을 영위해 나갈 것이고, 따라서 수입도 계속 이어질 것이라고 확신할 수 있는 직업인은 아무도 없다. 따라서 복지 국가란 실업과 그로 인해서 보수를 더 이상 받지 못하는 상황을 미리 예견하는 것이라고 주장하는 것이다.

더 정확하게 말하자면, 이러한 복지 국가는 노사 양측의 봉급에서 강제적인 원천 징수를 통해 납부된 분담금으로 사후의 대비책을 마련하는 것이다. 그들은 스스로가 공공보험업자가 된다. 마찬가지로 일반 보험 회사도 이런저런 위험에 대해 보상을 해주고 있다. 프랑스 보험 시스템이 약간 다른 것은 분담금의 자본화(Capitalisation)뿐만 아니라 분담금을 내는 사람들의 연대주의(Solidarité)라는 것이다. 배상금은 노동에서 나오는 것이 아니라 보상금을 받을 사람들이 모은 총액에서 받는다. 이 제도의 특징은 한편으로는 배상금 액수가 지금까지 부어 왔던 액수보다 훨씬 초과한다는 것이고, 다른 한편으로는 일을 한번도 하지 않은 사람은 배당금을 받을 수 없다는 것이다. 따라서 복지 국가는 연대주의를 표방하게 되는 것이고, 그리고 국가가 개인 생활에 훨씬 더 개입하게 되면 이들은 국가가 자신들의 복지(bien-être: Welfare state. 복지 국가라는 말은 1940년 이후 영국에서 사용되어 온 표현이다)를 위해 일을 하고 있다는 확신을 가지게 되는 것이다. 그래서 결국에는 이 bien-être라는 복합어에 제2제정 시대에 이 말을 만들어 낸 사람들에게 따라다녔던 경멸적인 의미를 불식시킬 수 있게 되었다. **국가는 복지 개념이라는 매개를 통하여 거의 신성시되었다.** 사람들은 신을 믿는 것처럼 국가를 전적으로 신임하게 되었다. 국가는 신처럼 모든 것을 다 알고 있고, 또 멀리 앞을 내다보는 능력이 있다고 말이다.

신뢰가 지속되기 위해서는 그 신뢰는 전폭적이어야 한다. 그래서 프랑스에서 10년 전부터 복지 문제가 심각한 위기(이 문제는 1981년 《복지 국가의 위기》라는 제목의 책을 쓴 피에르 로장발롱에 의해서 확인되었다)라고 이야기한다면, 이는 아마도 경제적인 이유라기보다는 더 이상 국가는 그렇게 멀리 보지 못한다고 생각하는 사람들의 숫자가 늘어났다고 보아야 할 것이다. 사람들은 복지 정책 운영의 어려움과 예산 적자 문제보다는 그것을 미리 예견하지 못했다는 사실에 비난을 보낼 것이다. 실업률의 증가와 국유화 파동에 의해 발생된 불균형을 예상하지 못했다니…… **매우 염려스러운 것은 사회 복지의 적자 문제가 아니라 그런 문제를 미리 발견하지도 못했고, 특히 그에 따른 여파를 미리 감지하지 못했다는 것**이다.

하지만 복지 국가는 단지 보장한다는 임무만 있는 것이 아니기 때문에 미래 예측에 대해 희망을 줄 수 있는 요소를 찾아내려고 다른 사회 생활 분야에도 손을 댔을지 모른다. 사실 복지 국가는 "사회 생활에 필요한 모든 것에 응할 준비가 되어 있다"라는 주장을 하고 있다고 행정법 전문가들은 지적한다. 복지 국가 활동에 대한 세부적인 분석은 당연히 시간이 오래 걸리고 너무나 지루해서 진절머리가 날지도 모른다. 하지만 국립 교육의 예에서 보듯이 공교육 분야에 대해 국가적 차원에서 새로운 대비가 있었는지 의문을 갖지 않을 수 없다. 지금까지 프랑스 복지 정책은 엄청나게 늘어난 대학생 수의 증가에 대해 무엇을 예견했단 말인가?

윤 리

정의하기

품행 규칙

그리스어 **Ethikos**는 품행에 관계되는 모든 것을 지칭하는 말이다.

윤리는 결과적으로 도덕, 즉 선하게 살기 위해서 우리가 지켜야 하는 품행 규칙이다. 철학적 용어로만 사용되던 윤리라는 단어는 행동을 평가하는 용어가 되었다. 도덕이 무엇보다도 실천을(이는 매일매일 행해야 하는 실천 사항이기 때문에 예전에는 학생들에게 실천을 하라는 충고를 아끼지 않았다) 강조하는 것이라면 윤리는 이론적인 영역을 강조하는 것이다.

도덕적인 고찰이 직업적인 행동에 근거를 두고 있으면 이를 **직업 윤리**라고 말한다. 이 말은 '~해야 한다'라는 뜻의 그리스어 dei로부터 제러미 벤담이 만들어 낸 말이다.

> 내용 구성하기

윤리 없이 지낼 수 있는가?

■ **윤리는(여러 윤리 가운데 하나의 윤리가 아니라)……**
　19세기 의구심이 많던 철학자들이 제기한 서양 정체성의 위기와 가치관에 대한 비평들은 예전에는 생각조차 하지 못했던 문제들에 대해서 오늘날에 제기할 수 있도록 해준 계기가 되었다. 또한 윤리라는 단어가 부정관사로 사용되는 특수한 용법으로 받아들여지는지에 대한 문제부터 제기해 보아야 마땅할 것이다. 이 단어의 의미는 실제로 현동화(現動化: 자체로서는 잠재적 기호인 단어가 실제 문장에 쓰여 구체적인 의미나 기능을 가지게 되는 현상)와 똑같은 형태로 가능한 것인가? 주어의 성과 수에 따라 같은 행동에 대해서 평가를 내릴 수 있는 것인가? 사람마다 진실과 가치와 윤리에 대한 평가는 각각 다른 것인가? 직업 세계에 있어서 직업 윤리에 대한 강요는 어쩌면 각 직업마다 나름대로 **고유한** 윤리가 있다고 믿게 하는 것은 아닐까?
　어쨌든 언어의 기능이 너무 남용되어서도 안 되고, 윤리와 직업 윤리를 혼동해서도 안 된다. 윤리를 받아들이는 사람에 따라 달라지는 **상대적 윤리**는 당연히 '도덕적 가치'를 잃게 된다는 것을 잊지 말아야 한다. 도덕적인 법률은 그 법이 각 개인의 아주 특수한 이익을 대변하거나 표현하는 것과 상관이 없을 때에만 절대적인 것이 될 수 있을지도 모른다. 윤리는 나에게 객관적인 방법으로 내 행동을 평가할 수 있는 방법을 부여할 때에만 나의 자유를 밝혀낼 수 있는 것이다. 따라서 윤리 없이 지낼 수 있는가 하는 문제가 아니고, 왜 우리에게 윤리가 필요한가 하는 것이 문제가 되는 것이다.

■ **인류의 생존에 꼭 필요한 것이다.**

어원에 따르자면, 윤리(éthos: 풍습, 습관)라는 단어에서 인간이 주변의 환경에 적응하고 거기에 익숙하게 하고 습관이 들도록 하는 총체적인 원칙을 만들 수 있을지 모른다. 인간의 행동이 인류의 생존 본능이라는 방향으로 나아갈 때 윤리는 이 행동에 대해서 선한 행동이라고 판단을 내릴 것이다. 따라서 도덕은 이 본능의 연장선상에 있다고 할 수 있을 것이다. 하지만 어원이 지닐 수 있는 '진실'은 현대 인성학(人性學)[인간의 도덕적 성질을 역사적으로 연구하는 학문] 연구에 의해서 결점이 드러나게 되었다.

콘라트 로렌츠는《도발, 악의 자연사》에서 인류는 모든 동물들 중에서 유일하게 이종(異種)간의 호전성으로 돌변하는 억제 메커니즘으로부터 벗어날 수 있다는 것을 예를 들어 보여 주고 있다. 인간은 자유분방한 본능을 가진 동물이고 인간만이 자기 동족을 파괴할 수 있는 능력이 있다:

"최초의 진정한 인간 공동체에서는 살인의 가능성과 억제력 사이에 균형을 유지시키는 것보다 훨씬 더 책임 있는 도덕을 요구한 것 같지는 않다."

따라서 도덕은 쇠약해진 본능을 위해서 생겨난 것이다. 문화는 또한 인류에게서 단순한 본능을 제거시키면서 인류를 구해 주었다. 도덕은 이러한 구원과 정의를 위한 노력 속에서 **의식적인 억제를 하게 만드는 인위적인 창조물**인 것이다.

심화하기

《도덕형이상학의 기초》
이마누엘 칸트(1785)

어떻게 모든 동체(動體)와 모든 외적인 인과 관계로부터 분리된 순수 의지라는 것이 가능할까? 만약 인간의 유일한 진정한 자유를 규정하고자 한다면 이에 대한 문제를 제기하고 또 해결되어야만 할 것이다. 사실 이러한 의지는 오로지 **선험적(a priori)**으로만 해결될 수 있기 때문에, 다시 말해서 경험 속에서 일정한 상황과는 독립적으로만 해결될 수 있기 때문에 절대적인 자유라는 표현이 될 수도 있다. 이러한 의지를 칸트는 도덕성의 범위 안에 한정시켰다. 이를 **선의(善意)**라고 하는데, 이 의지는 선(善) 이외에 다른 것은 필요로 하지 않으며 모든 형태의 욕심과 도리의 책임으로부터 초연한 것을 말한다: 나는 선을 위한 선을 원할 때에만 자유인이 된다.

이 의지는 따라서 의무에 따른 행동 의지만을 나타낸 것이다. 의무는 사실상 모든 형태의 의향과는 대립된다. 그래서 의무는 자기 자신을 사랑하듯이 자신의 적을 포함해서 자신의 주변 사람들을 사랑하게 만든다. 게다가 좀더 정확하게 말하자면 의무는 친구에게서 느끼는, 정에 근거를 둔 그래서 동기에 의한 '병적인 사랑'에서가 아니라 원수에 대한 사랑 속에서 인지되는 것이다. 따라서 칸트에게 있어서 의무는 '법을 존중하기 위해 필요한 행동'처럼 보여지는 것 같다. 여기서 모순이 생겨난다: 존중은 의무에 따라 행동하고자 하는 동기 유발이고, 따라서 이런 행위는 타산적인 행위가 되는 것은 아닌가? 본문에 첨가한 내용에서 칸트는 존중에 대한 의미를 정확하게 밝힘으로써 모순을 해결했다고 주장하고 있다:

"내가 가지고 있는 의식과 법률에 따른 의도에 의해 내린 직접적인 결정이 바로 존중이라는 것이고, 결과적으로 존중은 법의 원인으로 간주되는 것이 아니라 동기에 대한 법의 결과로 간주되었음에 틀림없다."

도덕적인 행동은 따라서 의무에 따른 행동, 다시 말해서 법을 지키기 위해 행해진 행동이다. 그러면 이에 관계되는 법은 무엇인가? 이 법은 특별한 내용에 의거해서 규정할 수는 없기 때문에 단지 법 개념과 법의 형태가 이 선의(善意)를 고려했다고 보아야 할 것이다. 따라서 의무가 요구하는 것은 법이 필요로 하는 보편성에 대한 복종인 것이다. 이에 대해 칸트는 보편적인 도덕의 강요를 거부하는 유명한 선언을 다음과 같이 발표하였다:

• "오로지 당신이 원할 수 있어야 하고, 그것이 동시에 보편적인 법이 되게 만드는 원칙에 따라 행동하라."
• "마치 당신의 행동 방침이 당신의 의지에 따라 자연이라는 보편적인 법으로 여겨진 것처럼 행동하라."
• "당신은, 당신 자신의 인격처럼 다른 사람들의 인격 속에서, 결코 단순한 과정이 아닌 결과로서 인간을 대하도록 행동하라."

위의 3개의 선언은 모두 명령법으로 표현하고 있는데, 이는 사실 선행(善行) 자체에서 그리고 선행만을 위한 선행을 추구하려는 의지(意志)를 강요하기 위한 것이다. 따라서 이 명령은 칸트가 규정한 **정언적**(定言的) **명령**[정언적 명령은 수단이나 조건을 내세우지 않는 무조건적인 명령으로 도덕적 명령이라고도 하는데, 행위의 결과나 목적과는 관계없이 행위 그 자체에 가치를 두는 명령이다]인 것이다.

시사화하기

생명 윤리의 문제

자크 테스타르 박사는 1986년 9월 10일 발표된 인터뷰에서 "나는 다른 어떤 실험도 하지 않을 것이다. 내가 하는 마지막 실험은 인간 배아를 냉동하는 것이 될 것이다"라고 선언하였다. 이 유명한 인공 수정 전문가 중의 한 사람이 취한 입장은 1993년까지 장 베르나르가 회장으로 있었던 국립생명과학윤리위원회(Comité national d'Ethique des Sciences de la Vie)의 설립 당시인 1983년부터 일관되게 주장되어 온 것이었다. 과학 분야에서 재능이 뛰어난 일부 과학자들은 인간 신체와 관련된 연구에 윤리적인 규정을 강제시켜야 한다는 필요성을 주장하였다. 이러한 논의는 **PMA**(Procréation médicalement assisté: 인공 수정)에 관한 것부터 시작해서 프랑스에서 불임 여성들의 인공 수정 행위를 금지할 목적으로 입법부가 개입해 줄 것을 요구하는 문제로 집약되었다. 생명 윤리란 말은 근거 없는 말이 아니다. (비록 이 신종어(新種語)가 애매한 뜻을 내포하고 있을지라도 말이다: 무생물에도 윤리가 있다는 말인가?) 생명 윤리는 과학적인 측면에서 **더 이상 단순하게 책임을 지우기 위한 신념의 윤리로**(오로지 원칙만이 중요하다. 연구에도 적용되는 것이 아닌가 하는 걱정은 하지 말고 과학을 발전시켜야 한다) **그쳐서는 안 된다고 하는 염려**를 표현하고 있을 뿐만 아니라, 정치적인 측면에서도 독립적인 권위에 의거하고자 하는 의지를 표현하고 있는 것이다.

과학과 윤리와 정치는 10년 전부터 시시비비를 따지지 않는 유익한 대화 관계를 맺고 있었다. 물론 시시비비를 가리는 듯한 결과를 보이는 정치적 선택이나 고찰에 관해서 어쩔 수 없이 몇몇 문제들이 제기되기도

했지만 말이다.

  먼저 생명 윤리라는 표현의 남용은 실질적인 도덕과 완전히 구분되는 특수한 행동에 해당하는 윤리가 있을지 모른다는 생각이 유포될 수 있다는 것을 생각해 보자. 물론 이는 별다른 의미는 없다. 다른 한편으로는 1994년에 채택한 PMA를 규제하는 법률안에 관해서, 위원회의 의견은 정치적·도덕적 결과에 대한 비판적인 평가를 면할 수 없다는 것이다. 과학 기술 발전의 도움을 받고자 하는 60대 노인에게 무슨 명분으로 인공 수정을 금지한단 말인가? 이 행위가 자연 법칙에 위배되기 때문인가? 하지만 의사들은 자연 법칙에 위배되는 연구를 계속해서 하고 있었고, 그 예로 아무도 심장 이식 수술에 대한 경험을 문제삼고 있지 않았었다. 하지만 인공 수정 문제는 60대 여인이 다른 엄마들처럼 어린 자식을 성인이 될 때까지 키울 수 없는데도 불구하고 애를 가지고 싶어하는 여인의 '이기적인 선택'이라고 여겼기 때문일까? 하지만 찰리 채플린이나 이브 몽탕 같은 사람들은 스캔들을 일으키지 않고도 늦은 나이에 어린아이를 가졌다. 그렇다면 인간적인 차원에서 이들을 다른 사람들과 똑같이 비난해야 마땅할 것이다. '이기적인 선택'으로 말하자면 최소한 이러한 선택도 엄격하게 말해서 인정받을 자격이 있는 것이다: 인정받지 못할 선택이 어디 있는가? 결국 이러한 '정치적인' 차원으로 따져 볼 때 진정한 '윤리'는 무엇이 있단 말인가? 어쩌면 이는 단순히 '도덕'으로 포장하기만 하면 의심 없이 받아들여질 수 있을지 모른다는 경제적인(인공 수정 기술 자유화에 드는 비용을 생각해 보라) 측면에서의 결정이었기 때문일지도 모른다. 생명 윤리에 대한 기준이 완전히 신용할 만한 것이 되지 못했던 것은, 어쩌면 너무 단순하게도 윤리가 결여되었기 때문일는지도 모른다.

소 외

[프랑스어에서 exclusion이라는 단어는 '소외'와 '추방'이라는 두 가지 뜻을 내포하고 있다.]

정의하기

접근 금지

고대 세계에서 추방은 형벌이었다. 아우구스투스는 오비디우스를 로마에서 축출하고 흑해 연안으로 종신 유배를 떠나도록 하는 형벌을 내렸다; 아테네인들은 아테네에서 가장 덕망 있는 사람 중의 하나이고 살라미스 해전의 승자인 테미스토클레스를 너무나 야망이 크고 또한 너무 강력해졌다는 이유로 10년 동안 아테네에서 추방하였다. 이러한 조치는 도편추방법(陶片追放法)이라는 이름으로 잘 알려져 있다. 이 도시 국가의 성문은 시민들에 의해 유죄 판결을 받은 죄인들에게는 굳게 닫혀져 있었다. (라틴어로 excludere는 '출입 금지'를 의미한다.) 프랑스어에서 ex-clus라는 단어의 의미는 '사회의 밖에 있다'라는 뜻을 가지고 있다.

오늘날 단어의 의미가 조금씩 변화되는 현상에 따라서 추방된 사람들도 성 안에 남아 있게 되었다. 그들은 어떤 소송과도 관계되어 있지 않고, 단지 빈곤하다는 것을 제외하고는 사람들로부터 비난당하지 않는다. 그들은 공소의 대상도 아니고, 시민들의 경시의 대상도 아니다. 반대로 그들은 사람들의 동정심을 사는 처지에 놓이게 됨으로써 매해 겨울이 되면 언론들은 그들에게 관심을 집중시킨다. 옛날에는 사회에서 소외된 사람들의 숫자가 많지도 않았고 또 그들이 존재한다는 것이 사회적인 치욕을 의미했지만, 지금은 그 숫자가 너무 많아지면서 경기 침체를 진단하는 지수로 이용되고 있다. 이러한 현상은 사실 사회적인 의지보다도 모든 사람들의 욕구를 충족시켜 주지 못하는 사회의 무능력에서 기인된 것이다. 이런 의미에서 소외는 마귀와 비슷한 수천 개의 이름과 얼굴을 가지고 있는 것이다. 악마는 자신들의 형상을 늘려 나가기 때문에 사람들은 악마의 영역이 점차 확대되고 있다고 믿기조차 하는 것이다. 이제 곧 어느 누가 자신은 소외되지 않았다고 말할 수 있단 말인가?

내용 구성하기

소외는 필요한 것인가?

■ **만약 동화되다라는 말이 결합하다라는 의미라고 한다면……**

정치는 권력 행사를 위한 단순한 투쟁이 아니다. 정치는 충돌을 정당화시키는 '사회 계획' 수립에 종사하는 사람들의 역할을 전제로 한다. 사실 정치는 항상 사람들에게 자신의 정부를 강요하고 싶어하며, 이 사람들에 대한 최선의 통합을 실현한다고 주장한다. 라랑드의《철학 어휘사전》은 통합에 대하여 다음과 같이 정의하고 있다:

"사회 구성원들간이나 단체간의 가장 긴밀한 상호 의존의 수립."

통합은 소외의 반대처럼 보여지며, 실제로 정치의 최종 목표를 가리키는 말인 것 같다: 통합하는 것은 결합하는 것이다. 따라서 사회는 점점 확장되고 있기 때문에 사회(socii)를 구성하는 회원들의 수는 더 늘어날 것이다. 그러면 '결합하다' 라는 말의 정확한 의미는 무엇인가?

■ 정치 단체가 주장하는 것은 또한……

정치 단체의 최종 목표는 인간들이 가지고 있는 본능적인 폭력을 제거시키는 데 있다. 이 메커니즘을 묘사하기 위해 사람들이 사용하는 허구적인 내용들은 그리 중요하지 않다: 로마 건국 신화를 들려 주거나, 철학자 홉스를 흉내내서 힘의 지배가 인간성을 상실하게 만든다고 하는 무시무시한 자연 상태를 만들어 내거나 하는 것은 사람들이 항상 듣고 있는 똑같은 내용들이다. 단체는 악을 물리치고 인류의 보존을 실현하는 최고의 소외시키는 방법으로 남아 있다.

사실 초창기 신화적인 단체는 정치 활동의 모델로 사용된다: 사람들은 상대편과 계약이라는 방법이나 공동 선언과 같은 방법에 기초한 협상을 통하여 단합하려고 노력할 것이고, 학교라는 방법을 통해 공동 문화 속에서 미래의 시민들의 결합에 따른 사회의 이질성을 줄이려고 노력할 것이다. 그러면 결과적으로는 사회적 소외라는 현실은 국가 문제를 다루는 사람들이 정책 실패를 했다는 의미인가?

■ 소외가 필요하다는 것이다.

사회적 소외는 정치 제도의 원칙에서조차도 항상 반복적으로 일어나는 폭력의 축출이 아니던가? 사실 서양 사회같이 부유한 사회가 이러한 소외 메커니즘을 따르고 있다는 사실은 상상하기 힘든 것이었다. 인구의 상당 부분(프랑스에서 최근의 조사에 의하면 사회적 소외의 희생자는 1백 40만을 헤아린다)에게 고통을 주는 이 소외는 최소한의 관용만이 베풀어 졌다는 뜻이 아니면 무엇이란 말인가? 사회에서 소외당한 사람들은 당연히 인간의 의지로는 어쩔 수 없는 빈곤한 상태로 빠뜨려진 도저히 받아들일 수 없는 학대의 전형이 아닌가? 제물로서 사막으로 내쫓긴 사람, 테베에서 축출당한 오이디푸스, **희생양(pharmakos)**, 노예, 아테네로 끌려와 성문에서 린치를 당하는 사람, 이들은 사회가 불안해질 때마다 그 책임을 떠맡게 되는 사람들이다. 사회 문제를 해결하는 방법으로 사회는 이들을 이용한다. 사실 아주 오래전부터 소외를 사회 결속에 필요한 **카타르시스(Catharsis)**[인위적 경험에 의한 감정의 정화]로 이용하고 있다면, 오늘날 정치 문제의 원인으로 꼽히는 위기를 극복하기 위해서 소비 사회에서 소외된 사람들을 희생양으로 삼고 있다는 사실을 어떻게 간과하고만 있었단 말인가?

심화하기

《변신》
프란츠 카프카(1912)

"어느 날 아침, 그레고어 잠자는 악몽에 시달리고 난 후에 자신이 침대에서 진짜 벌레가 되어 있음을 깨달았다." 이 이야기는 이렇게 꿈이 앞으로 점점 더 견디기 어렵게 될 현실로 바뀌어 간다는 것으로 시작하고 있다. 그레고어가 고통스러워하는 것은 벌레로 변한 자기 자신의 변신이 아니라 이 변신으로 인해 자기 가족들이 갑자기 그리고 영원히 겪게 될 소외인 것이고, 이 불행으로부터 벗어날 수 있는 유일한 방법은 죽음밖에 없기 때문이다.

따라서 모든 것은 변신으로부터 시작된다. 이 이야기의 제목에서 사용된 정관사(La)는 변신이라는 단어가 은유적인 특징을 가지고 있다는 것을 여실히 나타내고 있다. 그레고어의 변신은 분명히 가정이 계승해 온 가족이라는 전통을(가족들은 각자가 자기 역할이 있고 자기 위치가 있다) 뿌리째 흔들리게 함으로써 가족들을 급격한 혼란 속으로 빠져들게 만드는 최악의 변화인 것이다. 그레고어는 자기가 그토록 사랑하는 누이와 부모님의 생계를 위해 일을 해야 했다. 그는 살림에 있어서 제일 중요한 역할(특히 자신의 아버지가 진 빚을 갚고 있었다)을 하고 있었기 때문에 그의 변신은 지금까지 잘 운영해 왔던 가계 수입에도 엄청난 변화를 가져오게 만들었다. 사실 자기 가족들의 변신에 직면하지 않는 가족이 어디 있단 말인가: 유년기에서 청년기로의 변신·질병·실업 등등. 우리들의 모습이나 습성이 끝없이 변해 가는 것이 인생이 아닌가? 그레고어의 변신은 자신의 정체성을 완전히 변질시킨 돌이킬 수도 없는 완벽한 사실처럼 보여진다. (그는 입맛마저도 바뀌었다. 예전에 그의 여동생이 정성을 다해 만들어 주었을 뿐만 아니라 자기가 가장 즐겨 마셨던 음료수인 우유를 더 이상 마시질 못했다.)

카프카에 의하면 소외 단계 초기에는——그레고어는 은둔의 형태를 띠고 있다——사회에서 용인할 수 없는 돌연변이라는 확실한 사실이 있다는 것이다. 소외는 부끄러움과 두려움이 섞인 감정이 따르게 되지만 거부감은 무엇보다도 질서 파괴에 대한 혐오감처럼 보여진다. 그런데도 불구하고 이는 첫번째 단계에만 해당되는 것이다. 왜냐하면 그레고어의 변신은 또 다른 새로운 변신을 유발할 것이기 때문이다. 그레고어의 가족에게도 변신이 일어난다. 아버지는 일을 찾아 나서게 되고, 노동의 즐거움을 되찾게 된다. 아버지는 곧이어 '금빛 단추가 달린 멋진 파란색 유니폼을 입고 왕성한 생기를' 느끼게 된다. 2부에서 카프카의 이야기는 사실상 그레고어 가족의 부활이라고 말할 수 있는 이야기를 반영하고 있다. **소외된 자들의 불행 끝에는 소외시킨 사람들이 누렸던 행복을 누리게 될 것이다**. 사실 카프카는 소외시키는 행복, 완벽하게 자기 자신이 (soi-même) 될 수 있다는 희망의 에너지를 동반하는 질서 파괴의 요소를 쫓아내는 기쁨을 암시하고 있다. 그러므로 잠자에게 찬란한 미래를 약속하는 이 단편 소설의 마지막 문장을 가벼이 여겨서는 안 될 것이다:

"여행의 막바지에 소녀가 가장 먼저 일어나서 자신의 젊은 몸매를 한껏 발산하고 있을 때, 그들은 자신들의 새로운 꿈과 아름다운 미래의 계획이 실현되는 것을 보러 달려나간다."

그레트의 환희는 마치 그의 오빠가 누에고치 속에 갇혀 있을 때 자신은 번데기에서 나왔던 것처럼 그레고어가 치른 죽음의 대가로 이루어진 것 같다.

시사화하기

부랑자와 주거부정자

(사회적) 소외 현상은 신문지상에 공공연하게 보도되고 있는 실정이며, 일정한 주거가 없는 사람(SDF)들 자신이 발간하고 판매하는 《길거리》, 《마카담》[자갈을 여러 겹으로 깐 마카담식 포장도로], 《가로등》이라는 신문들도 다른 여느 신문들과 어깨를 나란히 할 정도로 유명하게 되었다. 이들 신문 이름들이 주는 인상은 먼저 집 없는 사람들이 거주지에서 쫓겨난 사람들이라는 사실을 아주 명확하게 연상시켜 주고 있다. 하지만 역설적이게도 이들을 찾아보기란 힘든 실정이다. 왜냐하면 강제 퇴거는 법에 의해 금지되어 있기 때문이다.

따라서 오늘날 말하는 소외된 사람들이란 '집 없는 사람(sans-logis)'들을 말한다. SDF(Sans Domicile Fixe: 일정한 거주지가 없는 사람이라는 뜻의 약자)라는 약자는 통상적으로 사용되고 있기 때문에 어떤 기관의 이름이 아닌가 싶을 정도의 인상을 주고 있다(예를 들어 SNCF, RATP, RER처럼). 하지만 현실적으로 SDF라는 말로 지칭되고 있는 '집 없는 사람'들과 '소외되지 않은 사람'들이 항상 가지고 있는 '소외'에 대한 두려움과는 확실히 관계가 멀다. 사실 1993년 10월의 'CSA(여론 조사 기관)'와 《길거리》라는 신문이 공동으로 실시한 여론 조사를 보면 프랑스 인구의 73퍼센트가 자신이나 자신의 친척들이 소외되지나 않을까 걱정하고 있다는 것을 보여 주고 있다. 따라서 SDF라는 말은 실제로 소외에 대한 위협을 느끼고 있는 사람들에게 현실적인 위협에 대한 긴장감을 희석시켜 주고 있다. SDF라는 세 글자는 비인간적이라는 비극적인 요소를 심각하게 여기지 않도록 만들고, 거리로 내몰리는 운명이라는 비극이 아니라고 하는 완곡한 표현인 것이다. 결국은 너무나 인간적인 표현 때문이라고나 할까, 소외자들은 소외되지 않은 사람들과 별 차이를 느끼지 못하는 것이다: 이는 서로의 처지가 너무나 비슷하고, 또한 미래에 대해 너무나 불확실하다고 느끼는 현대인들의 마음을 사로잡을 수 있었다.

만약 어떤 동네의 부랑자들 사이에 이름 모를 SDF가──그들은 부랑자의 처지에 어울리지 않게 너무나 옷을 잘 입고 있어서 사람들로 하여금 종종 질타를 받는다──새로 들어와서 자리를 잡고 앉아 있다면 그것은 소외 현상이 증가하고 있다는 증거이지만, 사람들은 그런 사람들을 더 이상 SDF라고 부르기를 거부한다. 덥수룩하게 수염을 기르고 길거리 여기저기에 뒹구는 늙은 거지들의 모습은 소설이나 영화의 배경이 되고 있는 풍취 있는 도시의 한 모습이기도 하였다. 근래에 와서 이러한 거지들의 숫자가 증가하여 이들이 부랑자인지 SDF인지 그 정체성이 불분명해지면서 부랑자 자신들도 스스로가 사회에서 '너무나 소외되었다'라고 하는 심리적인 중압감마저 상실하게 되었다. 현재 40만에 이르는 '공식적인' SDF는 더 이상 '소외된 사람'들로 치부되지 않는다. 그 이유는 집

없는 사람들이 만들어 파는 신문들은 단순히 제도적으로 어떠한 보호도 받지 못하는 사람들(왜냐하면 그들은 공식적으로 어떤 명부나 어떠한 컴퓨터에도 SDF로 기록되어 있지 않기 때문이다)이 사회적으로 재통합되도록 하기 위한 전략을 구사하고 있지 않기 때문이다. 이들의 전략은 SDF라는 말에 내포되어 있는 완곡한 뉘앙스를 없애고자 노력하는 자신들의 목소리에 사람들이 다시 한번 귀 기울이도록 하기 위한 것이다.

가 정

정의하기

왜 그토록 증오하는가?

앙드레 지드는 "나는 가정을 증오한다"라고 외쳤다. 그런데 무엇 때문에 그토록 많은 증오가 있단 말인가? 인간 공동체 중에서 가장 작은 공동체인 가정은 자연에 의해 강제된, 그리고 인간들간에 깨질 수 없는 관계를 형성하는 장소가 아니던가. 가정은 파란만장한 역사 속에서 각 개인이 기댈 수 있는 필요한 사회이자 격려를 해주는 구조를 가지고 있기 때문에 정치적·도덕적 위기가 닥쳐올 때마다 언제나 그 가치를 평가받아 왔다. 자신의 꿈을 잃어버린 사람들이 돌아가는 곳이 가정이고, 역사의 혼란과 회오리로부터 사람들을 보호하고 사회 질서를 책임져야 하는 이들이 관심을 돌리는 곳은 가정이었으며, 사람들이 이데올로기에 희롱당한 느낌을 받았을 때 '진정한 가치'를 증진하고자 하는 이들이 선택하는 곳도 가정인 것이다.

그런데도 역설적으로 가족을 보호해 주는 역할만큼이나 가족들을 질리게 만드는 것 또한 가족 관계라는 끈끈한 힘 때문이다. 사람들은 자신이 속한 가정으로부터 벗어날 수 없기 때문에 자식들은 자기 부모를 부모가 아니라고 부정할 수는 없다. 가정은 의지를 고양시키기도 하지만 동시에 이 의지를 파괴하기도 한다. 헤겔이 《법철학 강요》에서 밝혔듯이,

가정은 안식처인 동시에 감옥처럼—— '가족 세포(cellule familliale)' 라는 표현은 이런 관점에서 무엇인가를 생각하게 만든다——보여지는 것이다.

| 내용 구성하기 |

가정은 예외적인 공동체인가?

■ **가정 질서는 독자적인 질서이기 때문에……**
사회를 가정에 비유하려는 경향이 있기는 하지만 가정 질서는 사회 질서의 영역에 속하지는 않는다. (정치에서 '가부장주의(paternalisme)' 라는 표현을 보라: 신민들에게 군주는 아버지이고, 진짜 독재자는 자기가 억압하고 있는 민중들의 작은아버지이다.) 따라서 그리스인들은 사생활과 사회 생활의 범주를 분리하였다. 사회라는 공간에서 시민들이 평등하다고 한다면(이것이 권리 평등의 원칙이다) 가정에서는 불평등한 상황이 강요되고 있다(가장, 아들, 아내, 딸, 노예순(順)으로……). 사실 가정에서는 민주 사회가 거부하고 있는 지배 관계나 종속 관계를 감추지 않고 있다. 민주주의의 출현과 함께 기원전 5세기경의 그리스와 같은 특징이 근대 국가 전체로 확산된 것이다. 가정은 독자적인 질서처럼 보여진다.

■ **사회 질서 속에서 각 개인의 관계는 가정 질서에 따라 달라진다.**
그렇다고 해서 가정이 어떠한 사회적 역할도 하지 않는다고 말하는 것은 아니다. 헤겔도 《법철학 강요》에서 이를 강조하고 있다. 가정은 개인이 사회에서 연대 의식을 가지고 행동할 수 있도록 사회 생활을 가르친다. 가정은 단체 활동에 대한 실습과 모든 인류 집단에 내재되어 있는 힘의 관계에 대해 가르친다. 심리학자들도 가정이 권위와 질서에 대한 각 개인의 관계를 규정하는 장소라는 것을 일깨워 주고 있다. 따라서 가정에서 가르치고 있는 것은 심리학자들이 규정하는 가정과는 거리가 있다.

사실 자기 자신보다 훨씬 강한 외부적인 의지가 있고, 이 외부적인 의지가 자신의 욕구에 반하게 된다는 사실을 발견하게 되면서 어린아이들이 겪게 되는 오이디푸스 갈등은 성인이 되었을 때 자신과 법과의 관계에 영향을 미친다.

사실 무질서한 가정 생활은 무질서한 사회 생활을 하게 만든다. 소포클레스의 연극은 바로 이런 의미를 상징적으로 표현한 것이다: 자신은 더 이상 자신이 몸담고 있던 사회에 남아 있을 수 없다는 것을 오이디푸스는 깨닫게 된다. 오이디푸스 자신의 존재는 도시에서 떠나 유랑하는 존재로 남을 뿐이다. 왜냐하면 오이디푸스 가족의 갈등이 테베라는 도시를 완전히 치명적인 무질서로 빠뜨렸기 때문이다. 테베의 사회 질서는 진실이 밝혀지고 범죄자가 떠나고 난 후에야 재건되었다.

따라서 가정은 각 개인이 미래에 사회 생활을 하는 데 있어서 질서적이거나 무질서적으로 만드는 영향을 주기 때문에 '별도의 질서'인 것이다.

심화하기

《엘렉트라》
에우리피데스(기원전 413년)

오레스테이아의 비극을 다룬 아이스킬로스의 3부작인 《아가멤논》·《코이포로이》[죽은 사람에게 제물을 바치는 사람들]·《에우메니데스》[자비의 3여신 또는 복수의 3여신]가 공연되고 40년이 지난 후, 에우리피데스는 미케네 왕국을 분열하게 만든 유명한 '벤데타(vendetta)[집안간의 다년에 걸친 복수]' 가족 이야기를 다시 다루었다. 이 이야기의 내용은 다음과 같다. 왕 중의 왕인 아가멤논은 신의 노여움을 사게 되어 출항을 할 수 없게 되자 신의 노여움을 풀고 트로이까지 아카이아 동맹군이 도달할 수 있도록 자기 딸 이피게네이아를 제물로 바칠 수밖에 없었다. 어머니 클리템네스트라는 정부인 아이기스토스와 전쟁에서 승리를 하고 돌아오는 왕을 살해하기 위해 10년 동안 준비한다. 왕의 세 딸 중의 하나인 엘렉트라는 왕의 죽음을 목격하게 되고, 그때부터 왕자인 오레스테이아와 복수를 하고자 하는 생각밖에는 없었다. 미케네에서 돌아온 오레스테이아는 자기 동생의 성화에 못 이겨 클리템네스트라와 아이기스토스를 죽이고 아버지의 왕위를 다시 차지하였다. 이리하여 아트레우스 집안은 가족간의 증오의 폭발의 상징이 된 것이다: 오늘날 가족 구성원간의 증오가 아트레우스 가족의 증오와 비슷하다고 말하는 이유가 여기에 있는 것이다.

에우리피데스는 엘렉트라를 가정의 남성적인 가치와 전통의 수호자로 삼았다. 그녀는 살해당한 아버지를 추모하기 위해서 자기 어머니와 그의 정부가 지배했던 나라에 남아 있기로 선택한 것이다:

"만약 정의라고 하는 것이 죽음에는 죽음으로 돌려 준다는 것을 의미한다면, 당신의 아들인 오레스테이아와 내가 아버지의 원수를 갚는 것은 바로 당신을(여기서 엘렉트라는 자기 어머니인 클리템네스트라에게 말하는 것이다) 죽이는 일이 될 것이다. 만약 당신이 아버지를 죽인 것이 정당한 일이라고 한다면 당신을 죽이는 것 또한 정당한 일이 될 것이다."

그래서 오레스테이아는 가난한 농부의 집으로, 마치 사람들이 아무런 감정 없이 동물들을 죽이는 것처럼 클리템네스트라의 목을 따러 가게 된다. 이것이 바로 아트레우스 가족을 결합시키는 혈연 관계인 것이다!

전형적인 비극적 관계란 마치 가정이라는 듯이, 이 비극은 가정을 파탄에 이르게 하는 열정에 의해서 나타나는 폭력을 연출하고 있다. 사실 친자 관계도 숙명인 것이다: 만약 사람들이 자기 자신의 가정으로부터 벗어날 수 없다고 한다면, 사람들이 견딜 수 없는 속박 때문에 사회에서 도망치는 것처럼 가정에서도 도망가면 된다라고 하는 욕망으로부터 어떻게 벗어날 수 있단 말인가? 가정은 비극적인 세계일 뿐만 아니라 또한 폐쇄된 공간이기도 하다. 가정은 가족 구성원 각자에게 숙명처럼 보여지기 때문에 프로이트와 심리학자들의 가정에 대한 연구는 상징적인 차원에서 이루어지게 된 것이다.

시사화하기

가정 해체

최근 I.N.S.E.E.(Institut national de la statistique et des études économiques: 국립통계경제연구소)가 발표한 수치에 의하면 편부모 슬하에서 사는 19세 미만의 아이는 1986년에 2백만 명에 이른다고 하였다. 예전에 《미래의 충격》을 쓴 앨빈 토플러와 같은 미래학자가 예견한 내용이 오늘날에 와서 부분적으로나마 현실화되고 있는 것처럼 보인다: 개인의 자성과 교육의 장이었던 전통적인 형태의 가정은 붕괴되고 핵가족화되고 있다. 이런 현상의 주요 원인은 물론 쉽게 확인할 수 있다. 바로 이혼의 급속한 증가 때문이다. (1960년경에는 4만 건에 불과했던 이혼은 90년대에는 11만 쌍으로 증가하였다.) 하지만 이러한 직접적인 원인은 다른 유럽 국가들처럼 프랑스 사회의 깊숙한 내부의 변화에 대한 표현일 뿐이다.

산업화 이전의 가정 형태는 조부모, 부모, 사촌, 이모…… 등등이 한 장소에 모여 사는 '사회적인 외관'이라는 특징을 가지고 있다. 대개의 경우 고대 농촌의 잔재인 '가부장제'를 중심으로 구성되어 있는 이러한 가족 형태는 가계도(家系圖)가 완벽하게 상징하고 있는 이미지처럼 땅속에 깊이 뿌리박혀 있었다. 산업 사회가 되면서 사람들은 이러한 가족 형태에 있을 때보다 훨씬 더 많은 자치권을 획득하게 되었다. 사람들은 자신들이 살고 있는 도시에서 일자리를 찾아야만 했다. 사회적인 변동은 가족들간의 관계를 이완시켰다. 결국에는 가족들이 바캉스 동안에 '본가(本家)'를 '방문' 하는 방식으로 변하게 된 것이다. 사람들은 자기 집에 돌아가듯이 본가에 가지만 이는 간헐적으로 이루어진다. 이따금씩 들르는 본가에서는 지나간 이야기들로 꽃을 피우게 된다. 어쨌든 사람들은 이처럼 본가와 거리를 유지하면서 자유를 얻게 된 것이다.

이혼권이 생겨나면서 새로운 사회적 '유동성'이 자리잡게 되었다. 개인의 자유라는 새로운 단계가 실현된 것이다. 가정이 이혼하는 데 따른 대가를 치르게 되는 것처럼 사회도 이에 따른 비용을 치르게 되어 있다: 개인주의에 대한 열망이 가장 단순한 것에서 가장 복잡한 것으로 변해 가는 것이 확실해짐에 따라 공동체는 붕괴되어 간다. 결국에는 가정이 개인에게 과하는 부담을 더는 과정 속에서 부모 자식 간의 이별이라는 최후의 단계만을 기다리는 일만 남았다. 그래서 마가렛 미드라는 인류학자가 '생물학적인 아버지'와 '전문적인 아버지'로 구별되는 사회를 생각해 내게 된 것이다. 자신들이 일을 할 수 있는 동안 자신들의 아이들로부터 해방되고자 하는 부부들을 위해서 보수를 받고 아이들의 교육과 양육을 전문적으로 담당하는 가정을 창안해 낼 수도 있다는 것이다. 이제는 대리모(씨받이)의 시대는 가고 보모의 시대가 오고 있는 것인가? 자기 자신의 최상의 행복에 기초를 두고 있는 개인주의는 뭔가 초현실적인 데가 있다.

전쟁과 평화

정의하기

평화는 역사 속에서 우연히 발생한 것인가?

아주 오래전에 만들어진 역사책을 보면 프랑크족을 잔인한 침략자로 갈로 로만족을 평화로운 민족으로 구분을 해놓았듯이 전쟁과 평화는 어원적으로도 서로 반대되는 말이다. 게르만 지역에서 넘어온 야만족들이 프랑스어에 영향을 끼친 단어는 사실 극히 일부분에 지나지 않는다: 어쨌든 '평화(paix)'라는 단어가 승리를 이끈 민족들의 언어에 속하듯이, 고트어에서 유래된 '전쟁(Guerra, 프랑스어: Guerre)'이라는 단어는 이 야만족에게 붙여 주어야 할 것이다. 로마어의 pax(평화)라는 단어 자체도 pango; '정착시키다' '이기다'라는 동사에서 유래된 것이다. **평화는 따라서 '무엇인가를 고정시키는' 수단이자 결국에는 평온을 되찾기 위해 격동을 진정시키는 수단을 말한다.** 이에 상응하는 또 다른 가설이 존재한다. 하지만 이 가설은 단어 자체의 어원이 드러내는 개념에 대해서는 문제삼고 있지 않다. '평화'라는 말은 '조용해!'라는 뜻을 의미하는 그리스어의 감탄사를 라틴어로 이렇게 번역해 놓았는지도 모른다. '조용해!'라는 말 속에는 평온을 되찾기 위해 (청각적인) 혼란을 해소하려는 뜻이 담겨 있는 것이다.

위에서 다룬 두 가지의 철학적인 해석은 평화는 항상 전쟁 뒤에 찾아

온다는 것과, 평화는 전쟁에서 유래된다는 것과, 평화는 전쟁에 따라 좌우된다라는 생각을 가지게 만든다. 그렇다면 평화가 정착되기 전에는 항상 전쟁이 일어났었다는 말인가? 그리고 평화를 전쟁에 종속시키지 않고 생각할 수는 없다는 의미인가?

내용 구성하기

전쟁은 역사에 있어서 증오할 만한 사건일 뿐인가?

■ **전쟁은 필요악인가?**

볼테르의 《캉디드》에서 바르뷔스의 소설 《포화(砲火)》에 이르기까지, 전쟁은 인간 본성의 어두운 부분을 나타내는 공포의 부조리인 악(惡)으로 상징되고 있다. 토머스 홉스는 《시민론》과 《리바이어던》에서 인간에게는 분명히 전쟁을 불러일으키는 못된 본성이 존재한다고 주장하고 있다. 그는 자연 상태에서는 사람들이 불안 속에서 산다고 말하였다:

"인간들이 인간들 서로에게 두려움을 갖게 되는 이유는 인간들간의 자연스런 평등을 달성하기 위해, 그리고 서로 해치고자 하는 욕망을 채우려고 하는 데서 생겨난 것이다."

《시민론》

인간들은 모두 서로를 해치고자 하는 욕망을 가지고 있다. 잔인무도한 인간 본능의 섭리를 말해 주는 "인간은 인간에게 늑대이다"라는 유명한 말이 이를 잘 설명해 주고 있다. 이 영국 철학자는 끊임없는 전쟁 때문에 생긴 견딜 수 없을 정도의 불안으로부터 벗어나기 위해 모든 인간들은 계약을 맺게 되었다는 생각을 하게 된 것이다. 사회는 인간의 욕망 가장 깊숙한 곳에 숨겨져 있는 전쟁에 대한 욕망을 극복하기 위해 만들어진 강제적인 결합체인 것이다.

　인간들은 사회 내부의 갈등을 해결하기 위해 시민법을 만들었고, 국가 간의 관계를 해결하기 위하여 국제법을 만들었다. 국가는 합법적인 폭력을 행사할 수 있는 유일한 권력을 가지고 있기 때문에 사회 내부에 시민법을 강제할 수 있는 수단이라도 있지만 국제법의 경우 국가간에 맺은 계약을 이행하도록 강제할 수 있는 심급 기관으로 어떤 것이 있단 말인가? 홉스의 논리에 따르자면 국제법은 자연 상태로 남아 있다는 것이다.

　'초사회적인' 새로운 협정에 따른 일종의 '초국가 연방' 이나 '초국가 의회' 를 창설하는 데 신중히 고려하지 않게 된다면 인간의 본성 속에 담겨져 있는 전쟁은 불가피하게 표출되고 말 것이다.

　이러한 범세계적인 목적으로 만들어졌던 국제연맹은 실패했고, 유엔마저도 그 기능을 다하지 못하는 상태에 이르게 됨으로써 칸트가 생각했던 이상적인 세계는 이상에 그치고 만 꼴이 되었다. 왜 평화는 전쟁 앞에서 그토록 쉽사리 무너지는가? 왜 사람들은 전쟁을 물리칠 힘을 아직도 찾아내지 못하는 것일까?

　마키아벨리가 말한 것처럼 어쩌면 전쟁은 필요한 것이기 때문이라서 그런 것일까? 《군주론》의 저자인 마키아벨리는, 평화는 항상 사람들을 착각하게 만들기 때문에 평화를 믿어서는 안 된다고 가르치고 있다: "(군주는) 평화로운 시기에 나타나는 사실에 입각해서 세상을 보아서는 안 된다." 평화는 군주와 국민들의 경계심을 풀어지게 만드는 전쟁의 한 술책일 뿐이다. 세상은 항상 소란하고 혼란한데도 불구하고 평화는 이러한 세상을 안정된 세상이라고 믿게 만든다는 것이다. 마키아벨리의 정치적인 사상은 진정한 국가지도자는 역사의 혼돈을 받아들일 줄 아는 것이 필요하다는 점을 일깨워 주고 있는 것이다.

그래서 만약 전쟁이 필연적으로 일어나게 된다면, 이는 민족적인 차원에서 인간들에게 깊숙이 자리잡고 있는 비사교적인 본성이 드러난 결과이다.

칸트도《국제적인 관점에서 본 세계 역사의 사상》에서 그렇게 이야기하고 있다. 만약 인간이 본성에 의해 다른 사람들과 결속하고자 하는 경향을 가지고 있다면 "그것도 또한 서로 떨어지고자 하는 성향을 나타내는 것이다. 왜냐하면 인간들의 본성 속에는 모든 것을 자기가 원하는 방향으로만 이끌어 가려고 하는 비사회적인 성격이 있기 때문이다." 따라서 전쟁은 두 가지의 특수한 갈등 구조를 재생산해 내는 것이다. ("전쟁은 개인들간의 문제가 확대된 특수한 싸움이고, 두 사람 사이에 일어나는 싸움은 전쟁의 형태를 띠고 있는 수많은 불특정한 전투를 단 한 가지의 행동으로 표현할 수 있다고 하는 생각을 가능하게 해주는 것이다." 클라우제비츠)

심화하기

《영구 평화 계획》
이마누엘 칸트(1795)

전쟁은 더 이상 군인들만이 하는 전쟁이 아니다. 전쟁으로 인해 온 유럽이 파괴되었던 1795년에 처음으로 출간된 칸트 작품은 제목에서부터 그 기발함을 엿볼 수 있다. 물론 '영구 평화 계획'이라는 제목은 루이 14세가 전쟁에 출정한 이후 1713년에 큰 반향을 불러일으켰던 생 피에르 신부의《유럽에 영구적인 평화를 정착하기 위한 계획》을 빗대서 만든 것이다. 그렇지만 칸트는 당시 상황과 관련된 모든 내용들은 다루지 않았는데 이는 다른 명백한 의도가 있었기 때문이다. 그가 의도했던 것은 평화를 보편적인 요구 사항으로 생각하게 만드는 것이며, 다른 한편으로는 이 보편적 요구로부터 전쟁을 뿌리뽑도록 하자는 것이었다. 영구적인 평화를 추구하는 결정적인 방법은 전쟁을 제거하는 방법을 찾는 것이다.

어쨌든 칸트는 전쟁도 진보의 한 요소(전쟁은 사람들을 새로운 장소로 정착하도록 해주며, 또한 모든 기술적인 힘을 동원하게 만든다)라는 것을 먼저 지적한 후에 국제적 갈등을 사라지게 하는 데 필요한 조건들을 제시하였다. 그래서 그는 정규군과 상비군의 해산을(상비군은 시간을 두고 완전히 해산시켜야 한다) 주장하였다. 손에 무기를 쥐고 있으면 그 무기를 사용하고 싶어하는 것이 인간들의 마음이기 때문이다. 그리고 더 나가서 공화국 제도를 유럽에서 발전시켜 나가야 한다고 주장하였다. 이 공화국 제도에서는 신민들이 시민이 되고, 이 시민들 스스로가 전쟁과 평화를 결정하게 되며, 그들은 공동체의 운명을 군주의 심통과 군주 개인의 특수한 목적을 위해 좌우되는 일이 없도록 내버려두지 않을 것이기 때문이다. 끝으로 칸트는, 안전이라는 것이 두려움에 의해 생겨나는 것이기 때문에 사회 협정이라는 모델을 기초로 해서 국가들을 하나의 공통된 권위에 따르게 만들자고 제안하였다:

"이성의 눈으로 바라볼 때, 상호 관계 속에 연루된 국가들이 법의 완전한 부재 상태에 놓여 있는 전쟁 상태에서 빠져나오는 방법으로 공공법의 강제에 복종시키고 이런 상태가 계속 발전해서 마침내는 지구상의 모든 사람들을 포용하는 민족 국가가 형성되기 위해서는, 국가가 개인들처럼 자신의 난폭한 자유를 주장하는 것을 단념하도록 하는 것밖에 없다."

사해동포주의에 대한 계획은 바로 이러한 의도를 담고 있으며, 영속적인 평화는 이를 위한 한 방편인 것이다. 그래서 이 사해동포주의는 무엇보다 인간들에게 인류의 진보가 가능하다고 하는 것을 생각하게 만드는 획기적인 생각처럼 보여진다. 결국 영구 평화는 이를 위한 계획이자 노선인 것이다. 칸트가 쓴 저서는 국제연맹과 국제연합 창설을 고취시키는 역할을 하였지만, 그 결과는 우리들이 알고 있는 것처럼 기대에 부응하지는 못하고 있다.

시사화하기

전면전(全面戰)

카를 폰 클라우제비츠는 1834년 출판된 《전쟁론》에서 계몽주의 시대의 교훈을 바탕으로 해서 만든 '절대전(絕對戰)'이라는 개념을 발표하였다. 사람들에게 쉽게 이해되도록 만들어지는 메커니즘에 의해서, 현대인들에 의해 '절대전'이라는 개념은 '전면전'이라는 개념으로 바뀌게 된 것이다:

"과거의 예를 살펴보면 모든 능력을 매우 한정된 하나의 군사력에 집중시켰을 때 아무도 예상하지 못했던 군사력이 나타난다는 것을 1793년에 있었던 전쟁을 통해 확인할 수 있다. 전쟁은 3천만의 인구가 모두 관여된 온 국민의 관심사로 갑자기 돌변하였다(…). 전 국민이 전쟁터로 사령부로 군대로 참여하게 되면서 전쟁은 국가가 국력 전체를 동원하는 게임으로 변하게 되었다."

프랑스 비정규군이 전쟁에 참여하게 되면서 군인들만이 전쟁하는 시대는 막을 내렸고, 전 국민이 동원되는 전쟁으로 변하였다. 국가가 전 국민들을 전쟁에 연루시키면서 전쟁은 전면전이 되었다. 게다가 20세기는 이 '전면전'이라는 개념을 완벽하게 뒷받침해 주는 계기가 되었다. 두 차례에 걸친 '세계대전'은 '전면전'이 의미하는 것을 보여 주기에 충분했다: 양민과 군대가 구별되지 않는 전쟁을 위해 전 지구상에 있는 모든 인적·물질적 수단이 동원되었다. 두 번에 걸쳐서 홉스의 악몽은 현실로 나타난 것이었다. 이에 대한 관심이 시작된 이후 사람들은 '초국가'적인 역할을 유엔에 부여하게 되었고, 이에 따라 전쟁의 열기가 식었다거나 전쟁 범위가 너무 걱정하지 않아도 될 정도로 축소되었다는 생각에 우쭐해하기도 했다.

1991년 걸프전이 발발했다: 몇 번째인지도 모르는 이 트로이 전쟁은 진정한 전쟁은 확실히 아니었지만 유럽인들에게는 어떤 계기로 작용되었다. 마키아벨리가 옳았던 것이다. 전쟁은 항상 평화의 뒤편에 숨어 있었으며 전면전에 대한 위협은 항상 도사리고 있었던 것이다.

만약 걸프전이 서양 풍속의 변화(소비 행동의 변화, 미래에 대한 불확신)에 전기를 마련해 주었다면, 그것은 어쩌면 걸프전이 평화의 용이함(평화의 취약성보다는)을 보여 주었기 때문일 것이다. 모든 교류에 있어서 국제화와 경제 문제의 세계화는 예민한 지역 갈등 문제를 극단적으로 치닫게 만들고 있으며, 또한 지역 열강들이 자국의 특수 이익을 위해 지역 갈등에 눈독을 들이는 일반적인 양상으로 급속히 변하고 있는 것이다. **현대에 와서 전면전은 일반화되었다.**

영웅

정의하기

반신반인(半神半人)

영웅은 신의 아들이기도 하면서 인간의 아들이기도 한 혼성의 창조물이다. 영웅은 인간 사회에 속하지도 않고, 그렇다고 그리스 로마 신화에 나오는 신들과 같은 무리에 속하지도 않는다. 따라서 영웅의 특징을 규정한다면 하나는 영웅이 가지는 외로움이고, 다른 하나는 신과 인간의 중간이라는 신분일 것이다. 이러한 관점에서, 테티스의 아들이자 자신의 신체적 조건 때문에 신이라는 본질을 저버리고 만 아킬레우스가 더할나위없는 영웅의 예가 될 것이다. (그는 오직 뒤꿈치에만 치명적인 약점을 갖고 있었다.) 현대에 와서 만들어지는 신화는 반신반인이라는 이중적 속성을 계속 유지하고 있다: 슈퍼맨은 미국을 보호하는 무적의 사나이이자 동시에 일이 서툴러서 동정심을 자아내게 만드는 내성적인 성격의 기자이다. 영웅이라는 단어는 공상 영화나 공상 소설의 '주인공'이라는 말과 동일한 뜻으로 사용되면서 그 의미는 진부하게 되었지만 아직도 반신반인이라는 이중적 속성은 유지되고 있는 것이다. 비록 주인공은 소설 속 등장인물 중의 하나이지만 소설가가 이 주인공에 특별한 관심을 갖고 있다는 것이 증명될 정도로 소설의 주인공은 다른 등장인물들에 비해 아주 출중하다. 그래서 쥘리앵 소렐은 (자신의 야망과 의지에 따라서) 특출난 사람이 되기도 하고, (자신의 열정에 따라서) 평범한 사람이 되기도 하는 것이다. 영웅은 그 사회의 정체성을 완전히 파악할 수 있도록 만들어 주는 모델이 되기도 한다. 그는 우리와 같은 일반 사람들이 가지고 있는 인간 조건을 초월하고 있고 그 때문에 사람들은 그를 흉내내고 싶어하는 것이고, 뿐만 아니라 늘 그와 함께 있을 수 있기 때문에 우리들은 결국 영웅과 일체감을 갖게 되는 것이다. 따라서 영웅은 비극적이든 영웅적이든 간에 마치 소설 속의 주인공이 독자들을 다소 광범위하게 하나의 동지애로 묶어 놓는 것처럼 민족을 굳건히 결속시키는 역할을 한다.

| 내용 구성하기 |

역사는 위인들이 창조하는 것인가?

■ 위인들에 대하여 연구를 해야 하는가…?

오래전부터 역사적 사건들은 역사가들을 위인연구가로 바꿔 놓았다. 위대한 역사가들조차도 이러한 경향에서 벗어나지 못하고 있다: 미슐레가 《프랑스사(史)》에서 잔다르크에 대해 기술한 부분은 너무나 유명하다.

"프랑스의 구세주는 여자임에 틀림없다. 프랑스는 자체가 여성이다. 그렇기 때문에 프랑스는 변화무쌍할 뿐만 아니라 사랑스럽고 부드럽고 매력적이고 너그러운 연민의 정을 가지고 있으며, 그리고 적어도 행동을 시작하는 데 있어서 탁월함을 지니고 있다."

그러나 주앵빌이라는 역사가는 성(聖) 루이에 대해 이처럼 뜨거운 열정을 가지고 묘사하지는 않았다.

사실 오래전부터 지속되어 온 이러한 전통은 역사에 대해 개인주의적이고 의지론적인 시각이라고 불려질 만한 것들을 제공해 왔던 것이다. 역사적인 이야기는 오랫동안 서사시라는 영향을 받고 있었다. 오직 비범한 행위만이 상세하게 묘사될 자격이 있고, 비범한 행위는 비범한 사람들에 의해서만이 행해질 수 있다. 마찬가지로 유명하지 않거나 하찮은 사람들에 대해 묘사하는 것은 비정상적인 일이고 역사적으로 잘 알려져 있지 않은 사람들의 무기력한 의지와 일상적인 행위에 관심을 둔다는 것은 부조리한 일처럼 되는 것이다. 반면에 위인들은 적합한 모델이 될 수 있기 때문에, 따라서 역사는 위인들 덕택에 다음 세대에게 가르쳐야 할 교훈집(集)처럼 되는 것이다. (이에 대한 적당한 예로서《영웅전》은 프랑스 아이들에게 라틴어를 가르치기 위한 교과서로 오랫동안 사용되었다.)

■ 아니면 '대중을 지배하는 최소한의 동질적인 요소' 들을 연구해야 하는가?

19세기가 되면서 위인들은 역사적인 명성을 잃게 되었다. 영웅의 역할에 대한 헤겔주의자들의 분석이 결정적인 전환점이 되었다. 나폴레옹과 같은 역사적인 위인은 확실히 역사 과정 속에서 확고한 위치를 차지하고는 있지만, 그렇다고 해서 그가 반드시 영웅처럼 인식되어졌던 것은 아니다. 그를 이용하고자 하는 생각 때문에 그를 영웅처럼 인식하게 만들었을 뿐이다. 위인들이 역사적인 명성을 상실하게 되면서 '대중' 이나 '계급 없는 군인' 들에 대해 흥미를 갖게 만드는 새로운 반향을 불러일으켰다. 따라서 스탕달이《파름의 수도원》이라는 소설에서 실제 역사의 주인공은 아니지만 단지 소설의 주인공인 파브리스가 워털루 전투에서 겪은 이야기를 묘사하고, 프레데릭 모로가《감정 교육》이라는 작품에서 1848년 혁명 격동기 당시 경험했던 이야기를 하고, 그리고 톨스토이가《전쟁과 평화》에서 나폴레옹을 '시대에 뒤처진 사람' 으로 묘사하고 있는 것은

우연한 일이 아니다:

"역사적인 사건 속에서, 위인이라고 불리는 사람들은 자신의 이름을 사건에 부여한 꼬리표일 뿐이다. 따라서 이 꼬리표들은 이 역사적 사실과는 아무런 관계가 없는 것이다."

■ 따라서 소설가들은 20세기 역사가들이 나가야 할 방향을 제시하고 있는 것이다. 역사가들은 풍습, 유유하게 바뀌는 사회와 사고 방식, 그리고 인간들에 의해 개조되어 가는 삶의 공간 등을 연구하기 위해서는 역사 속에서 등장하는 인간과 사건에 대해 다루는 것을 그만두어야 할 것이다.

심화하기

《역사 속의 이성》
프레드리히 헤겔(1822)

헤겔이 《역사 속의 이성》에서 '역사적인 인간' 이라고 명명한 위인은 종교적인 계시를 받은 경험을 가지고 있다: 역사가 그를 필요로 하고 있다는 이야기인 셈이다. 그래서 역사는 신비감이 있는 것이다.

이 말은, 위인은 당시의 시대적 상황이 정치적인 필요에 의해 자신을 필요로 한다는 사실과 후세에 이르러서는 역사적인 평가를 받게 될 가능성이 있을 것이라는 사실을 잘 알고 있다는 것을 의미한다. 따라서 위인들이 가지고 있는 개인적인 야망은 때를 기다릴 줄 아는 인내력과도 일맥상통한다:

"따라서 위인들의 업적은 다른 사람들이 바라던 의도에 맞추어진 것이다; 다른 사람들이 자신들의 의지에 반하는데도 불구하고 위인이 자신들에게 권력을 행사하는 것을 받아들이는 이유가 여기에 있는 것이다: 만일 사람들이 위인들을 정신적 지도자로 추종한다면 이는 사람들이 위인과의 만남에서 저항할 수 없을 정도로 강력한 힘을 자신들의 영혼 깊숙한 곳에서 느꼈기 때문이다."

자신들의 정열에 따라서 **위인은 역사 속에서 이성적으로 일을 수행한다**. 위인은 활동가 이상으로 행동하고, 헤겔이 제시한 분석에 의하면 설정된 목표에 도달하기 위해 어떻게 이성을 이용하는지를 보여 준다. 이 '역사에 남을 만한 위인들은' 자신의 일을 한번 끝내고 나면 역사의 움직임으로부터 벗어나 빈 껍데기처럼 사라져 간다. 카이사르가 암살당하고, 나폴레옹이 축출당한 것처럼 말이다:

"사람들은 역사 속에서 저마다 나름대로 욕심을 가지고 있다: 인간은 생명이 유한한 존재이고, 그렇기 때문에 인간은 죽게 되어 있다. 인간은 투쟁 과정 속에서 쇠약해지고, 부분적으로 파괴되어 간다."

이런 관점에서 보면 **헤겔이 말하는 영웅도 비극적인 영웅이다**. ("정치는 현대적인 비극이다"라고 보나파르트가 냉엄하게 말하지 않았는가.) 위인은 숙명에 직면하게 되고, 자신이 누리는 자유는 끊임없이 신(神)이나 영혼에 거스르고 있다는 것을 발견한다. 결말은 예상했던 대로 일어난다. 역사의 막이 내리기도 전에 모든 것은 이미 결정되어 있었다. 그런데도 역사적인 영웅들은 이성이 그들의 운명을 돌변하게 만들면 아직도 역사적인 사건에 뛰어들 수 있다고 믿는 것이다. 그렇게 해서 나폴레옹의 백일천하는 아리스토텔레스가 규정한 비극의 가장 엄격한 규칙에 따른 결

과인 것이다: 장소-유럽, 행동-제국의 재탈환, 시간-숙명적인 백일.

시사화하기

영웅 인기 순위 Top 50

현대의 영웅은 누구일까? 고대 그리스에서는 아킬레우스와 율리시스가 있었고, 중세에는 롤랑과 올리비에가 있었고…… 그러면 오늘날 우리들의 가치를 확신시켜 줄 위인은 누구인가?

현대의 영웅에 대해 알아보고자 하는 이유는 당연히 현실적이든 비현실적이든 몇몇의 전설적인 사람들을 통해 현대의 가치에 대해 살펴보고자 하는 것이다. 현대의 영웅들은 누가 있는가를 살펴보려고 현대 서사시 같은 것을 찾아서 읽을 필요는 없다. 단순히 언론 매체들이 발표하는 여론 조사를 보기만 해도 충분히 알 수 있기 때문이다. 주간지에 게재할 목적으로 한 여론 조사 기관은 정기적으로 '세계 유명인들의 인기도'를 조사하고 있는데, 이 인기 순위에 프랑스 사람들이 끼여 있는 것을 볼 수 있다. 이 인기 순위는 '진입' '탈락' '상승' '하락' 등과 같이 진짜 'Top 50'와 같은 형태를 취하고 있다. 하지만 여기서 매겨지는 인기도는 최고의 음반 판매량을 자랑하는 진짜 '팝 Top 50'에 비해 순위 변동이 별로 없다. 이 인기 순위에는 신빙성이 있는 두 가지 사실이 있다: 상위 10위권 안에는 정치가가 없다는 사실과 피에르 신부와 쿠스토 선장이 번갈아 가면서 지난 몇 년 동안 계속해서 수위를 차지하고 있다는 것이다.

여기서 보면 이 시대의 영웅인 두 사람은 노인들이고, 현재는 매우 지쳐 보인다는 것이다. 피에르 신부는 영혼을 지휘하고 있고, 쿠스토 선장은 인간들을 지휘하고 있다. 이 두 사람은 모두 자신들의 '신분' 때문에 입어야 하는 복장에 어울리게 행동을 하는 사람일 뿐이다. 사람들은 이들이 쓰고 있는 베레모와, 독창성만큼이나 권위를 상징하는 챙이 올라간, 선원들이 쓰는 털모자만으로도 그들이 누구인지를 쉽게 알아차린다. 피에르 신부는 사회에서 소외된 사람들을 위해 투쟁하는 사람이고, 쿠스토 선장은 기술의 진보에 따라 훼손되어 가고 있는 자연을 위해 투쟁하는 사람이다. 이 사람들은 모두 인간을 짐승처럼 착취하는 발전 시스템에 대해 비난하는 사람들이다. 이들은 자연의 고귀한 순수함을 우리들에게 가르치는 학식 있는 사람들이다. 이들은 언론을 이용하는 데 있어서도 자신들의 이미지와 여러 다른 이미지들을 이용하는 데 예술적인 경지에 오를 만큼 노련한 사람들이다. 1957년에 벌써 롤랑 바르트는, 피에르 신부는 다양한 몸짓으로 자신을 포장할 줄 아는 재능을 가진 사람이라고 지적한 바 있다. 짧게 깎은 머리에 수염을 기른 모습은 마치 성인 프랑수아와 같은 모습으로 보일 정도로 능숙하게 '변장'을 한 것이다. 《신화학》에서 발췌된 '피에르 신부의 상(像)'이라는 제목의 기사의 결론은 이 소름 끼치는 '영웅 인기 순위 Top 50'에 비추어서 오늘날 다시 읽어볼 만한 가치가 있다:

"……그리고 나는 포스터 사용이나 제한에 따른 결과가 어떤 것인지 생각하지도 않고 자선 행위 포스터를 무분별하게 소모하는 사회가 걱정이 된다. 그래서 아름답고 가슴속 깊이 감동을 주는 피에르 신부의 이미지 때문에 대다수 국민들은 그가 행하는 자선 활동이 정의 실현이라고 무리 없이 이야기할 수 있는 이유가 아닌가 하고 나는 생각하게 된 것이다."

40년이 지난 지금도 피에르 신부는 아직도 그런 모습을 '유지'하고 있기 때문에 마찬가지로 이 신부님에 대한 바르트의 분석도 지금까지 유효한 것이다.

역 사

정의하기

두 가지 뜻을 담고 있는 한 단어

['역사'를 뜻하는 프랑스어의 histoire는 일반적으로 '이야기'라는 뜻으로도 쓰인다.]

폴 발레리는《현 세계에 대한 시선》에서 "역사는 과학자가 만들어 낸 화학 물질보다 훨씬 위험한 산물이다"라고 말했다. 계속해서 "역사는 인간이 원하는 것을 정당화한다. 역사는 엄격히 말해서 아무것도 가르치는 것이 없다. 왜냐하면 역사는 모든 것을 포함하고 있어서 어떠한 예로도 사용될 수 있기 때문이다"라고 말했다.

이 독설의 이면에 발레리가 강조하고자 했던 것은 역사는 인간이 만들어 낸 수단, 즉 '이야기'라는 것이다. 물론 histoire라는 단어는 어원적으로도 '알아보려고 노력하다'와 '이야기하다'라는 뜻의 그리스어 동사인 historein에서 유래된 것이다.

그러면 '식자(識者)(histor)'들이 우리에게 이야기하고자 하는 것은 무엇인가? 그것은 인간 사회의 과거와 미래이다. 따라서 독일어처럼 '미래에 대한 이야기'라는 말에서 인류의 미래(die Geschichte)라는 말과 우리 문화의 구성 요소(die Historie)라는 말을 구별해야 할 것이다.

"우리가 기술하는 과거사는 인류 미래에 대한 이야기에 의해 가능하게 되었다라고 리쾨르는 말했다."

《역사와 진실》

이렇기 때문에 프랑스어의 'Histoire'라는 단어가 내포하고 있는 두 가지 의미가 혼동되는 문제가 발생하는 것은 아닌가?

내용 구성하기

우리는 과거를 백지화해야 하는가?

■ 과거를 지워 버리는 것은 헛된 일처럼 보이지만……

기념(記念, commémoration)이라는 의미는 공동체(cum) 내에서 과거에 일어났던 뜻 깊은 사건을 마음에 간직(memor)하도록 하는 것이다. 이 의미는 또한 인간의 본성 중에서 망각의 본성이 있다는 점도 강조한 것이다. 마음에 간직하도록 하는 강제적인 제도가 없다면, 그리고 과거에 있었던 일에 대한 역사가들의 이야기가 없었다면 사람들은 최소한의 공통적인 추억을 간직할 수 있을까?

역사(Histoire)의 신(神)인 클리오는 기억(Mémoire)의 여신인 므네모시네의 딸이다. 클리오가 어머니를 봉양하고 있다는 의미에서 그녀는 효녀이다. 그녀는 어머니를 보살피면서 어머니의 노년을 보장해 주고 있질 않는가! 역사가들의 이야기나 종교적인 제식, 그리고 국경일과 같은 것들은 과거는 잊혀지는 것이 아주 당연하다고 믿는 이 망각 본능 행위를 견뎌내기 위해 인간들이 만들어 놓은 수단들이다.

왜냐하면 만약 사람들이 인류 존재에 대한 흔적을 확인하는 데 주의를 게을리 한다면, 무엇보다도 인간의 본성 때문에 이 인류 존재의 흔적은 지워지고 사람들은 망각 속으로 빠지게 된다. 따라서 철학자 존 로크는 기억을 청동판에 비유하였다:

"기억이란 때때로 끌질을 해주지 않으면 시간이 지남에 따라 판 위에 새겨진 글자들이 조금씩 지워져 가는 동판과 같은 것이다."

우리가 기억하는 내용들은 로베르나 터너의 작품이 묘사하고 있는 송악(식물) 아래 폐허처럼 자연적으로 사라져 가는 경향이 있다. 따라서 끌질을 해주어야 한다. 다시 말해서 동판 위에 새겨진 글자들을 보존하기 위해서 난폭하고도 의도적인 행동이 필요하다는 것이다. 동판이 주는 은유적인 의미는 **고대인들이 기록하면서 칠판처럼 썼다 지웠다 할 수 있었던 또 다른 밀랍판인 '장밋빛 판지'**를 떠올리게 한다.

■ 과거를 소화하는 것은 대단히 중요하다.

그러면 사회가 중요하게 여기는 것처럼 보이는 과거에 대한 집착은 어떤 본성에 따른 것인가? 우리에게 현재를 가져다 준 것은 과거란 말인가? 과거는 분명히 과거에 일어났던 사실을 반영하는 것일 뿐만 아니라 특히 그것에 대해 우리가 품었던 생각을 표현한 것이다. 사실 사회와, 일반적으로 말해서 문화는 기억을 통하여 실체는 더 이상 존재하지 않고 사상만이 남아 있는 과거인 것이다. **기억을 되살리는 것은 현재를 과거의 사상에 접목시키는 것이고, 따라서 현재는 과거에 어떻게 생각되어졌느냐에 따라 달라지게 되는 것이다.**

우리들은 이미 사라진 것들에 의해 영향을 받는데, 과거에 대한 추억은 나날이 잃어 가는 존재의 상실로 점철되어 있고 이는 자신이 소외되어 있음을 간파하게 해준다.

"내가 어떻게 죽느냐에 따라서 나의 존재가 판가름나는 것이다!"라고 바레스는 부르짖었다. 이 말은 숭고하게 들리면서도 동시에 전율을 느끼게 만든다. 이 말은 필요성 때문에 문화에 얽매이면서도 이로부터 벗어나려고 애쓰는 인간의 이중성을 보여 주고 있는 것이다. 과거를 잊게 만드는 것은 어쩌면 자유를 추구하기 위해 과거와의 단절을 모색하는 것일지도 모른다. 이러한 의도가 현대 작가들이나 1793년 혁명 당시 사람들이 감행하고자 했던 의도였던 것이다. 현대화라고 하는 것은 새삼스러운 것이 아니다. **과거와의 단절이라는 말은 과거를 참작해야 한다는 의미를 내포하고 있기 때문이다.** 현대인들은 구시대 사람들 없이는 존재하지 않는다. 왜냐하면 현대인들은 구시대 사람들과 관련될 때에만 존재하는 것이기 때문이다. 마찬가지로 혁명가들은 로마의 공화정이나 스파르타의 덕목을 강조하는 것을 자제했던 것이다.

  이 때문에 과거를 잊으라고 권고하는 것은——더 정확히 말해서 종용하는 것은——**초인간**이 되라고 하는 말과 같은 것이다. 니체도 《도덕의 계통학》의 두번째 논지에서 이와 뜻을 같이하고 있다. 그럼에도 불구하고 한편으로는 삶을 평가해야 한다고 강조하는 과거의 관념으로부터 삶을 벗어나게 할 필요가 있다. 우리의 의식 속에 새로움이 자리잡을 수 있는 자리를 남겨두기 위해서 과거에 대해 잊자고 하는 주장에 대해 지나치게 강조하는 것을 좀 자제해야 할 것이다. 소화 기관 전체를 병들게 하는 소화 불량은 병이다. 과거를 소화하는 것은 생명의 도약 과정 속에서 과거를 분해하는 것이다. 이는 과거를, 위장을 버겁게 만들고 몹시 아프게 하는 부담으로 생각하는 것이 아니라 **현재라는 영양물의 섭취가 사람들에게 행동할 수 있는 힘을 주는 힘의 원천이라는 것**을 보여 주는 것이다.

심화하기

《범세계주의 관점에서 보편적 역사에 대한 이해》
이마누엘 칸트(1784)

　이마누엘 칸트는 생의 말기에 9개의 제안이라는 형식을 빌려서 역사는 종말을 맞이하게 될 것이라고 암시하는 내용의 단편을 썼다. 이 철학자에게는 더 이상 집필할 시간도 여력도 없었을 테지만 그래도 보편적 역사라는 개념을 소생시키고자 했다. 역사가들이 상세히 다루어 왔던 인류 발전은 합리성에 의거한 것인가? 그리고 이 발전은 의미와 방향은 있는 것인가? 그리고 이 발전은 사건의 소용돌이 속에서도 어떠한 일관성을 가지고 있는가? 인간의 정치적 통합 움직임과는 구별되는 것인가? 만약 대답하기가 어렵게 느껴진다면, 이 질문들은 역사를 고찰하기 위해서는 인간의 영혼을 필요로 한다는 것을 의미하고 있기 때문일 것이다:

　"자연이라는 수준에 입각해서 인류의 완전한 정치적 통합을 목적으로, 보편적인 역사를 다루고자 하는 철학적 시도는 자연의 섭리에도 합당하고 가능성이 있는 것으로 고려되어야 한다."

　따라서 칸트는 역사는 역사가들의 문제만은 아니다라고 말했던 것이다. 예전에 신학자들에게 그랬던 것처럼 철학자들에게도 역사에서 보편성(unusvertere: 한 방향으로만 몰고 가다)을 제거하도록 촉구되었던 것이다. 이렇게 되기 위해서는, 보쉬에가 말하는 신을 인간의 본성으로 대체해야 한다고 칸트는 제안하였다. 인간의 본성은 자신의 은밀한 목표를 이루려고 하기 때문에 생겨난 인간들의 열정과 갈등을 이용하고 있기 때

문이다:

"자신들의 모든 재능을 좋은 방향으로 발전시키기 위해 인간의 본능이 사용하고 있는 방법은 사회 내부의 반목이다. 이 반목이 사회를 규칙적으로 변하게 만드는 원인이 되는 한에서 말이다. 여기서 반목을 통해서 알 수 있는 것은 인간들의 반사회적인 사회성, 다시 말해서 사람들이 사회의 일원이 되고자 하는 성향과 한편으로는 그렇게 하고 싶지 않은 일반적인 반감을 갖고 있는 이중적인 기질이 있다는 것이다."

사회가 생겨나는 원인으로 꼽고 있는 것으로서 경쟁을 유발하는 창조적인 정신, 그리고 지배하고자 하는 욕망은 인간의 허영심이라는 것을 칸트는 간파하였다. 칸트는 헤겔보다 먼저 어떤 위대한 것도 열정이 없이는, 다시 말해서 인간과 관련된 애정이 없이는 이루어지지 않는다는 것을 깨달았다. 따라서 열정은 인간 본성의 한 부분을 차지하고 있고, 이 열정으로 인하여 본성이 작용하는 것이다. 계속되는 갈등과 갈등 속에서 완전한 자유의 세계를 가능하게 하는 정치 제도 형태를 갖추어 가게 되는 것이다. 칸트는 이러한 정부 형태를 공화국이라 불렀고, 이 공화국은 오늘날의 '자유민주주의'라는 표현과 일치하는 것이다. 이 **보편적 역사 개념**(Idée d'une histoire universelle)은 헤겔식 해석 방식이라는 길을 열어 주었을 뿐만 아니라 벌써 역사의 종말이라는 주제를 예고하고 있는 것이다.

시사화하기

역사의 종말?

스페인의 프랑코, 포르투갈의 살라자르, 그리고 그리스의 군부와 같은 유럽의 마지막 독재자들은 80년대에 몰락했다. 그리고 90년대에는 남아메리카(페루·아르헨티나·브라질), 아시아(필리핀·한국), 그리고 동유럽국가들이 민주주의 국가로 진입하였다. 이런 관점에서 25년 전부터 서구적이고 자유주의적인 형태를 띠게 되는 민주주주의 정부 숫자가 증가하는 의미에 대해 어떻게 의문을 가지지 않을 수 있는가? 현대 역사는 칸트와 헤겔이 말하는 보편적인 역사를 옳다고 인정하는 것인가?

F. 후쿠야마라는 미국인에 의하면 그것은 의심할 여지가 없다는 것이다: 전 세계로 확산되는 자유민주주의와 이에 따른 생활 양식의 획일화는 '역사의 종말'을 믿도록 내버려두고 있다는 것이다. 이 역사의 종말이라는 표현은 그 말이 가지고 있는 거의 역설적인 특징 때문에 실제로 관심을 끌고 있다. 전 세계에서 일어나고 있는 사건 관계를 아직도 일간지에서 보도를 하는가 하고 놀랄지도 모르는 사람들은 세상 물정 모르는 듯한 비평을 상상하게 된다. '역사의 종말'에 대한 예고는 현실을 거부하는 것은 당연히 아니고, 이런저런 사람들을 흥분하게 만드는 정국 혼란도 물론 아니며, '중요한 것은 더 이상 일어나지 않을 것이다'라고 믿게 하는 것도 아니다. 단지 그것이 말하고자 하는 것은, 역사는 자유를 누리도록 보장하고 각 개인에게 그것을 기대할 권리가 있다는 인식을 보장하는 사회 모델 구조로 사람들을 이끌어 가면서 역사의 목적에 도달했다는 것이다.

헤겔학파의 연구 영역은 역사의 종말을 포함하고 있다: 인간은 인정받고 싶은 욕망을——동물과는 달리 인간은 비물질적인 것을 원할 수 있다——가라앉히기 위해 자기와 비슷한 사람들과 충돌을 하고 자신의 품격, 그리고 한술 더 떠서 자신의 우월성에 대해 인정받기 위해 자기 생명의 위험을 감수할 준비가 되어 있는 것이다. 따라서 이 위험 속에서 인간은 자신의 자유를 표현하는 것이다. 따라서 사회는 위험을 선택한 주인과 인정받기 위한 투쟁을 거부한 노예로 구분된다. 그런데도 주인들은 노예들에게서만 인정을 받는다는 것에 대해 실망을 한다. 그들은 인정받고 싶은 욕망으로 아직도 괴로워하고 있으며, 다른 주인들과 새로운 갈등을 일으키는 것이다. 인정을 받기 위한 이 투쟁은 개인이 전체를 상대로 하는 전쟁과 흡사하다. 이것 또한 거의 견디기 힘든 일이다.

　자유민주주의를 창안해 내면서 인정을 받기 위한 절대적인 욕망은 만족되었고(각 개인은 다른 사람들과 평등하고 또 그렇다고 인정되었다), 갈등 때문에 발생하는 폭력성은 사라졌다. 안전과 자유는 결국 더 이상 양립되지 않는 것이 아니다. 역사는 보편적 차원에서 목적을 달성한 것이다.

　하지만 이 모델은 진정으로 강요될 수 있었는가? 최근의 현실에서 보면 역사가 종말을 맞이하기에는 아직도 멀었다는 것을 보여 주는 것 같다. 점차적으로 정치가들의 영역으로 침투해 가고 있는 남반구에서 일고 있는 종교적 현상의 부상과, 동유럽 사람들이 직면하고 있는 어려움, 그리고 끊임없이 시도되는 민족주의적인 해결책이 보여 주고 있는 것은 자유민주주의가 모든 사람들이 기대했던 기적 같은 해답이 아니라는 것이다. 서양은 자신들의 제도를 전파할 때 별로 설득력이 없어 보이는 것 같다.

인본주의

정의하기

인간의 가치

장 폴 사르트르는 《실존주의는 인본주의이다》에서 "인본주의를 통해서 인간을 최종 목표로, 그리고 최고 가치로 삼는 이론을 기대할 수 있다"라고 말했다. 사실 인본주의란 인간이 인간 생활에 의미를 부여하는 것을 뜻한다. 이 개념은 오늘날에는 자명한 이치처럼 보여지지만 이전에는 16세기 이후부터 시작된 진정한 지식 혁명처럼 보여졌었다는 사실을 알아야 할 것이다. 예를 들면 고대 그리스에서는 사물에 일반적인 의미를 부여하고 인간 활동에 특별한 의미를 부여했던 것은 자연(Nature)이었다. 그리고 나서 인간의 존재를 마무리지은 것은 신과 신의 섭리였던 것이다.

간단히 말해서 인본주의와 함께 세상은 인간에게 부합하게 된다는 것이다. 이러한 투기(投企)[실존철학에서 현실에 내던져 있는 인간이 능동적으로 미래를 향해 스스로를 내맡기는 것]는 사람들을 의기양양하게 만들었다. 하지만 이러한 투기가 새로운 한계 의식을 가지고 온다는 사실을 감춰서는 안 된다. 사실 인간의 본성은 과오를 범하기 쉽기 때문에 결국 인간이 자신의 주변에 대해서 방식을 설정하고 부여하는 권리를 자처한다는 의미는, 이러한 투기가 일시적이고 허술하며 신중하다 할지라도 이론의 여지가 많을 수밖에 없는 것이다. 인간이 문제의 중심에 놓이게 되면서 동시에 모든 지식과 인식의 기원에 대해 의구심을 품게 만들었던 것이다.

내용 구성하기

기계는 인간에게 최악의 적인가?

■ **만약 인간과 기계의 관계가 불분명하다면……**

　기계란 무엇인가? 최고의 도구인가, 아니면 최악의 도구인가? 인간은 기계를 만들어 내기도 하지만 동시에 파괴하기도 한다. (18세기 뤼드의 명령에 따라서 베틀기를 파괴한 섬유 직공들처럼 말이다. 노동자들에게 뤼드즘(luddisme)이 있었던 것처럼 농민들에게는 농민 폭동(La jacquerie)[1358년에 일어난 농민 폭동]을 들 수 있다.) 기계는 노동의 고통을 덜어 주기도 하지만 동시에 인간이 하는 일을 잠식하기도 한다. 간단히 말해서 기계는 전문 기술자들에게 새로운 전문 기술을 익히도록 앙갚음하는 작용을 하는 것인가?

　이러한 위협은 오늘날 공상과학에서나 볼 수 있는 것으로 치부되는 것 같지는 않은 듯하다. 물론 '로봇'이나 2001년형 중앙컴퓨터는, 인간을 노예화한다는 의미에서 인간을 지배하는 쪽으로 넘어가고 있는 것은 아니니다. 하지만 차츰차츰 조심스럽게 자동화되고 지능화된 인공 시스템은 인간을 아주 우둔하게 되돌려 놓을지도 모르는 위험을 무릅쓰고 노동 세계에서 인간들을 제거하기 시작하고 있다.

■ 정신 노동은 인간과 기계 관계의 모호성을 해소시킬 뿐만 아니라……

따라서 기계에 대한 불신은 새로운 것이 아니다. 기계가 수행하는 능력에 대한 매혹감과 함께 인본주의에 가장 나쁜 적을 만들어 냈다는 두려움은 항상 따라다니고 있었던 것이다.

먼저 톱니바퀴는 사람을 오싹하게 만든다. 기계는 체제나 제도로 볼 수 있다. 다시 말해서 일반적으로 수많은 톱니바퀴가 서로 마구잡이로 뒤엉켜 돌아가는 시계처럼 말이다. 반복적으로 서로 물고 물리는 것이 언제 인간을 집어삼킬지도 모르는 '인위적인 숙명'에 대한 두려움에 처하게 만든다. 이러한 특징은 기계가 익명의 단체나 맹목적인 단체를 의미하기 위해서 비유적으로 표현될 때 훨씬 명확해진다: 행정 '기관' 이나 국가 '기구' 라는 말이 생각나지 않는가? 이때 행정 관료들은 톱니바퀴인 것이다. 카프카는 《심판》에서 이러한 강박 관념을 효과적으로 묘사해 놓았다: K는 부조리하게 돌아가고 있는 사법 기구의 '톱니바퀴'에 점차적으로 물려 들어간다.

■ 기계가 비인간화시키는 도구라는 생각을 갖게 만들어 준다.

만약 기계가 인간에게 (일종의 인간의 보조 기구처럼 자연스럽게 이용되는 도구와는 반대로) 가장 해로운 적으로 생각된다면 그것은 기계가 유기체라는 신비스런 장치로 장착되고 연결된 제도이기 때문이다. 기계는 무한정으로 생산하고, 또 재생산하는 능력이 있고, 기계를 창안해 사람을 다시 기계의 일부분으로 되돌리게 한다는 관점에서 이 창안자와 비교해 볼 때 기계는 완전한 자율성을 취할 가능성이 있는 것이다. 왜냐하면 만약 기계가 기계를 사용하는 사람의 모든 업무를 대신하지 못한다면 어쨌든 기계는 기계를 사용하는 사람을 비인간화시키는 결과를 초래하는 것이기 때문이다. 기계는 또한 기계를 사용하는 사람을 기계의 한 부속품으로 만드는 능력이 있다. 기계를 사용하는 것이 사람이 아니라 기계가 사람을 이용하는 것이다. 그래서 셀린이 쓴 소설의 주인공인 페르디낭은 디트로이트에서 어떻게 생산 라인 작업이 노동자들을 기계의 한 부속품처럼 만들게 되는지, 그리고 소음과 진동 속에서 인간 자신이 기계로 전락하는지를 이해하게 되는 것이다: "인간 자신이 결국 기계로 전락한다."(루이 페르디낭 셀린의 소설 《밤 끝으로의 여행》)

> 심화하기

《팡타그뤼엘》
프랑수아 라블레(1532)

팡타그뤼엘, 그의 아버지 가르강튀아, 그의 어머니 바드벡, 그리고 그의 할아버지 그랑구시에, 이들은 근본적으로 두 가지 공통된 특징을 지니고 있다: 하나는 그들이 굉장한 거인이라는 것이고, 다른 하나는 항상 목이 메말라 있다는 것이다. 게다가 할아버지의 이름(Grand gosier: 큰 목구멍)과 어머니의 이름(Badebec: bader(고대 프랑스어에서는 벌리다라는 뜻), bec(새의 부리, 속어로 사람 입을 뜻함))에서 작자가 독자에게 의도하고자 하는 것이 잘 나타나 있다: 갈증!

라블레가 젊은 거인에게 부여한 팡타그뤼엘이라는 이름은 중세 신화에서 따온 것이다. 이 이름은 항상 술에 취해 구걸을 하는 사람들의 입에 소금을 집어넣었던 익살스런 어린 악마의 이름이었다. 라블레 소설의 주인공은 항상 목이 탔다: 매일 우유를 마시기 위해서는 4천6백 마리의 암소가 필요했다. 게다가 그가 출생하던 때는 오랫동안의 가뭄이 끝을 맺는다.

이 소설이 상징하는 것은 명확하다: 오랫동안 지적 갈증을 겪었던 중세 시대 이후에 사람들은 또다시 지적 갈증을 해소할 수 있었고, 지식이라는 새로운 영양물로 인하여 거인과 같은 몸체를 가지게 될 수 있었던 것이다. 따라서 인본주의는 항상 새로운 음식물을 갈망하고 신뢰가 있고 엄청나게 큰 체구에 팡타그뤼엘의 얼굴을 하고 있는 것이다.

물론 팡타그뤼엘이 먹고 싶어하는 것은 지식이다. 그의 아버지는 후에 유명해진 편지에서 자기 아들을 위해서 백과사전적인 학습 프로그램을 정하였다. 과학·예술·문학뿐만 아니라 새로운 인간을 만들어 내기 위해 체육 교육과 수공 기술 지식도 포함시켰다. 이러한 폭넓은 개방은 가르강튀아가 자신의 아들에게 보낸 편지에서 지적한 진보를 표방한 것이다:

"시대는 암흑기를 치닫고 있었고, 훌륭했던 모든 문학을 파괴했던 고트족의 불행과 참화에서 벗어나지 못했지만 신의 은총에 의해 내 나이에 벌써 문학 박사를 얻는 영광을 얻게 되었다. 그런데 지금은 내가 제일 하급반이라도 받아들여질까 의심할 정도로 실력 차이는 변하였다. 제일 하급반이라야 내가 젊었을 때였다면 가장 똑똑한 사람들로 명성을 얻었을 수준이었는데도 말이다."

어제의 박사는 오늘날 학생 수준 정도밖에 안 될 것이다. 인본주의는 그렇게 18세기 철학자들이 탐구하게 될 인류 정신의 진보 노선을 벗어버린 것이다. 왜냐하면 우리는 배울 것이 너무나 많아졌고, 따라서 우리에게는 모든 것이 가능해진 것이다. 낙천주의로 분류되어야만 하는 것과 상관 관계에 있는 인본주의는 학문들간에 서열을 정하는 것을 인정하지 않는다. 소홀히 다루어야 할 학문은 아무것도 없다. 모든 것을 배우는 것은 나쁠 것이 없다. 모든 것은 익혀야 할 소재들이고, 처음 배우는 사람들에게 배운다는 동등한 즐거움을 되돌려 준다:

"바보(sot)가 뭔지, 항아리(pot)가 뭔지, 쌍둥이 병(guedoufle)이 뭔지, 흙 접시(moufle)가 뭔지, 슬리퍼(pantoufle)가 뭔지 언제나 배우고자 하고 알아보려고 하는 것이 무슨 손해인가?"

시사화하기

'세계 문화'

자크 레주른이 '세계 문화(culture mondiale)'라는 표현과 함께 이 세계 문화가 가져올 영향에 대해 지적했던 것처럼, 인본주의에 대한 사상을 통합하자고 했던 생각은 현실적으로 악몽으로 바뀌어 가고 있는 것은 아닐까? 이 세계 문화라는 말은 무엇보다 커뮤니케이션이 발달된 20세기의 산물일 것이다. 공항이나 유명 호텔, 국제 경제 기구, 그리고 학회 세미나에서는 영어를 사용한다. 결국 세계 문화라고 하는 것은 교역과 여행이 잦은 '국제 엘리트'들에게만 해당되는 일종의 갑부들의 문화인 것이다. 하지만 이 '귀족 문화'는 대중 문화를 이끌어 가는 강력한 통신 매체를 보유하고 있다.

사실 '세계 문화를 이끄는 사람들'은 초대형 기획사의 영화나 일일 연속극이라는 방법을 통하여 획일화된 문화를 전파하고 있다. 이들은 점차적으로 **새로운 생활 방식**을 표방하고, 이에 따르도록 만들어 가는 데 맥도날드 방식의 햄버거-프라이드나 달라스 방식의 연속극 그리고 마돈나 방식의 팝송에 중독되도록 하고 있으며, 이 모든 방식들은 동시에 홍콩·마이애미·다카르·마드리드 그리고 파리에서 동시에 행해지고 있는 것이다. 따라서 오늘날 세계 여행을 한다면 낯섦 때문에 고생하는 일은 하나도 없을 것이다. 분명한 것은 이 가상적인 세계 문화라는 것이 세계가 미국을 중심으로 할 때에만 '세계적'이 된다는 것이다. 왜냐하면 미국이 자국의 상품을 수출하는 것은 좀더 나은 생활 방식의 발전을 꾀하기 위한 것과는 하등의 관계가 없기 때문이다. 따라서 세계적 차원으로 '문화'를 증진시키고자 하는 데 있어서 때때로 감동적일 때도 있고, 한편으로는 허무맹랑한 면이 나타난다고 해서 어리둥절해할 필요는 없는 것이다. 프랑스 출생 기록부를 보면 '슈-엘렌'이나 '존-로스'와 같은 이름이 등재되어 있다. 이는 이들 부모들이 달라스와 같은 인기 있는 일일 연속극에 나오는 주인공들에게 매혹당한 것일지도 모른다. 프랑스와 싱가폴에 사는 슈-엘렌과 존-로스가 손을 잡고 함께 마돈나의 〈라이크 어 버진〉을 부른다고 생각해 보아라…… 얼마나 끔찍한 장면인가!

 따라서 '세계 문화'라는 것은 인본주의자들이 애착을 가지고 있는 문화와는 근본적으로 반대되는 것이다. 오늘날 경제적인 이익을 추구하는 특징은 인본주의자들이 주장하는 인본주의의 보편성을 겨냥하고 있다는 것이다. 실제로 현대에 획일화되고 있는 생활 방식에 대해서 다음과 같은 문제는 제기되고 있지 않다: (16세기와 18세기 인본주의자들이 믿었던 것처럼) 삶의 질을 떨어뜨리지 않고 인간들을 통합시키는 것이 가능한 것인가? 이같은 숭고한 의도는 우리들이 살고 있는 현실에서 나타나고 있는 기괴한 일들로부터 벗어날 수 있게 해줄 것인가?

개 인

정의하기

'사회'의 반대 개념

라스티냑은 사무치는 외로움으로 무너진 가슴을 안고 황혼을 배경으로 고리오의 무덤 앞에 홀로 서서 사회에 맞서 싸울 것을 다짐하였다:

"그는 벌이 윙윙거리는 벌통 앞에서 이미 그 꿀은 자기 것이라는 듯한 눈길을 보내면서 다음과 같은 위대한 말을 남겼다. '자 이제 우리 둘이 나설 차례이다.'"

(그는 많은 사람들이 부산하게 움직이고 있는 사회에 대하여 승리는 이미 자기 것이라는 듯한 자신감을 가지고 다음과 같은 위대한 말을 남겼다. "자 이제 우리 둘이 나설 차례이다.")

사회적 차원에서 왜소한 존재로 전락해 버린 인간은 자신을 외톨박이로 만든 사회에 대항해서 싸워 나갈 때에만이 자신의 존재를 지킬 수 있다는 생각을 갖게 된다. 사실 발자크의 소설은 이러한 인식에서 완성된 것이다: 라스티냑은 일개의 개인에 불과하고, 사회 전체에 대항하는 투쟁 속에서만이 살아남을 수 있는 미미한 사회적 존재이다. 대부분의 19세기 낭만주의 소설의 내용이 그러하듯이 《인간 희극》은 **사회에 대항하**

는 **개인의 투쟁**을 반영하고 있다. 스탕달이나 플로베르처럼 발자크는 철학자 알랭의 작품의 주제이자 매우 인상적인 그의 문장을 인용하자면, '영면하고 있는 사회에 대항하는 생각을 하는 개인'의 투쟁을 다루고 있다.

"사회는 늘 착취적이며 언제나 맹목적이다. 사회는 사회 자체의 메커니즘에 따라서 언제나 전쟁을 일으키고, 노예를 만들어 내며, 예속을 하게 만든다. 그리고 인간미를 되찾게 되는 곳은 언제나 (사회, 집단에 대한) 개인한테서이다.

알랭, 《담론(談論)》

내용 구성하기

군중 속에 파묻힌 개인은 인간으로서의 정체성을 상실하는가?

■ 군중 속에 파묻힌……

혁명과 함께 군중의 시대는 시작되었다. 현대에 와서 개인과 군중이 거의 동시에 다루어지는 것은 흥미로운 일이다. 그러면 군중이란 무엇인가? 1882년 3월 23일자 《르 골루아》지에 실린 유명한 기사에 보면, 모파상은 군중을 '거대한 개인 집단'이라 정의하고 있다. 군중은 개체성을 띠게 된 것이다. **영혼도 있고 몸체도 있는** 하나의 개체로 말이다.

만약 군중이 모이도록 하는 갑작스런 응집력이 있다면, 그것은 군중을 구성하고 있는 각각의 개인들이 이상이나 분노나 초조함이나 실망감 등을 공감함으로써 종교적인 의미의 용어로 영성체가 되기 때문이다. 모파상은 종교적인 차원에서의 성찬식과 같은 집단 현상처럼 군중을 모이게 만드는 어떤 '신비감' 같은 것이 있는 것이 아닐까 하고 생각하였다. 사실 뉘른베르크에서 히틀러가 개최한 행사나 우드스톡(Woodstock)과 같이 최초로 야외에서 개최된 대규모 공연과 같은 것들을 볼 때 거의 종교적인 광신과 같은 것을 느낄 수 있다. 루소는 《대공연에 관해서 달랑베르에게 보낸 편지》에서 축제에 대해 다음과 같이 말했다. "군중에게는 진정한 종교적 모임과 같은 효과가 나타난다"라고. 군중은 이런 모임에서 단결력을 보여 준다. 군중은 각 개인들을 거대한 집단 속으로 융화시키는 배우이자 관객인 것이다.

군중 속에서 개인은 상실되지만 군중 속에서 다시 개인의 정체성을 되찾게 되는 것인가?

■ (현대의) 개인은 자신의 정체성을 찾는다.

브르통은 군중 속에서 거닐다가 '나자'라는 여인을 만나게 되고, 그 여인의 이름을 따서 《나자》라는 작품을 썼다. 이 작품에서 브르통은 나자라는 여인과의 첫 만남에 대한 이야기를 전하고 있다. 사실 이 여인이 브르통의 눈에 띄게 된 것은, 등을 구부리고 걸어가는 피로에 지친 노동자들과는 다르게 고개를 곧게 펴고 걷고 있었기 때문이다. 군중 속에서는 개인들이 다른 사람들과 비교가 되기 때문에 구분이 되게끔 되어 있다. 군중 속에서 혼자 돋보인다는 것이 얼마나 자아도취적인 일인가! 그래서 멋쟁이들은 세상이 혼란스러울 때 이런 현실과는 담을 쌓고 지내는 것으로 만끽하고 사는 것이다. 보들레르도 《항구》에서 부두를 오르내리는 한 무리의 어부들을 관찰하였다.

결국 군중은 개인의 정체성을 해체시키기도 하지만, 반면에 다른 사람들과 구별되게 하는 역할을 해주기도 한다. 군중은 항상 개인에 대해서 진정한 촉매로 작용한다. 그래서 개인이 군중과 한 덩어리가 될 때 개인들은 자기 자신 속에 다른 사람들과 똑같은 심리가 존재한다는 것을 발견하게 되며, 무의식적으로 군중 심리에 파묻히고 있다는 것을 자인하게 되는 것이다. 같은 이유로 군중 속에서 고독을 느낀다는 것은, 자신이 또한 다른 이들과 근본적으로 다르다는 점을 배우게 되는 것이다.

결국 군중은 그룹과 개인과의 관계에 대한 본질을 명확히 해주는 현상인 것이다. 이는 개개인의 이성 속에 자리잡고 있는 집단적 비이성을 의미하는 것일 뿐만 아니라, 이러한 집단적 비이성에 대한 거부를 통하여 개개인은 자신만의 확고한 특성이 존재한다는 인식을 가지게 된다는 것을 의미하는 것이다.

심화하기

《개인주의에 대한 에세이》
창세기 I
루이 뒤몽(1981)

서양 사회의 미래에 대하여 의구심을 가지고 있는 사람들에게는 이 문제에 대해 뒤몽이 생각했던 접근 방식에서 그 실마리를 찾을 수 있을 것이다: **어떻게 해서 서양 사회는 전체론적인 구조(공동체는 공동체의 구성원보다 우선한다)에서 개인주의 체제로 급변하게 되었는가?** 사실 고대와 중세 시대 때 개인의 위치는 공통체 내에서 명확하게 설정되어 있고, 변동이 없는 그런 제도밖에 없었던 것이다. 개인에게는 그룹과 관련된 사회적 정체성만이 있을 뿐이다. 개인은 전체를 구성하고 있는 일부분에 지나지 않았던 것이다.

개인적인 영역보다 우선시되는 집단적 영향에서 벗어나려고 하는 움직임은 헬레니즘 철학에 의해, 특히 스토아 철학으로부터 시작되었다.

이러한 움직임은 사회 가치에 대한 가치를 상쇄하고 사회로부터 개인을 벗어나게 하는 기독교 사상과 함께 지속되었고, 또 뿌리를 내리게 된 것이다.

"이러한 세상에 대한 가치를 축소함으로써 동시에 개인에 대한 무한한 가치도 줄어들게 되는 것이다: 따라서 기독교 사상을 바탕으로 하는 이원론이 대두되고, 두 이론의 팽팽한 갈등이 역사를 지배해 왔던 것이다."

기독교 사상은 개인에게 신의 세계에 대한 문을 개방함으로써 황제가 지배하는 세계를 초월하도록 해주었다. 이로써 뒤몽이 '세속을 초월한 인간' 이라고 명명한 새로운 형태의 특수한 인간이 만들어진 것이다. 이러한 발전은 역사에 한 획을 긋는 중요한 사건이었지만 '개인주의 사회' 라고 하는 모순에 대해 생각하게 하지는 못하였다. 이를 이해하기 위해서는 어떻게 개인을 세상으로 돌려 놓았는지를 밝히는 것이 중요하다. 개인은 신의 세계에서 가치를 인정받았듯이 이 세상에서도 진정으로 가치 있는 존재로 모습을 드러내야 하는 것이다. 개인을 시민의 모델로 되돌리는 임무를 맡았던 이는 칼뱅과 루터의 종교 개혁을 계승한 그의 후계자들이었다. 신의 선택이라는 메커니즘 덕분에, 그리고 성직자가 인간과 신을 이어 주는 중개자라는 사실을 부정함으로써 결국 이러한 개혁이 가능하였던 것이다. 사실 사회에서 선택된 사람들은 신의 뜻에 의한 것이다.

"신에 의해 선택된 사람들의 임무는 이 세상에서 신을 찬양하는 일이고, 이러한 임무를 고수하는 것이 신에게 선택되었다는 유일한 증거이자 표시인 것이다. 따라서 선택된 사람은 행동 속에서 자신의 의지를 끊임없이 행해야 하는 것이다."

'세속을 초월한 인간'은 신의 뜻에 따라 제공된 모든 물질적인 성공의 기회를 이용하면서 신이 자신에게 부여한 개인성을 이 세상에서 보여 주어야 한다. 칼뱅 사상은 개인을 세상으로 다시 돌려 놓았고, 사회적인 성공은 신에 의해 자신이 선택되었다는 신호로 받아들이게 만들었던 것이다.

시사화하기

새로운 형태의 인간: 자폐적 개인

개인주의 사회는 확실히 새로운 형태의 인간을 만들어 냈다. 질 리포프츠키는 《공허의 세기》에서 이에 대해 명백하게 주장하였다.

"개인이라는 존재는 개인주의 혁명에 의해 역사상 처음으로 다른 모든 사람들과 평등하다고 인정되었고, 최선의 목적으로 인식되게 되었으며, 이와는 별도로 개인의 재량권이라는 것을 고안해 내고 쟁취하였다."

개인(individu)이라고 불리는 이 새로운 인간은, 사회는 아무런 대가없이 자신들에게 수많은 혜택을 누리게 해주어야 한다고 생각하고 있다. 권리에 대한 주장은 점점 늘어만 가고, 반면에 어떠한 의무도 행하려 들지 않는 것이다: 선거에 대한 참여는 줄어들고 있고, 군대에 입대하는 수도 줄어들고 있으며, 복무 기간 또한 짧아지고 있다. 역설적으로 개인이 공동체 생활로부터 벗어나려고 노력할수록(취미나 오락 생활을 혼자서 즐기려는 경향) 그들이 공동체에 요구하는 사항은 더욱더 늘어만 가고 있는 것이다. 개인은 개인적으로만 누리려고 하는 물질적인 성공을 위한 수단을 사회가 해줄 것인지 아닌지에 대한 관심만 있는 것이다. 동시에 이런 진행 과정 속에서 기술의 발전은 자기 만족이라는 환상을 제공하고 있다. 모든 가상의 현실을 혼자 자유롭게 경험할 수 있는 컴퓨터 프로그램의 발전으로 사람들은 혼자서도(시디롬은 혼자서도 상호 활동을 수월하게 만들어 주는 장치이다) 자신을 형성시켜 나갈 수 있다고 믿고 있는 것이다. 특수 모자를 쓰고 피부에 전극을 붙이고 칩에 연결하면 갖은 모험을 다할 수 있기 때문이다.

　사회 공동체에 대한 개인의 이탈 현상이 현실 세계에 대한 이탈 현상을 동반하고 있는 것처럼 개인주의가 가상 세계를 경험하게 만드는 기술의 발달과 함께 발전하고 있다는 사실은 주목할 만한 것이다. 사실 인간의 유일한 현실은 사회적인(인간은 필요성과 욕구 때문에 사회에 종속되어 지낼 수밖에 없다) 것이다: 사회로부터 벗어나는 것은 당연히 현실로부터 벗어나는 것을 의미한다. 자율에서부터 자기 만족에 이르기까지 **자급자족**할 정도로 이룩해 놓았다고 사람들은 믿고 있다. 하지만 그보다는 오히려 **자폐**(自閉)의 구렁텅이로 몰아넣었다고 해야 맞는 것이 아닌가?

지식인

> 정의하기

타인의 문제

 이전에 지식인에 대한 정의는 자신의 지적인 능력, 다시 말해서 개념들을 구사하고 추상적 관념을 실용하는 능력으로 활동을 하는 사람들을 일컬었으나 이제는 더 이상 이처럼 단순하게만 정의하지 않는다. 이런 계기가 되었던 것은 드레퓌스 사건이었는데, 이 사건으로 지식인이라는 단어는 확고부동한 개념과 함축적인 의미를 가지게 되었다. 에밀 졸라·앙드레 지드·아나톨 프랑스·샤를 페기는 문학가라고 하는 자신들의 명성을 이용해서 드뤼퓌스를 위해 모든 압력을 행사하기로 결정하면서부터 자신들을 지식인이라고 불렀다. 그들은 대토론회 등에서 타인의 문제에 대한 간섭의 권리를 천명하면서 문학가로서의 권한을 뛰어넘는 행동을 주장하였던 것이다.
 그 이후부터 사르트르가 자주 말했던 것처럼 지식인이란 '자신과 상관이 없는 사건에 관여하는 사람'이 된 것이다.
 하지만 예술가나 과학자는 자신들이 대중적으로 인정을 받고 있을 때에만 지식인이 되는 것이다. 어떤 의미에서는 **자신들과 상관이 없는 사건에 관하여 '참견할 권리'**를 획득하여야 한다는 것이다. 지식인이 되기 위해서는 소설가나 과학자 같은 사람들이 주는 신뢰를 가지고 있어야만

한다. 그리고 지식인들이 내린 판단이 최상의 권위를 유지하기 위해서는 어쩌면 이러한 판단이 너무 기계적이 되어서는 안 된다. 다시 말해서 기계적이라는 단어가 가지고 있는 두 가지 의미에서처럼 너무 자주, 그리고 너무 단순하게 말이다.

> **내용 구성하기**

왜 소크라테스를 죽였는가?

■ **플라톤이 표현하는 것처럼 소크라테스의 경우는……**

기원전 399년 아테네에서 멜레토스라는 젊은 시인은 당시 70세였던 늙은 소크라테스를 상대로 소송을 제기하였다. 사건의 발단은 리콘이라는 웅변가와 정치에 능하고 사업가인 힘이 막강한 아니토스에 의해 시작되었다. 아테네 사람들은 적어도 한번쯤은 아테네 도시 내에서 소크라테스를 마주쳤거나, 그가 참가했던 토론을 경청했던 젊은이들에게 둘러싸인 소크라테스를 보았을 것이다. 그런 소크라테스가 젊은이들을 타락시키고 국가의 신을 인정하지 않고 다이몬(Daimon)을 도입하였다는 이유로 고소당하였다.(《소크라테스의 변명》)

그리스어로 변호를 뜻하는 'Apologie'에서 플라톤은 소크라테스가 이 제소를 아주 대수롭지 않게 받아들였다고 묘사하고 있다. 그는 재판을 위한 자신의 변론을 준비하지도 않았고, 마치 이 재판이 심각한 것이 아니라는 듯 멜레토스를 조롱하기까지 하였다. 그것은 잘못이었다. 소크라테스는 이 제소는 기각될 것이고, 그렇게 되면 그렇듯 큰 문제가 남게 되지 않을 것이라고 판단했었다. 그러나 젊은이들의 부패는 심각한 위협이 될 수 있다는 생각과 배교와 관계된 문제는 차원이 달랐던 것이다. 그리스 종교가 사실상 교리가 없고 진정한 성직자가 없다 하더라도 그것은 근본적으로 도시의 운명과 관계가 있었다. 신들이 도시를 보호하고 있고, 사람들은 도덕과 맹세와 법이 지켜지도록 신에게 기도를 했었다. 간단히 말해서 신들을 의심하는 것은 사회 질서를 부정하는 것이었다. 소크라테스는 젊은이들에게 도시의 단결을 해치는 사상을 전파하였기 때문에 고발된 것이다. 그의 행동은 사회를 좀먹는 행위였고, 엄격히 말해서 그것 때문에 그는 공공의 적인 것이다. 덧붙여서 소크라테스는 아테네 민주주의에 반대되는 사상을 전파시켰고, 스파르타의 엘리트 시스템을 옹호했기 때문에 제소된 것이었다.

■ **아테네 철학가들로부터……**

플라톤은 소크라테스가 임기응변 식으로 자신에 대한 변호를 하도록 내버려두었다. 따라서 이 임기응변식 방법은 오늘날 지식인이라고 불리우는 사람들, 즉 자기와 상관없는 문제에 사로잡혀 있는 사람들이 사용하는 실질적인 변호 방법이 되었다. (지식인들은 자기와 상관없는 문제를 일반적인 관심사로 이해하려 한다.) 소크라테스는 대다수의 시민들이 생각하고 있는 가치 근거에 대한 착각을 깨우쳐 주기 위해서 스스로 등에 [꽃에 모여들어 꿀을 빠는 대신 식물의 수분(受粉)을 돕는 이로운 곤충]와 같은 역할을 하였다. 그는 무지(無知)를 가장하고 논적(論敵)에게 아이러니라는 접근 방법을 이용하였다. 소크라테스는 지적 수양을 통하여 자신들의 전문 지식과 그에 대한 확신에 가득 차 있는 제자들을 시험하기 위해 여러 날을 보냈다. 그는 겉으로 보기에 명확해 보이는 것에 대해 질문하였다. 용기라는 것에 대해 알아보기 위해서 제자들은 군인들에게 달려갔고, 언어는 언어 전문가에게 달려가는 등…… 이런 식이었다. 새로운 질문에 대한 대답이 계속되면서 상대방은 자신이 가지고 있는 확신이 점점 메말라 간다는 것을 보게 되었고, 대화 초기에 확신했던 것과 자신이 지금 변호하고 있는 것 사이에 모순이 나타나는 것을 알게 되었다. 수사학에서는 논리의 일부만을 가지고 그 논리의 전체를 반박하는 방법을 elenchus(반대 논증)라 부른다. 소크라테스는 분명히 소피스트적인 재능과 언어적인 기교에 있어서도 전문가적인 조작에 능숙한 사람이었다. 하지만 그는 이러한 기술들을 자신들의 특수 이익을 일반적인 이익인 것처럼 숨기기 위해서 직업적으로 이런 기술을 이용하는 사람들을 공격하는데 사용하였다. 사실 이러한 소크라테스의 방법 때문에 방해를 받은 사람들은 멜레토스 사람들과 아니토스 사람들, 그리고 리콘 사람들이었다. 이들은 겉모습만을 믿고 사는 사람들이었다. 외관상으로 존재한다고 증명이 되는 한 멜레토스에게 예술 활동은 최상의 활동으로 되는 것이며, 리콘은 여론을 조작하는 자신의 재능을 팔아서 돈을 벌 수가 있는 것이고, 아니토스는 정치가라는 지위를 이용해서 자신의 개인적인 사업을 추구할 수 있는 것이다. 이들은 소크라테스를 고발하면서 도시를 위협으로부터 보호한 것이 아니라 자기 자신들의 사회적인 기득권을 유지하려 했던 것이다.

■ 미래의 지식인 모델을 만든다.

소크라테스가 죽음을 택한 이유는 습관적으로 받아들이는 외관에 대한 확신을 타파하기 위해서였고, 사상을 다루는 철학자들에게 진정한 정치적 역할을 부여하기 위해서였다. 왜냐하면 거짓말과 속임수가 만연해서 정의가 없는 사회가 되는 것을 보면 진정한 전문가들이 정치를 했다고 보기 어렵기 때문이다. 잠든 사람에게 침을 쏘고 깨어나게 만드는 등에처럼 지식인들은 사람들이 행동으로 실천하게끔 의식을 깨우쳐 주는 일을 하는 것이다. 이러한 의미에서 오직 모든 전통주의에 대항해서 싸우는 지식인만이 진정한 지식인의 자격이 있는 것이다. 확실성에 대해 의구심을 품게 만들도록 하는 대화법을 통해 소크라테스는, 당연하게 여겨지는 것은 아무것도 없다는 사실을 알려 주기 위해 토론 활동에 있어서 자신의 권위를 이용한 영향력을 행사하는 지식인을 예고하고 있는 것이다. 소크라테스와 지식인들은 가끔은 불공정하다는 소리를 들으면서도 질서를 유지하고 있는 사회에 유익한 혼란을 가져다 주고 있다.

심화하기

《지식인의 아편》
레이몽 아롱(1955)

아롱은 지식인의 의미는 무엇인가, 또는 지식인의 정의는 무엇인가를 정확하게 규정하고자 할 때 겪게 되는 어려움을 흥미롭게 다루었다. 먼저 지식인은 육체노동자와 대비시킬 수 있을 것이다. 하지만 경제 발전과 함께 자격증을 요구하는 빈도가 높아지고 있다는 사실을 염두에 두어야 한다. 사실 토지 경작 분야가 발전하는 사회일수록 '지식인'들이 할 일은 거의 없을 뿐만 아니라 오히려 지식인의 실질적인 효과에 대한 걱정을 할 필요도 없는 것이다. 그래서 아롱은 변호사보다는 법대 교수가 기술자보다는 연구가가 되는 것이 훨씬 유리하다고 설명했다. 마치 지식인은 사회 현실과는 동떨어진 사람들이고, 존재에 대한 유물론적인 시각에 반대하는 일종의 이상주의적인 성향을 강조하는 사람들이라고 정의라도 내리는 것처럼 말이다. 전통적으로 이러한 견지는 19세기 러시아에서 '인텔리겐치아'라고 불리던 사람들의 견지를 반영한 것이라 할 수 있겠다:

"고대 사회로부터 탈피하고자 했던 그들은 자신들이 획득한 지식과 기존의 사회 질서에 대해 가지고 있는 공감을 통해서 자신들이 하나로 뭉쳐져 있다고 느끼고 있었던 것이다."

따라서 지식인들은 자연히 사회를 고발하고 비판하는 사람들처럼 보여졌던 것이다. 이런 관점에서 이들의 **사회에 대한 비판의 형태**는 크게 세 가지 종류로 구분될 수 있겠다. 먼저 **기술적인 비판**으로서, 이는 이런저런 사회 기능의 약화를 해소시키기 위하여 여러 가지 조정 방법을 제안하는 비판 형태이다. 그리고 **도덕적 비판**은 마땅히 그렇게 되어야 하는 것과 관련된 것들에 대해 평가를 하는 비판 형태이다. 마지막으로 **이데올로기적인 비판**은 미래 사회라는 이름으로 현재의 사회를 고발하는 비판 형태를 말한다.

1955년 레이몽 아롱은 프랑스 지식인들은 이데올로기적인 비판 형태를 취하였고, 그들이 채택한 이데올로기는 마르크스 사상이었다고 설명하였다. 그 이유는 무엇 때문이었을까?

세계대전이 끝난 후에 장 폴 사르트르가 지식인의 모델로 자리매김하고 있을 당시에 아롱이 써서 활발한 논란을 불러일으켰던 논문은, 지식인들이 마르크스 사상을 선택하게 된 이유는 마르크스 사상을 선택해야 자신들의 위치를 오랫동안 지속시키지 않을까 하는 착각에서 비롯되었다는 내용을 담고 있었다. 아롱에 의하면 이데올로기는 지식인에게 아편과 같은 것이다. 이데올로기, 즉 아편은 지식인들을 인위적인 환상의 세계로 빠져들게 할 뿐만 아니라 대중들에게 더 이상 인정받고 있지 못하는 데 따른 고통을 해소시켜 주는 것이다. 마르크스 사상이(아롱은 첫 장부터 좌익·혁명·프롤레타리아를 분석하는 것으로 시작하고 있다) 퍼뜨리는 전설 같은 이야기에 따르면, 지식인들은 아직도 자신들을 인정하지 않고 있는 대중들에게 다가설 수 있다고 믿고 있다는 것이다:

"서양인들은, 특히 서양의 지식인들은 자신들의 세계를 사람들이 이해하지 못하기 때문에 괴로워한다고 말하고 있다. 시인과 화가들은 격이 다른 일반 대중들은 안중에도 없는 척한다. 그러면서도 실제로 속으로는 대중들로부터 찬사를 받는 꿈을 키우며 활동을 하는 것이다. 그러나 시인들의 언어를 통한 광채와 어두움을 묘사하는 시적 표현, 화가들이 그리는 추상적 표현들은 시인과 화가들을 일반 대중으로부터 고립시킨다."

일반 대중과 예술가 자신들 간에 끊임없이 깊어져 가는 골을 감추기 위해 현대 작가라는 지식인들은 경매장으로 도피를 한다: 졸라나 프랑스 그리고 프루스트의 관점에서 보면 이데올로기라는 것이, 예술가 자신들이 더 이상 지식인이 아니라는 사실을 잊게 만드는 이데올로기라는 것이다.

시사화하기

탄원 : 절대의 모색에서
절대화의 재모색까지

레이몽 아롱이 《지식인의 아편》에서 다루었던 것처럼 지식인들에 대한 이미지는 아직도 예측하기 힘들 정도로 혼란스럽다. 오늘날 어떤 이들은 출간하자마자 곧 잊혀져 버릴 정도의 졸작을 펴내고도, 빈약하고 퇴조해 가는 자신의 명성을 유지하기 위하여(대중들에게 친근감을 얻는 이데올로기를 찾아내지 못했기 때문에) 서슴없이 공개 토론을 이용한다. 유고 내전(內戰) 당시 지식인은 자기를 인정하고 따르는 독자들에게 유고 내전에 대한 관심을 고조시키기 위해서 사라예보로 가지만, 이는 또한 자신을 모르는 독자들을 자기 자신에게 관심을 갖도록 하기 위한 방편인 것이다. 졸라가 《나나》라는 작품을 선전하기 위해서 '드레퓌스 사건'을 이용한 것을 생각해 보면 19세기말이나 20세기말에 일어나는 일들이 어떤 공통점이 있다는 것을 알아챌 수 있을 것이다. 사람들은 대중 매체에 빌붙어 지내면서도 창피함을 모르는 '지식인'의 꼴불견을 모두 경험했다고 믿고 있다. 하지만 지식인의 꼴불견은 그것이 전부가 아니다. 30여 명에 이르는 노벨상 수상자들과 의학 연구에 종사하는 몇몇의 거물급 인사들이 서명한, '혈액 오염' 사건이라 불리는 재판에서 실형을 선고받은 사람들의 사면을 요청하는 탄원서의 제출은 그나마 지식인에 대해 좋게 가지고 있던 명성마저도 실추시키는 한심스러운 기록을 남기게 되는 새로운 계기가 되었다. 오늘날 품위를 손상시키는 행위로 지식인의 명예가 실추된 것은 탄원서(정확하게 지식인이라는 말이 생겨난 것도 이 탄원서 때문이다. 왜냐하면 드레퓌스를 위해 서명한 사람들은 지식인이라는 새로운 지칭으로 자신들을 표방하고 나섰기 때문이다)라는 개념 때문이다: 옛날에는 정의와 절대를 표방했지만 지금은 절대화를 표방하고 있기 때문이다. 앙드레 글뤽스만은 이에 대해 당연히 분개하고 있음을 《세계의 균열》이라는 저서의 마지막 부분에서 드러내고 있다: 사르트르와 보부아르는 이에 놀라지 않을 수 없었다. 왜냐하면 그들 자신이 이런저런 이유를 위해서, 그리고 때로는 가장 모순된 이유를 위해서 서명을 한 적이 있었기 때문이다.

　탄원이란 무엇인가? 어원에 의하면 탄원은 **일종의 요청이며**, 이 요청은 공개적이라는 특징을 가지고 있다. 원칙적으로 지식인들이 행동으로 옮기는 것은 이러한 요청을 통해서 행해지며, 사회 참여 토론에서 자신들의 모든 영향력을 행사하고자 하는 것도 바로 이러한 요청을 위한 것이다: **사람들은 이러한 요청을 보편적인 것이라고 말한다.** 다른 사람들이 말하는 탄원이라는 새로운 의미는 예외적인 사면을 요구하는 것이다. "글뤽스만은 탄원에 서명한 사람들에게 보내는 편지에서 다음과 같이 적고 있다. 당신들은 법이 미치지도 않고, 또한 법을 초월하는 곳에 있습니다. 당신들은 특권을 폐지시키기는커녕 오히려 거물급 인사들을 보호하게 해주는 훨씬 더 부당한 것을 요구하고 있는 것입니다."

부당하게 유죄 판결을 받은 무고한 사람들을 위해서가 아니라 같은 소속에 있다는 이유로 죄인을 변호하기 위해서 현재 공개 토론에 나와 자신의 영향력을 행사하는 사람들은 대체 누구란 말인가? 옛날에 안티 영웅(anti-héros)이라는 말을 만들어 낸 것처럼 이런 사람들에게는 안티 지식인(anti-intellectuel)이라는 말을 만들어서 이름 붙여 주어야 하지 않을까?

언 어

정의하기

[소쉬르 언어학에서의] 말에 대조되는 언어

개인과 사회가 대조를 이루는 것처럼 언어(langue)와 말(parole)도 대조를 이룬다. 따라서 어느 한쪽도 다른 한쪽 없이는 기능이 불가능하다.

바르트는 《기호학의 요소》에서 언어는 언어 기능의 사회적인 역할로 정의된다고 주장하였다. 언어는 계약적인 가치 체계일 뿐이고, 이 계약적인 가치 덕분에 의사소통이 가능하게 된다는 것이다. 이는 사실상 말에 의미를 부여하고(어휘의 생성), 그리고 내가 이해할 수 있고 표현할 수 있는 문장들 속에서, 말의 사용 규칙을 정하는 데 있어서(문장의 구성) 다른 사람들과 뜻이 맞았기 때문이다.

어쨌든간에 나는 나만의 독창성이 있고 나만의 목소리를 낼 수 있는 확신이 있기 때문에 나를 표현하는 나만의 방법을 찾고자 하는 욕망이 생긴다. 나는 다른 사람들이 사용하는 언어를 사용하여 나에게 해당되지 않는 것을 말해야 하는 필요성을 느끼고 있는 것이다: 나는 나를 위하여 언어를 정립할 필요가 있다. "바르트가 설명하기를 말은 언어에 있어서 순전히 개인적인 부분을 내포한다고 했다."

말은 당연히 언어의 일부분이지만 반면에 언어를 변형시킨다. 언어의 몇몇 현상들은 먼저 말의 현상이다: 언어를 영위하게 만드는 것은 (언제나 말에 의해 만들어진) 신어법(néologisme)이다.

내용 구성하기

화술(話術)은 우리에게 어떠한 권위를 부여해 주는가?

■ **화술은……**

발언권을 장악한다는 것은 권력을 장악하는 것과 마찬가지이다. 그래서 현대 민주주의에서 발생하고 있는 언론 통제권에 대한 갈등은 누가 언론 지도부의 자리를 장악하느냐 하는 것이 주요 관심사가 된 것이다. 결국 아테네 시대 이후 소피스트들이 생겨난 이후부터 지금까지 변한 것은 하나도 없다.

화술에서 중요한 것은 무엇보다 상대방이 귀를 기울이도록 만들 줄 알아야 한다는 것이다: 데모스테네스는 제자들에게 목소리에 힘이 있고 정확한 발음을 구사할 수 있도록 하기 위해서 입 안 가득 자갈을 물리고 바다를 향해 서서 웅변 연습을 하도록 강요하였다. 그런 다음에야 문장을 정확하게 맺고 끊으면서 말하고, 논리 정연하게 말하고자 하는 내용을 말할 줄 아는 기술이 따르게 되는 것이다. 순수한 의미의 단어와 비유적인 의미로 사용되는 단어, 문식(文飾)을 나타내는 단어 등과 같이 단어들 간의 차이점을 구별해서 사용하는 사람들의 화술은 설득력이 강하다. 따라서 **전의**(轉義, trope: 은유, 환유 따위를 일컬음)[어구가 본래의 뜻과 달리 쓰이는 기법]를 하는 테크닉은 특히 선동을 하는 데 있어서 절대적으로 필요한 것이다. **제유법**은 부분으로서 전체를 표현하거나 전체로서 부분을 표시하는 방법을 말한다. 만약 내가 어떤 사람을 '내 지붕' 아래서 자도록 해주었다라고 말하면 그 장면을 상상하기가 좀 생소할지도 모른다.

하지만 여기서 내가 가치를 부여하고자 하는 부분인 '지붕'이 표현하는 것은 그 사람을 안전하게 보호해 주고자 하는 나의 의도를 가리키는 것이다. 어쨌든 이러한 제유법은 나의 특수한 목적을 일반적인 목적처럼 표현하고자 할 때, 내 권리들을 보호하고자 하는 의도가 한 가지 권리를 지키고자 하는 의도로 표현하고자 할 때, 인간에게 천부적인 자연권을 위해서 애쓰는 척하는 모습을 보여 주고자 할 때 정치적인 수단으로 쉽사리 이용될 수 있다는 것이다.

■ **명명하는 결정권을 가진 사람에게 권위를 부여해 준다.**

고대의 소피스트들이나 현대의 커뮤니케이션 분야에 몸담고 있는 사람들은 제스처나 화술의 영향력을 잘 이용하는 사람들이다. 그렇다고 해서 사람들을 현혹시키는 이러한 기술을 가지고 화술이 사람들을 매료시키는 것 이상의 영향력을 발휘한다는 사실을 감추고자 하지는 않는다. 권력은 명명하는 것으로 시작된다. 루소는 자기 소유로 만드는 행위의 시작은 그것에 이름을 붙이는 행위로 시작된다고 주장하였다.('소유' 참조) 그리스인들은 자신들이 점령한 이집트 영토에 있는 문화유산들에(피라미드 · 오벨리스크 등등) 우스꽝스러운 별명을 붙이면서 그것들이 자기네들의 소유임을 주장하였다. 1974년 출간된 《언어와 식민주의》라는 저서에서 루이 장 칼베는 식민정복자의 권력은, 기존의 이름을 바꾸는 데 있어서 그것의 품격을 떨어뜨리기 위해 대개의 경우 괴이한 이름으로 새로운 이름을 붙이는 행위로 표출된다고 주장하였다. 코토코족 · 바밀레케족 · 팡족 · 팔리족 · 두알라족이 모여 살고 있는 카메룬(Cameroun)이라는 국명은 그렇게 해서 게의 나라가 된 것이다(포르투갈어로 cammeroes는 게를 뜻한다):

"토착 지역에 새로운 이름을 붙이는 이러한 모독적인 행위는 수많은 그 지역 주민들을 멸시하는 행위이다: 식민정복자들이 도착하기 전의 영토와 주민들에 대해 완전히 무시하는 것이 아니고 무엇인가……."

새로운 이름으로 바꿔서 명명하는 이러한 권력은 기존의 것을 거부하는 능력임을 보여 주는 것이다.

심화하기

《강의》
롤랑 바르트(1977)

콜레주 드 프랑스에서 개설된 문학 세미나 강좌의 첫번째 강의는 권력과 언어와의 관계를 다루었다. 16세기 프랑수아 1세에 의해 설립된 이 콜레주 드 프랑스에서 바르트는 실제로 권력은 언어의 표현 속에 담겨져 있고, 언어의 표현은 아무런 근거 없이 행해진다고 주장하였다. 말한다는 것은 곧 상대방에게 구속을 강요하는 것이다.

언어에 의한 권력은 다양한 방법으로 표현되기 때문에 하나의 권력에 대항해서 투쟁하는 것이 아니라 여러 권력에 대항해서 투쟁하는 것이다. 그래서 개념을 모호하게 만들어서 때때로 그 개념을 이해하지 못하게 하는 것은, 바르트에 의하면 '사회와 사회를 연결하는 장치에 붙어 있는 기생충 같은 존재,' 즉 언어 때문이라는 것이다. 우리들 각자에게는 권력이 잠재되어 있다고 말할 수 있는 것도 언어라는 수단을 가지고 있기 때문에 그렇게 된 것이다. 따라서 이 권력은 모든 형태의 언어로 표현되는 것이다.

"우리는 언어 속에 담겨 있는 권력을 보지 못한다. 왜냐하면 우리는 모든 언어가 등급이 있고, 이 등급은 억압적이라는 것을 잊고 있기 때문이다."

언어는 연사론(언어 표현을 구사하는 각 요소의 문법적 역할 대신에 단순한 자료적 배열만을 다룸)의 순서뿐만 아니라 동시에 어떤 방법으로 말해야 되는지를 강제한다. 이에 따르면 나는 단어의 성을 선택할 때 여성이냐 아니면 남성이냐 하는 것밖에 선택할 수 없다; 뿐만 아니라 나는 다른 사람과의 관계에 있어서도 너(tu)냐 아니면 당신(vous)이냐 하는 구분을 지켜야 하고······.

"결국 문장 구조 자체에 의해서도 언어는 상하 관계라는 숙명적인 관계를 수반하는 것이다."

언어는 나에게 이러한 '주장에 대한 권위'에 결부시킬 뿐만 아니라 '아무 생각 없이 반복'해야 한다는 굴욕적인 조건을 받아들이게 만든다. 나는 무조건 다른 사람들이 하는 말들을 모두 반복해서 따라 해야 하는 운명인 것이다. 언어(langue)에서 말(parole)을 도려내게 되면 주제를 파악하는 데 있어서 엄청난 노력을 요구하게 된다.

그렇다면 언어의 독재로부터 헤어날 수 있는 길은 침묵밖에는 없단 말인가? 실제로 나는 내용상의 여백으로 남아 있거나 침묵을 하고 있을 때에만 언어의 독재로부터 탈피할 수 있는 것이다. 공개적으로 그것을 해결할 생각으로 강좌를 개설한다고 해서 그것을 해결할 수 있다고 하기는 어렵다. 이런 이유로 바르트는 이에 대처할 수 있는 프로그램을 만들어야 한다고 제안하게 되었던 것이다:

"언어의 끊임없는 위대한 혁명 속에서, 언어의 능력을 넘어선 언어를 이해하게 해주는 이 유익한 속임수, 이 교묘한 회피, 이 훌륭한 미끼를 나는 문학이라고 부른다."

매번 특별하고 뜻밖의 방법으로 문학이 언어를 이용한다는 견지에서 문학은 '언어를 속이는 것이다.' 시적인 형태나 이미지는 단어들을 예상치 못한 뜻밖의 의미로 부상되도록 강요한다. 문장 체계가 흐트러지게 되면서 문장 체계의 '효과'도 '부차적인' 것으로 전락하게 된다.
이것이 바로 새로 부임한 바르트의 연구 목적인 것이다: 기호의 파괴를 통한 언어에 저항하는 것으로서의 문학. (문학의 기호학 강좌를 개설하고자 하는 의도가 담겨 있다!) 하지만 자신의 교육 강좌에서 분명히 피해 나가기가 어려운 언어의 사용에 있어서 핵심적인 적대감을 어떻게 변호해 간단 말인가? 어떻게 통제 불가능한 언어 권력으로부터 벗어날 수 있단 말인가? 이로부터 이탈할 수 있는 방법으로 어떤 방법이 있단 말인가?

"글을 써 나가면서 아니면 강의를 해 나가면서 점점 더 나는 이탈 방법을 위한 근본적인 노력이 글을 쓰게 될 때는 산산조각 부서지게 되고, 이를 설명하게 되면 이야기가 빗나가게 되게 되는데, 이를 세련된 애매한 한 마디로 표현하자면 주제를 벗어나는 탈선인 것이다."

자신 스스로가 주장한 내용을 깨뜨리고 자신의 논리가 생각대로 진행되지 않고 빗나가는 것은, 실제적으로 저자와 마찬가지로 독자들에게 자신들 나름대로의 생각을 부여할 수 있게 하는 여지를 남겨두고자 하는 것이다.

시사화하기

언어보호주의

언어는 민족을 구분하는 단위이다. 피히테의 논문이 이를 잘 뒷받침하고 있다는 사실은 널리 알려져 있다. 독일이 프랑스에게 패했을 때 피히테는 열네 번에 걸쳐 행해진《독일 국민에게 고함》(1807-1808)이라는 연설에서 '범게르만주의' 라는 말을 처음으로 사용하였다: 역사가 어찌되었던간에 독일은 독일어를 하는 사람들에 의해 만들어졌다는 것이다.

"몇 세기 전부터 우리 민족에게 일어난 불행한 사건들로 인한 분단과 차별에 대해서 나는 대수롭지 않게 생각하고 있을 뿐만 아니라 이를 단호히 거부한다."

칸트의 제자인 피히테가 즐겨 사용하던 이 민족-언어의 가치에 대한 주장은 당시에는 당연히 정치적인 무력을 한탄하는 것으로 들렸다. 적에게 점령당하고 난 후 군대가 패한 전투를 계속 수행할 수 있는 분야가 문화 분야 이외에 무엇이 있단 말인가?

오늘날 프랑스 의회가 채택한 '언어 보호' 법안도 어쩌면 경제 분야라는 전투에서 패배했기 때문에 그런 것이 아닌가 싶다. 미국 제품들이 프랑스의 대형 마트의 진열장에 넘쳐나고 있는 이 상황에서도 일상적인 생활에서 외래어를 사용하면 법적인 책임을 묻겠다고 하는 장관의 낭만적인 발상은 무엇을 의미하는가? 결국은 이 법안이 채택됨에 따라서 광고에서 외래어의 사용을 금지하게 되었고, 모든 계약서나 심포지엄에서 사용되는 언어는 프랑스어를 사용하도록 강요한 것이다. 더욱 구체적으로 말하자면 '서류상의 기재나 공공 장소나 대중교통의 안내문'은 프랑스어로 작성되어야 하며, 그렇지 않으면 과중한 벌금을 물리도록 한 것이다. '패스트 푸드'라고 말하는 시대는 지나가고 '간이식당'이라고 말해야 하는 시대가 된 것이다. 피히테의 예에서 본 것처럼 '언어 보호' 장치는 대다수의 경우 하잘것없는 대안일 뿐이다. 가트 협상이 체결된 지 몇달 후에 '언어 순화' 정책이라는 이 방안은 혼란에 빠지게 된 듯하다. 결국 불순한 외국 기피증은 민족 자존심으로 쟁기질한 밭에 물을 대주는 꼴이 아니고 무엇이겠는가!

하지만 이러한 일련의 대책이 유발하는 빈정거림의 이면에 대해 잘 생각해 보면 어떤 부조리한 것이 있음을 알아챌 수 있다: 언어는 외래어를 받아들일 때에만 발전할 수 있는 것이다. 언어적 통합은 법령으로 결정되는 일도 아니지만 법률에 의해 방해되는 일은 더욱 있을 수 없는 일이다: '칵테일'이나 '스폿(spot)' 아니면 '조깅'이라는 외래어를 국경 밖으로 몰아낼 공권력이 어디 있단 말인가? 사람들이 성공의 꿈을 이룰 수 있는 나라로 인식하고 있는 미국의 언어를 사용하지 못하게 하기 위해서 광고주를 처벌하는 것으로 해결할 수 있을까? 프랑스가 사회 발전의 모델이 된다면 프랑스뿐만 아니라 전 세계가 자연적으로 프랑스어를 쓰게 되는 것이 아닌가. 고대 그리스 시대 이후 사람들은 전쟁에서 패하면 승전국의 언어를 사용했는데, 언어는 전쟁에서 승리한 쪽으로 따라가기 때문이다. 프랑스어·스페인어·포르투갈어, 그리고 루마니아어는 로마가 정복했던 국가들의 전리품에 기초해서 구성된 언어들인 것이다. 따라서 미국과 싸워서 이기거나, 아니면 미국의 들러리가 되든가 해서 적어도 미국과 동등하게…… 아니 죄송!……평등하게 되도록 노력해야 할 것이다.

자유주의

정의하기

권력제한주의

1812년 스페인 헌법 기안자들은, 군주제라는 절대주의는 마침내 막을 내렸고 개인의 자유는 수호되어야 한다라고 주장하였기 때문에 **자유주의자**(liberales)라는 이름을 얻게 되었다. 정치적인 의미에서 자유론자라는 단어를 살펴볼 때 그들은 최초의 자유주의자들이었다.

그들이 정의내린 자유란 외부적 강제의 부재, 즉 속박에 대한 부정적인 의미로 정의되었다는 것에 주목하여야 할 것이다. 따라서 그들이 말하는 자유는 국가 권력에 한계를 두자는 의미와 일맥상통하는 것이다. 자유주의(libéralisme)는 경제에 있어서 국가가 시장 법칙에 최소한으로 개입하는 것처럼 시민들의 공적·사적 생활에 대해서도 국가의 개입은 최소로 해야 한다고 주장한다. 그렇다고 해서 최소한의 국가 개입이 최소한의 법을 의미하는 것은 아니다. 하예크가 다음과 같이 강조한 것처럼 법은 반대로 자유를 보장하기 때문이다:

"일반적이고 추상적인 의미에서 우리 자신들에게 실제적으로 적용된다는 구체적인 기준 없이 만들어진 법을 따를 때, 우리는 다른 사람들의 의지에 따르는 것이 아니기 때문에 결과적으로 우리는 자유인 것이다."

《자유주의 구조》

자유주의론자들에게 있어서 이 말의 의미는 국가의 개입은 제한하면서도 법의 지배는 보장해야 한다는 것을 의미하는 것이다.

| 내용 구성하기 |

고대의 자유와 현대의 자유는 무엇이 다른가?

■ 신민-시민의 출현은······

존 스튜어트 밀은 1859년에 쓴 《자유론》에서 정치적 자유를 사회가 개인에게 행사하는 권력에 대한 일련의 제한으로 정의하면서 다음과 같이 부연하였다:

"자유는 인류 중에서 가장 문명화된 집단이 현재 진입해 있는 진보의 시대에서는 새로운 형태로 나타난다."

이 새로운 자유는 고대의 자유와는 서로 동떨어진 것처럼 보인다. 5세기 고대 아테네인이 누렸던 정치적 자유와 19세기 영국의 부르주아 계급들이 누렸던 자유는 근본적으로 무엇이 다른가?

고대에서는 노예가 아닌 자유 시민만이 인간 취급을 받았다. 이들은 모든 경제적인 의무로부터 자유롭고 인간의 기본적인 욕구를 해결하는 문제에 얽매이지 않은 부류이다. 정치는 인간의 본능적인 문제들이 사회 중심에서 바깥으로 밀려나거나 가정이라는 개인적인 공간으로 국한되는 것으로 끝이 나면서 시작된 것이다. 따라서 감성적인 집착이라는 의미에서 개인적인 문제들은 아고라 광장에 발을 붙일 수 없었던 것이다. 정치적 자유는 공동 이익을 위한 일반적인 노력 속에서, 그리고 다수 의견을 수용하고자 하는 의지에서 표현된다. 개인이라는 개념조차도 사회유기체론 속에 녹아 있는 것이기 때문에 사회와 개인 간의 마찰은 거의 일어나지 않는 것이며, 시민과 정치라는 말은 어원적으로 보면 동의어이기 때문에 시민과 정치와의 충돌도 일어나지 않는 것이다. 따라서 정치적 자유를 모두가 느낄 수 있는 것이다.

근대화와 더불어, 다시 말해 사태에 대처하는 지배 권력의 조치들을 (진보 개념을 암시하는) 학문의 도움으로 간파한 '신민' 들이 들고일어난 혁명과 더불어 **자유는 개인적인 면으로 부각되었다.** 만약 정치적 자유에 대한 우리의 입장이 바뀌었다면 이의 정확한 의미는 사회가 개인주의를 발견했다는 것이다.('개인' 참조) 이 개인주의는 결국에는 모든 자유 시민이 공유하는 신념과 함께 발전한다.

■ **정치적 자유라는 의미를 근본적으로 바꿔 놓았다.**

개인이라는 개념은 사실상 자유와 평등의 접목이라는 생각을 갖도록 해주었으며, 이것이 진정으로 계몽 시대의 인본주의의 목표처럼 보여졌던 것이다. 정치적 자유는 인간들 사이에 평등을 인정하는 데서 유래되었고, 이전 시대에 자연주의론자들이 연구에 몰두했던 인간 본성에 대한 새로운 정의를 내리는 데 있어서 나타나는 문제에 대해 권위 있는 자들이 찾아낸 해결책이었던 것이다.

따라서 이런 '에너지,' 즉 창조하는 자유, 행동하는 자유는 결국 개인들 속에 있는 것이다. 그리고 이러한 자유 속에서 현대 사회와 자유론자들은 희망을 가지게 되는 것이다. 따라서 더 이상 연대감을 가질 필요가 없는 사회에 대하여 마침내 자기 자신의 지배자가 된 개인을 보호하는 것이 중요하게 되었다. 이러한 조건에서는 **왜 권력의 균형이 모든 자유**

주의 체제의 연결고리처럼 여겨지는지 그 이유에 대해서 훨씬 더 이해하기 쉬울 것이다. 사법부와 같이 입법부에서 독립된 행정부는 시민 개인에게 새로운 정치적 자유의 공간을 마련해 준다. 이 세 권력 기관들은 각각 서로를 통제하거나, 아니면 오히려 다른 두 권력 기관과 균형을 이루면서 권력은 더 이상 통치자와 피통치자라는 도식을 모방한 절대적인 종속 관계로 나타나지 않는 것이다. 시민에 대한 새로운 정의는 사회를 위한 새로운 제도들을 만들어 내게 하는 계기가 되었다.

심화하기

《현대의 자유에 관하여》
뱅자맹 콩스탕(1797)

계몽 시대 말기에 《사회계약론》에 대한 논쟁과 토론은 끊임없이 지속되었다. 콩스탕이 진정으로 정치적 자유주의 선언이라 할 수 있는 이 《현대의 자유에 관하여》라는 저서를 출판하고자 했던 의도는 특별히 루소와 그의 저서인 《사회계약론》을 반박하기 위해서였다. 콩스탕은 실제로 '사회계약론'이라는 개념조차도 반대해서 들고일어났다. 이 '사회계약론'이라는 개념은 루소가 처음으로 생각해 낸 것도 아니었다. (이 개념은 17세기에도 이어져 내려오고 있었다.) 단지 루소는 이 개념을 대중화시켰을 뿐이고, 혁명으로 인해서 득을 보았을 뿐이다. 야망으로 가득 찬 이 젊은 정치가에게 사회 계약이라는 개념은 정치적인 자유를 보장해 주기는커녕 '모든 종류의 독재주의 형태에 있어서 가장 혐오스러운 보조 수단'으로 비추어진 것 같다.

실제로 루소의 주장에 의하면, 일반 의지에 대한 복종은 각 개인들에게 결코 어느 누구에게도 더 이상 복종하지 않아도 되는 기회를 부여해 주는 것이라고 믿게 만들었던 것 같다. 콩스탕은 이러한 기만을 폭로하고 싶었던 것이다:

"모든 사람들에게 헌신하면서도 실제로는 아무에게도 헌신하는 것이 아닌 일이 벌어진다: 사람들은 반대로 전체의 이름으로 행하는 사람들에게 헌신하는 것이다."

실제로 루소는 일반 의지로 가능한 유일한 정부인 직접민주주의가 프랑스에서는 적당하지 않다는 것을 모르는 척하고 넘어갔다. 국민들은 항상 대표자들을 선출했고, 이 선출된 대표자들은 열정에 충만해 있고, 자신들의 이익에 집착하는 특별한 사람들이었던 것이다. 이런 견지에서 이같은 사람들이 만든 법이 다른 모든 시민들의 자유를 보장할 수 있다고 어떻게 아직도 믿을 수 있겠는가? 그래서 법의 지배로는 결코 진정으로 개인의 자유를 보장할 수 없고, 국가는 일반 보편적인 방법으로 개인과 융합할 수 없다는, 그래서 개인간의 관계 영역과 같은 것을 포함한 사회와 국가 간에는 최상의 의도로도 채워지지 못하는 깊은 골이 존재한다고 콩스탕은 설명하였다. 콩스탕과 함께 시민 자유를 보호하는 공권력에 의해 책임을 진다는 관점에서 불신의 시대가 열린 것이다. 전체의 이름으로 행동한다고 주장하는 사람들에 대하여 결국에는 가장 신랄한 의심을 표출하는 것이다.

뱅자맹 콩스탕은 또한 낭만주의 소설가이기도 하다. 그는 인간은 자기 자신만의 고유한 시각만을 인정하고 있다는 사실을 알고 있었다. 그러면 《아돌프》의 저자에게 개인은 자기 자신의 열정과는 다른 이야기를 할 수 있다는 것을 어떻게 받아들이게 할 것인가?

시사화하기

방종적인 자유주의에 관하여

기자들이 새로운 신조어를 어휘화해서 사용하는 표현들이 있다. 다시 말해서 언어 사용에 있어서 일단 한번 말을 만들어 내면 그 다음에 사람들은 아무 생각 없이 그 말을 그대로 받아서 사용하는 것이다. 이렇게 생겨난 말 중에 평론가들이 경제 규제 완화라는 거의 새로운 경험에 대한 관찰을 하게 되면서 일간지 기사에 미국의 레이건 대통령과 영국의 대처 수상과 함께 사용되는 **극단적 자유주의**라는 말이 있다. 일명 '무지막지한 자유주의(libéralisme sauvage)' 라 불리는 극도의 자유주의는 사람들이 상상하는 것보다 훨씬 더한 것이다.

이 표현을 처음 접하는 사람들에게는 모순어법(강력한 표현을 위해 서로 모순되는 말을 결합시키는 방법)[예를 들어 '부드러운 폭력' 과 같은 표현]의 형태를 취하고 있다는 생각을 느끼게 만든다. 개인의 자유를 지켜 준다고 주장하며, 결과적으로 사회에서 인간 본질의 특성 중의 하나인 자유를 보전해 준다는 자유주의가 어떻게 야생이라고 하는 자연이라는 뜻과 짐승처럼 잔인한 사람을 의미하는 '미개한(sauvage)' 이라는 표현을 쓸 수 있는 것인가?

하지만 여기서 말하는 자유를 살펴보면, 이 자유는 개인의 자유에 대한 국가의 간섭을 배제하고 개인이 자유를 책임지도록 하는 것이기 때문에 국가가 개입하게 되면 개인의 자유가 위협받을 수 있는 점을 강조하고 있다. 사실 극단적 자유주의라는 말도 이러한 관점에서 보면 국가 권력에 의해 지나치게 체계적인 사회를 거부한다고 표현한 것이다. 어떻게 보면 무정부주의를 옹호하는 냄새가 나는 듯하다. 실제로 절대자유주의와 무정부주의자들의 주장이 국가의 권력을 부정한 데 있다는 것을 염두에 두고 생각하게 된다면 말이다. 세바스티앵 포르는 《무정부주의 백과사전》에서 다음과 같이 말했다. "권위를 부정하고 권위에 맞서서 싸우는 자는 누구나 무정부주의자이다." 따라서 자유주의와 무정부주의는 개인을 구속하고 예속시키는 모든 것을 거부한다는 면에서 'sauvage, 야만적'이라는 공통점을 가지고 있는 것이다. 그러므로 1849년 12월 3일자 《민중》지 사설에서 다음과 같이 말한 내용을 보고 놀랄 필요는 더 이상 없는 것이다:

"진정한 혁명가는 본질적으로 자유주의자이다."
(Le véritable revolutionnaire est essentiellement libéral.)

이 문장에서 '본질적, essentiellement'이라는 단어에 대해 신중히 생각해 보아야 한다: '본래, par nature' 혁명가는 사회 질서를 파괴해야 한다고 주장하면서 그 사회 질서에 반하여 행동하는 사람이다.

자 유

정의하기

천부적 자유

자유는 행동에서 느낀다. 자유는 사실 자신의 성격이나 자신의 환상, 또는 자신의 의지에 따라서 외부적인 강제를 받지 않고 행동하는 사람들의 성품을 지칭하는 말이다. 자유의 개념에 대하여 연구할 분야는 상당히 넓다: 신체적 자유, 도덕적 자유, 시민 자유 등…… 모든 경우에 있어서 자유란 자신 스스로 결정하는 능력을 가리킨다. 르네 데카르트는 1641년 5월 7일자 편지에서 이 자유의 위대함이란 스스로 결정하는 데 있어서 매우 용이하다든지, 최악의 방법이나 최선의 방법이라는 적극적인 능력을 사용하는 것이라고 명확히 밝히고 있다. 따라서 자유의 힘은 우리의 본성에 의하거나, 아니면 반대로 철저한 계산하에 이익을 추구하기 위하여 행동할 때 느끼게 되는 것이다. **자유가 마치 인간임을 구별되게 하는 독특한 특징인 것처럼 신은 인간이 목적 의식을 가지고 악을 행하도록 내버려두었던 것이다.**

결론적으로 1789년에 선언된 자연권의 맨 첫 줄에 인간 본성을 구성하고 있는 자유라는 내용이 있다고 해서 놀라거나 할 필요는 없다. 하지만 이 자유 덕택에 인간들은 자신들의 인간성을 규정하게 되는데, 그러면 사회 내부에서 자유가 억제되는 것은 무엇이란 말인가? 정치는 자유를 발전시키도록 하는 것을 목적으로 하는 것인가, 아니면 자유를 발전시키도록 하기 위해서 자유를 강요하는 것인가, 아니면 자유를 상실하게 만드는 구속을 강제하는 것인가?

내용 구성하기

정치는 인간을 자유롭게 만들어 주는가?

■ 사회에서……

인간은 정치 공동체의 일원일 경우에만 자유를 누릴 수 있다. 적어도 그리스인들은 그렇게 생각했었다. 이 의미는 자유를 표방하는 데 있어서 국가 질서는 필요한 조건이라는 것을 밝히고 있는 것이다. 철학자 알랭은 자유와 질서의 개념이 서로 상호 작용한다고 생각하였다:

"사회 질서와 자유는 서로 분리될 수 없는 것이다. 왜냐하면 끊임없이 지속되는 힘의 대결이라는 개인들간의 알력 속에서는 어떠한 자유도 포함하고 있지 않기 때문이다. 이렇게 되면 인간의 생활은 어떻게 될지 모르는 동물의 생활과 같은 것이 되는 것이다."

《정치론》

자유에 대한 경험은 정치 질서라는 보호 아래서만 가능한 것 같다. 그러나 한편으로는 이 정치 질서라는 것이 또한 자유에 대한 위협처럼 느껴지기도 하는 것이다. 따라서 한나 아렌트는 다음과 같이 주장하였다:

"어쨌든 간에 자유가 정치로부터 벗어날 수 있는 가능성을 보장하기 때문에, 또한 그렇게 하는 한에서만 정치와 자유는 양립한다고 우리들 모두가 그렇게 믿고 있는 것은 아닌가?"

《문화의 위기》

사실 자유에 대한 위협은 정치에 대해 엄청난 실망을 안겨 준다는 사실을 역사를 통해 알 수 있다. 사회가 시민들의 자유를 보장하지 못하게 되면 시민들은 그 사회를 등지고 자유를 표방할 수 있는 새로운 환경을 찾아나섰던 것이다. 아테네 민주주의의 실패는 아테네를 독재 국가로 후퇴시켰으며, 스파르타와의 전쟁으로 이어지게 만들었고, 결국에는 마케도니아인에게 패함으로써 4세기부터는 시민들에게 아테네를 떠날 궁리만을 하게 만들었던 것이다. 아고라는 텅 비었다. 그때서야 시민들은 양심을 심판하고 의식의 자유가 있었던 아고라 광장이 그래도 덜 실망스러운 장소였음을 깨닫게 되었던 것이다. 헬레니즘, 향락주의, 그리고 스토이시즘의 학자들이 원칙적으로 설명하고자 했던 것은 바로 이러한 교훈이었던 것이다.

■ 사람들은 완전한 자유를 누리는 것이다.

그럼에도 불구하고 이 '의식의 자유'라는 것은 임시변통에 불과하다는 것이다. 이것은 자유 실천의 근본에 대한 시시비비를 가리지 않고 있다는 실망에서 유래된다. 만약 정치가 가끔 우리들에게 자유에 대한 확신을 주는 데 실패한다면 정치는 가장 직접적이고, 그리고 가장 최선의 방법(이 수단 덕분에 이러한 자유는 인정되는 것이다)으로 남지 못하게 되는 것이다.

사실 만약 자유가 정치적인 도움 없이 잘 행해지지 못한다면, 그것은 행동 속에서 자유와 정치가 둘 다 표출되기 때문이다. "자유롭게 존재하는 것과 행동하는 것은 별개의 것이 아니다"라고 한나 아렌트는 말했다.

이 말의 의미는 자유는 **절대적으로** 항상 확실한 결과에 대한 동기나 목적을 가지고 자유롭게 행하는 행동 속에서만 느낀다는 말이다. 그러면 우리가 다른 원인이나 결과를 생각하지 않고 즉각적으로 단지 필요에 의해서만 행동할 수밖에 없을 때는 언제인가? 예상치 못한 돌발적인 상황 때문에 기대했던 결과로부터 다소 엉뚱한 방향으로 흘러가게 만드는 경우는 언제인가?

한나 아렌트가 이런 행동의 자유에 대해 가장 어울리는 예를 virtù(이 용어는 virtus라는 라틴어에서 유래되어 종종 '힘'이라든가 '용기'로 번역되었던 데 반해 여기서는 권모술수로 번역되고 있다)라는 마키아벨리적인 개념에서 찾은 것도 이러한 이유 때문이었다. 실제로 virtù는 가장 예측하기 힘든 상황을 자신에게 유리하도록 반전시키는 군주의 천부적인 능력을 말한다. 이러한 능력이 진정한 정치적 특성인 것이다. 따라서 아리스토텔레스가 한 말을 다음과 같이 바꿔서 이야기할 수 있을지도 모른다: 정치는 자유를 실천하는 데 있어서 분명히 필요한 조건이기는 하지만, 정치라는 용어는 인간을 통치하고 뜻밖의 행운과 같은 역사의 반항적인 기질을 견뎌내는 '군주의 행위'라는 축소된 의미로 이해되어야 할 것이다.

> 심화하기

《인간 불평등 기원론》
장 자크 루소(1755)

1750년에 이미 그랬던 것처럼 루소는 디종 아카데미에서 과학과 예술의 진보에 대한——좋은 결과였건 나쁜 결과였건 간에——결과에 대해서 시험으로 출제된 문제에 대해 답을 제시하기로 선택하였다. 이번에는 인간 불평등 기원에 관한 문제였다. 정확히 "인간 불평등의 기원은 무엇이며, 이는 자연법에 의해 정당화되는가"라는 이 문제는 인간 본성의 핵심적인 성격을 끌어내도록 하는 데 목적이 있었던 것이다. 인간은 본래부터 불평등한 것인가? 실제로 루소는 단숨에 초안을 작성해 나갔다: "내가 말하고자 하는 내용은 인간에 관한 것이다……." 이 논리 전개는 쉽사리 해결될 문제는 아니었다. 실제로 인간에 대해 **알아보기** 위해서는 먼저 인간에 대한 **식별**이 필요할지도 모른다. 인간의 영혼은 이 점에서 사회에서 생활의 발전과 함께 변질되었기 때문에 본성을 파악하기란 거의 불가능한 일이었다. 따라서 이에 대한 모든 진지한 연구는 헛수고이기 때문에 사실적 관계를 떠나서 시민 사회가 부패하기 전에 인간은 어떠했는지를 생각해 보아야 한다.

루소가 심사숙고해서 제시한 전형적인 가정(假定)은 인간은 인간 본연의 자유를 상실했다는 것을 설명하기 위해서이다:

"전에는 자유롭고 독립적이었던 인간은, 모든 인간의 본능에 예속된 새로운 욕구가 늘어남에 따라, 그리고 특히 노예가 된 사람들의 주인이 되면서 부자는 노예들의 시중을 필요로 하고, 노예들은 주인의 원조를 필요로 하게 되었다."

자연 상태에서는 인간은 자신들의 생활을 뒷받침해 주는 천혜의 자연에만 종속되어 있다. 이런 자연 상태에서 가끔은 인류의 존속을 유지할 수 있도록 해주는 배우자의 만남을 가로막기도 하지만, 그래도 인간은 아주 행복한 고요함 속에서 혼자 조용하게 살았다. 하지만 천재지변으로 인해서 인간들은 어쩔 수 없이 어느 날 자신의 힘과 다른 사람의 힘을 합칠 수밖에 없게 된다. 인간은 자신과 비슷한 사람들을 필요로 하게 된다. 자연이 만족시켜 주지 못하는 욕구를 발견하게 되면서 사회가 탄생하게 된 것이다. 이 욕구는 인간들을 서로 연결시켜 주도록 만들어 줌으로써 끊임없는 비교를 하게 만들고, 자만심을 키우게 만들며, 지배 의욕을 부추긴다. 자기와 비슷한 사람들에 대해 독립적이었던 천부적인 자유는 그렇게 해서 영원히 상실하게 된 것이다.

루소가 말한 내용의 특징은 단지 그가 취한 사고 방식의 형태를 나타내는 것일 뿐만 아니라 동시에 자유의 개념과 평등의 개념을 연결시키고자 하는 의도를 표현하고 있다. 사실 자유는 평등에서 생겨나는 것이다. 인간은 모두 자연 앞에 평등하고, 누구의 구속도 받지 않는다. 사회는 개인들이 전념하고 있는 경쟁으로 발전하게 된 불평등에 기초하고 있기 때문에 사회 구성원들을 강제로 예속 상태에 처하게 만드는 것이다:

"인간은 자유인으로 태어났고, 그리고 대다수가 노예 상태로 산다."

《사회계약론》의 정치적인 목적은 영원히 상실된 자연 상태를 되살리고자 하는 목표가 아니라 **평등이 보장할 수 있는 이 자유**를 되찾기 위한 목적을 담고 있는 것이다.

시사화하기

동일한 자유, 자유가 없는 평등

발전이 반드시 자유를 가져다 주는 것은 아니다. 예를 들면 루소는《예술과 과학에 관한 서설》에서 시민들이 견딜 수 있을 만큼의 억압을 하는 방법으로 '누추한 옷을 가리기 위해 입는 외투'조차도 이용된다고 설명하고 있다. 물질적인 풍요와 정치적인 자유는 서로 부합하기가 어려운 것이다.

1964년 허버트 마르쿠제는 《일차원적 인간》이라는 제목의 에세이에서 발전을 절대시하며 개인의 자유를 중시하는 사회라고 자처하는 '선진 산업 사회' 이데올로기에 대해 자세히 분석하였다. 그는 이 저서의 첫 부분에서 다음과 같이 단언하고 있다:

"민주주의라는 범주 내에서 물질적 풍요, 효율성, 이성, 그리고 자유의 부재. 이것이 바로 선진 산업 사회의 특징이고 발전이라는 것은 단지 기술적인 분야에 있어서 발전일 뿐이라는 것을 보여 주고 있다."

그렇다면 루소의 주장이 옳다고 해야 하는가?

사실 마르쿠제는 표면적으로 나타나는 모순에 대해서도 지적하였다: 산업 사회는 민주주의적인 헌법을 채택하고 있다는 것이다. 이는 법치 국가의 형태를 띠고 있고, 기술적인 발전에서 개인의 자유를 발전시키는 단계로 나아가고 있다고 주장하고 있다. 기술적인 발전은 인간이 안락하게 삶을 영위하도록 나날이 물질적인 풍요를 더해 줌으로써 인간을 고생과 노동과 고통으로부터 '해방'시켜 준다는 것이다. 하지만 이러한 '해방'이 인간에게 새로운 자유를 부여해 줄 수 있는 것인가? 산업 사회에서 자유라는 개념은 사람들을 매료시키는 중요한 역할을 하고 있다. 시민 개개인들은 사회라는 공간 속에서 자신들이 선택의 자유와 이동의 자유가 있다는 것을 확인해 보고 싶은 열망을 가지고 있다. 이러한 열망은 만족시켜 주는 것이 바람직하다; 사회 구조에 대한 시민 개개인의 지지를 얻기 위해서는 이런 대가를 지불해야 하는 것이다. 그렇다고 해서 개개인의 열망을 모두 들어 줄 수는 없는 일이다. 그래서 현대 산업 사회는 아주 효과적인 술책을 창안해서 사용하고 있다고 마르쿠제는 지적해 냈다: 그것은 기만적 자유라는 것이다. 이 자유는 사전에 가격을 조율해 놓은 가격 경쟁의 자유, 스스로 알아서 검열하게 만들어 놓은 출판의 자유, 그리고 같은 제품에 다른 상표만 붙여 놓고 상표를 고르게 하는 선택의 자유인 것이다. 무늬만 자유인 이러한 자유는 항상 '선택'이라는 연출을 통해서 이루어지는 것이다. 선택이라는 것은 반드시 보장되어야 한다. 하지만 이 선택이라는 것이 궁극적으로는 차이가 없는 것들 속에서 이루어지고 있다는 것이다. 브랜드 숫자의 증가와 각자의 선택에 따라 조합해서 사용할 수 있는 선택의 폭에 대한 증가는 개인주의적인 성향이 강한 사람들에게 자기 만족을 채워 줄 수 있는 기회도 주지만, 동시에 어이없게 만들어 버리기도 하는 것은 이 때문이다. 모든 것이 가능한 것처럼 보이게 되면 모든 것은 차이가 없게 되는 것이다. 기만적 자유란 데카르트가 네번째 형이상학적인 명상에서 규정한 '차이가 없는 자유'인 것이다:

"별반 차이가 나질 않기 때문에 이쪽에서 다른 쪽으로 마음을 돌리지 못할 때 내가 그게 그거다라고 느끼게 된다면, 그것은 가장 등급이 낮은 자유를 누리는 것이고, 이는 의지가 확실하다라는 장점보다는 지식이 부족해서 그렇다는 단점으로 비쳐지게 만든다."

대형 마트의 상품 진열대 앞에서 망설이는 구매자, 기표소 안에서 더 이상 누구에게(그들은 모두 비슷비슷하다) 투표할 것인지를 정하지 못한 투표자, 이들은 가장 낮은 단계의 시민의 자유를 누리고 있는 것이다.

주인과 하인

정의하기

자크[프랑스 농민을 지칭하는 별명]가 없으면 주인도 없다

"자크가 그의 주인에게 이렇게 말했다. '자크가 영원히 살아 있는 한 그의 주인도 영원히 살아 있을 것입니다. 그리고 둘 다 사라진다 할지라도 사람들은 자크와 그의 주인이라고 말할 것이라고 저기에 씌어 있습니다.'"

디드로의 소설에 나오는 이 무명의 주인은 자기 하인이 하는 예언을 완전히 무시해 버린다. 그렇다 할지라도 전혀 놀라울 것은 없다. 자크는 이를 체념하고 받아들일 수밖에 없으며, 게다가 자기 주인을 피가로 백작처럼 받들어 모실 수밖에 없기 때문이다. 하지만 전혀 바뀌지 않을 것이라 믿었던 신분 변화는 특권층의 기대를 저버리지 않았는가. 그리고 주인은 하인에게서 자신의 스승을 만나게 되질 않았는가!

이 코미디는 몇 세기 동안에 걸쳐서 완만하게 진행되어 온 상황의 반전을 회고하고 있다. 몰리에르에 의해서 하인은 벌써 주인공 역을 차지하게 되었다. 하인은 자신이 모시고 있는 귀족의 관점에서 보면 항상 충직한 하인처럼 보여지지만 내심으로는 자신이 우월하다는 생각을 가지고 있었다.

18세기에 마리보와 보마르셰는 자신이 모시고 있는 주인에게 반항할 뿐만 아니라 그들을 가르치기까지 하는 하인들을 묘사하였다: dominus (라틴어로 집주인이라는 뜻)는 자신의 하인에게서 magister(교사)와 같은 면을 발견하게 된다. 이 하인은 현실에 밝기 때문에 사실상 이 코미디 속에서 드러나는 것을 능수능란하게 발전시켰다. 그는 너무나 물질만능주의적인 주인에 비하여 현재 자신을 최고의 상황으로 올려놓게 하는 정보를 사회로부터 얻어낼 줄 알았던 것이다.

주인과 그의 노예를 결합하는, 그리고 사장과 그의 직원들을 결합하는 변증법적 관계의 핵심은, 독일의 철학자 헤겔이 《정신현상학》에서 변증법을 표명하기 이전에 벌써 계몽 시대의 문학에서 감지되었던 것이다.

내용 구성하기

주인이란 무엇인가?

■ 주인(Maître)이란……

라틴어에서는 교사(magister)와 노예의 주인(dominus)을 구분해서 지칭하지만 프랑스어에서는 주인(Maître)이라는 한 단어로 이 모두를 표현한다. 이는 지배하는 교사와 마을을 엄격하게 다스리는 교육자적인 위대한 군주라는 혼동된 의미를 품게 만들지는 않을까?

물론 이 단어의 어원을 살펴보면 의미에 대한 구별은 그리 어렵지 않을 것이다. Maître라는 단어는 magister라는 단어에서 유래된 것이다. 이 유래에 따른다면 **모든**(tous) 교사들은 주인(Maître)이란 말인가? 만일 내가 **어떤**(un) 주인(Maître)인 교사나 교수에 대해 말한다면 혹시 전혀 다른 이야기가 되는 것이 아닌가? 교수와 나의 관계를 특징짓는 프랑스어의 부정관사 용법에는, 이 교수는 'Profs'[professeur를 줄여서 이렇게 부름]라는 애칭으로 부르는 것처럼 교수(Profs)라는 집단에 있는 사람이라는 보충적인 인식을 포함하고 있는 것은 아닐까(Prof는 일곱 난쟁이 중의 하나임)?

■ 지배자(Seigneur)와 같이 교육자와 구별되는 말로서……

주인(Maître)이란 나에게서 권위를 인정받고 있으며, 또 그 권위를 통해서 나의 특별한 신망을 받는 사람을 말한다. 권위의 토대가 되는 것은 교육자(magister)의 합리적 사고 방식도 아니고 지배자(dominus)의 힘도 아니기 때문에 정확히 말해서 교육자나 지배자는 권위가 없는 것이다. 하지만 주인은, 주인과 그의 위상을 인정하는 나와의 관계를 연결시켜 주는 재능이 있는, 권위가 있기 때문에 교육자와 지배자와는 다른 것이다. 이는 몽테뉴가 라 보에티에게 한 "왜냐하면 그는 그이고 나는 나이기 때문이다"라는 말과 흡사하며, 나의 인간 형성이 그의 손에 달려 있는데도 불구하고 결과적으로 그런 주인과 친분 관계가 될 수 있다는 사실 또한 신비로운 일이 아닐 수 없다. 주인은 라틴어 augeo(성장시키다)라는 동사의 의미로 살펴볼 때 창조자인 것이다. 그의 권위는 내가 내 자신에게 하는 폭넓은 이타성에 대한 요구가 자기 자신에게 시련을 가져다 준다는 것을 깨우치도록 진가를 발휘한다.

■ 그의 권위가 인정받는다는 점에서 구별되는 것이다.

사실 주인에 대한 관계는 분명 변증법적인 관계이지만 이 변증법에서 상충과 충돌을 초월한다는 조건에서만 이 관계가 성립되는 것이다. 이는 더 이상 지배도 아니고 지도와 교육하고도 관계가 없지만, 자기 자신을 인정받기 위해서는 다른 사람의 출현은 불가피한 것이다. 거의 성스러움에 가까운 찬양으로 주인은 감탄하게 되고, 사람들을 속이지도 또 그 위에 군림하지도 않으면서 자신을 따라오게 만든다. 그는 신비스럽게도 사물에 대해 자신이 생각하고 있는 방향으로 시선을 유도하고, 그가 표현

나에 대한 인정이 내가 그를 인정하는 데서 비롯되었다는 것을 알았을 때 나타났다가 사라진다. 나는 현재 내가 느끼고 있는 매혹감이 성스러운 것임을 깨닫는다. 주인은 따라서 나의 세계에서 자신을 드러내는 것이다: 하이데거는 자기 자신 속에서 자신의 주인을 보는 사람에게 다음과 같이 설명하였다. "종 위에 내린 눈은 종이 울릴 때 녹는다"라고.

심화하기

《자발적 종속》
에티엔 드 라 보에티(1549)

보에티가 명확하게 밝히고자 시도했던 진정한 문제는 어떻게 하나의 권위에 다수가 복종할 수 있는가 하는 문제였다. 자유는 사람이 타고난 본성인데도 불구하고 어떻게 인간들은 예속 상태를 견디어내는가? 무엇보다 인간이 동물과 다른 점은 사실 자발적으로 종속 상태를 받아들인다는 점이다:

"만약 인간들이 잘 알아듣지 못한다면 동물들은 큰 소리로 사람들에게 이렇게 외칠 것이다: 자유 만세!"

더구나 이러한 예속 상태가 분명히 자발적이라는 사실에서 더더욱 이상하게 생각하지 않을 수 없다. 억압을 당하고 있는 쪽은 다수이기 때문에 종속 상태에서 벗어나는 일은 실제로 그리 어려운 일은 아닐 것이다: 독재자는 군중의 의지에 반해서 무엇을 할 수 있단 말인가? 따라서 예속 상태는 부자연스러운 것임을 알 수 있다:

"인간들은 하나밖에 없는 자유를 조금도 열망하고 있지 않다는 것이다; 다른 이유는 하나도 없다. 단지 인간들이 자유를 획득하고자 한다면 얻을 수 있는데도 그렇게 하지 않을 뿐이다."

본래 인간은 분명 영향을 쉽게 받는 성격을 가지고 있지만 반면에 이성적이기도 하고, 남에게 구속을 받고 싶어하지 않는다. 이런데도 어떻게 이해할 수 없는 것들을 이해하는지 모르겠다.

라 보에티는 이런 상태의 현실에서 두 가지 면에 있어 자연적인 것과 어긋나 있다는 것을 밝혀냈다. 먼저 지배를 받는 사람들은 일반적으로 게으르고 경박하며 쉽게 단념하는 경향이 있다. 그들은 자신들 대신에 제삼자가 결정을 내리게 하는 것이 훨씬 편하다고 생각한다. 그리고 지배자의 경우, 그들은 독재라는 악순환 속으로 자신들을 내맡긴다. 왜냐하면 그들은 권력은 권력을 낳고, 그리고 권력의 힘은 무한하다는 것을 간과했기 때문이다:

"전제적인 독재자는 모든 사람들에게서 모든 것을 빼앗는다."

보에티는 또한——이 점이 아마도 가장 흥미로운 부분일 것이다——독재자는 자신의 지배 체제를 유지하기 위해서 자신이 지배하는 사람들과도 결탁할 줄 안다는 것을 지적하였다. 이러한 지배자의 술수는 지배를 당하는 사람들 자신이 자신들을 예속 상태로 되도록 공모하게 만드는 것이다: "전제적 폭군은 그렇게 신민들을 예속시키기 위해서 또 다른 신민을 방법으로 사용하는 것이다." 이러한 발상은 새롭고 중요한 것이며, 다음과 같은 것을 시사해 주고 있다. 먼저 자발적 예속의 원칙은 어쩌면 독재자가 만들어 낸 피라미드형 종속 관계라는 면에서 연구해 보아야 한다는 것이다: 군주 국가의 독재자에 대해 문제를 제기하는 것은 각 개인이 사회에서 누리고 있는 이런저런 자격을 가지고 행하는 독재 행위를 문제삼고자 하는 일이 될 것이다. 실제로 지배를 받는 사람들도 각각의 사회적 위치에 따라서 지배하는 역할을 행사한다. 주인에게 복종을 하는 사람들조차도 주인이 자신들에게 복종하게끔 만들어 준 사람들로부터 신봉을 받는 것이다. 따라서 예속 상태가 지배 의도의 구조에 필요한 조건이라는 것을 고려한다면 예속 상태는 자발적이 되는 것이다. 겨우 웃음거리밖에 되지 않는 하찮은 자기 권력을 위해서 비굴해지지 않으려고 하는 '중간 보스'가 어디 있단 말인가?

시사화하기

신(新)자유민

로마에서는 주인과 노예 사이에, 조건적이지만 남에게 구애받지 않는 계급을 만들어 놓았다. 이 계급에 속하는 자들은 자유민이다. 자유민이란 자신의 주인을 더 이상 섬기지 않아도 되고, 독립적이고 자기 뜻대로 행동하며, 자신의 부(富)를 위해서 일하는 자유를 가진 자들로서 남의 구애를 받지 않는 자들이다. 하지만 자유민이 누리는 자유란 부분적인 자유일 뿐이지 결코 로마 시민과 같은 자유는 아니었다. 단지 자유민의 자식 세대부터 로마 시민들이 가지고 있는 전적이고 완전한 자유를 획득할 가능성이 있었던 것이다. 자유민은 시민으로서의 자유는 누리지만 정치적인 자유는 없었던 것이다. 그렇다 하더라도 자유민은 부를 축적할 수 있었기 때문에 백만장자가 되는 사람들도 있었다. 이러한 부는 로마 제국의 수뇌부에 진입할 정도로 영향력이 있는 것이었지만 결코 시민의 품위에 상응하는 존경심을 받도록 해주지는 못했다.

만약 현대의 노사 관계 속에서 고대 천민 경제라는 낡아빠진 수법을 보기 위해서 노동 세계를 주인과 노예 관계로 바꾸어 생각해 보면, 오늘날에도 자유민을 연상시키는 제3의 사회 현실을 찾아볼 수 있는 것은 아닐까?

사실 경제 상황이 위기로 치닫게 되면서 **수많은 봉급쟁이들은 자신들이 직접 창업을 함으로써 고용주로부터 벗어나려고 애를 썼다.** 국가의 도움과 프리랜서라고 하는 일종의 새로운 자유민이 될 수 있도록 도와주는 수많은 법적 장치는 실업자 시대에 적어도 두 가지 면에서 유리하게 전개되도록 뒷받침해 주고 있다: 기업주는 1명 늘어나고, 실업자는 1명 줄게 될 뿐만 아니라 결국 실질적으로 새로운 고용 창출을 하게 된다. 따라서 상공회의소는 상법, 회계 관리의 기초를 가르치는 단기 교육 과정을 마련하였다. 간단히 말하자면 속성 교육과 적용 방법을 익힌 다음 힘들이지 않고 기업을 경영하게 되는 시대가 온 것이다.

그렇다면 이러한 모험은 새로운 자유를 획득하는 경우에 해당되는가? 경제적인 상황이 호전되기를 기다리면서 모두가 조심스럽게 움츠리고 있는 시기에 창업을 독려하는 것이 대담한 일이라고 느껴지는 이때에 이러한 문제에 대해 의구심을 가질 필요가 있다. 사실 대부분의 새로운 '자유민'들은 이런 문제들 때문에 절망하고 있는 사람들이다. 어쩔 수 없이 경제 활동을 중단할 수밖에 없는 상황에 직면해서 마지막으로 돌파구를 찾으려 할 때, 이러한 시도는 사회적으로 성공할 수 있을까 하는 걱정보다는 최악의 상황으로 추락하지 않으려는 최후의 몸부림으로 보여진다. 생활 수준의 향상과는 거리가 동떨어진 창업은, 새로운 창업주에게는 인생에서 실패한 것처럼 보여지는 것을 피하기 위한 수단이기 때문에 그들은 마지막 희망을 가지고 때로는 자신이 받은 퇴직금 전체를 이러한 모험에 투자하는 것이다. 따라서 도를 뛰어넘는 것은 뒤처지지 않으려는 몸부림이고, 이는 또다시 노예 형태로 되돌아가기 전의 마지막 기회인 것이다.

유물론

정의하기

물질 정신

17세기말 볼프라는 독일 사람은 물질적인 실체나 물체적인 실체만이 존재한다고 주장하는 철학자들을 지칭하기 위해 '유물론자'라는 단어를 창안해 냈다. 그 전까지는 이들을 지칭하는 단어가 없어서 뭐라고 뚜렷하게 지칭하지 어려웠던 것을 지칭할 수 있도록 해준 것이다.

유물론자들은 정신은 물질에 속해 있다고——게다가 정신은 물질 형태 중의 하나라고——주장하였기 때문에 당시의 사회 통념과는 심각한 마찰을 빚었다. 따라서 디드로 · 올바크 · 엘베시우스는 비물질적인 것이라고 생각되는 것도 포함해서 모든 것은 물질로 이루어졌다는 것을 설명하기 위해 데모크리토스 · 에피쿠로스와 같은 고대 원자론자들을 끌어들였다. 이것은 초자연적인 면을 제거하는 것이고, 모든 현상에 대해 설명할 수 있다고 주장하는 것이며, 결국에는 신의 영역을 조금씩 파고들어가게 되는 것이다: 초창기 유물론은 무신론자와 이성주의 사상가들이 만들어 낸 무기와 같은 것이었다. 이 의도는 1758년 엘베시우스의 《정신론》이라는 제목의 작품이 출판되면서 절정에 다다랐다. 《정신론》에서는 고대의 농부들은 생각도 없고, 생각을 구체화할 만한 사고 능력도 없으며, 자신들이 처한 상황에 복종하는 사람들로 묘사되고 있다. 따라서 마르크스는 이 계몽 시대의 철학자들에게 상당히 신세지고 있는 것이다. 그의 작품이 보여 주는 '역사적 유물론'은 사실상 인간은 자신이 처한 사회 환경에서 벗어날 수 없다는 것을 강조하고 있다. (이것이 유물론은 역사적이라는 이유가 되는 것이다.)

《정치경제학 비판》은 다음과 같이 유명한 문장으로 서문을 장식하고 있다:

"자신의 존재를 규정하는 것은 인간의 의식이 아니다. 그들의 의식을 규정하는 것은 거꾸로 자신의 사회적 위치인 것이다."

내용 구성하기

기후가 가장 큰 영향을 미치는가?

■ 기후의 영향은……

《법의 정신》 19권의 14장에서 몽테스키외는 18세기 유물론에 대한 토론에서 다음과 같은 문장으로 포문을 열었다. "모든 영향력 중에서 기후가 가장 큰 영향을 미친다."

이는 무엇보다 명백한 논리를 강조하고자 한 것이다: 자연 조건이 인간 생활에 생리적인 영향을 미치는 것처럼 인간의 성격에도 영향을 미친다. 몽테스키외는 현대 의학이 얻어낸 수많은 연구 결과, 특히 글리슨의 다음과 같은 연구 결과에서 영감을 얻어냈다고 하는 사실은 잘 알려져 있다:

"어느 정도의 뜨거운 온도에서 근육은 늘어나거나 느슨해진다. 따라서 뜨거운 날씨에는 사람들이 의기소침해지거나 무력감을 느끼게 되는 것이다. 반면에 냉기는 근육을 긴장하게 만들어서 어떤 이들은 청명하고 쌀쌀한 날씨가 되면 힘이 생기고 예민한 반응을 하게 되는 것이다."

신체의 기능에 영향을 주는 기후는 행동 변화를 가져다 주기 때문에 이런 관점에서 우리들이 보기에 '야만적'이라고 생각되는 관습이나 풍습도——용서하는 것이 아니라——이해할 수 있는 것이다. 몽테스키외는 뜨거운 태양에 노출된 민족들에게서 나타나는 여인들의 칩거 생활을 예로 들었다. 강렬한 태양의 열기가 내리쬐는 동양에서는 성적으로 조숙해지고, 이러한 성적 조숙은 성적 흥분을 자극하기 때문에 집 안에 있는 여성들은 다른 남자들의 눈에 띠지 않도록 억압당했던 것이다. 따라서 하렘(harem)[회교도의 규방]은 당대에 서양인들이 추구하는 성적인 환상 중의 하나로 발전되어 갔던 것이다.

■ 자연의 영향을 뜻하는 것이고……

하지만 오늘날에 와서는 더 이상 우습거나 무섭지도 않게 된 이 지엽적인 내용의 예보다는, 용어를 사용할 때 그 용어가 말하는 의미에 대해 신중하게 생각해 보아야 할 것이다. '기후'라는 고전적인 의미는 오늘날 우리가 사용하는 의미보다 훨씬 넓은 의미를 내포하고 있기 때문이다. 사실 기후라는 용어는 태양과 관계되는 영향의 특징을——그리스어로 klima——가지고 있는 지역을 지칭하는 것이다. 따라서 여기서 기후란 지역을 뜻하는 것이다. 기후의 영향을 강조한 것은 결국 인간 사회에 미치는 자연의 영향을 말하는 것이다. 게다가 이 자연의 영향은 풍습의 다양한 독창성을 생각하게 하는 것이다. 따라서 인간을 가장 상대적으로 움직이게 하거나 변하게 하는 것은 자연 이외에는 아무것도 없는 것이다. 이러한 주제는 파스칼의 《팡세》에서도 나타난다:

"기후가 변하는 데 따라 성격이 변한다는 것을 긍정하거나 부정할 수는 없지만, (북 또는 남)극의 온도가 3도만 올라가도 모든 판례는 뒤엎어질 것이다."

이러한 생각은 새로운 것이 아니다. 제일 먼저 이러한 생각을 표명한 사람은 아리스토텔레스로서《정치학》제4권에서 이를 다루고 있다. 여기서 그는 자연의 중요성에 대한 인식 속에서 모든 형태의 정치적 고찰이 뿌리를 내리고 있다고 주장한다. 역사는 지역에 따라 달라지는 것이다.

■ 정치학을 창시하게 되는 토대가 된 것이다.

민중들의 정신이나 역사적 현실은 자연이 제공하는 기본적인 물질에 달려 있다고 하는 유물론의 주장은, 진정한 정치학을 구현하고자 하는 목적에서 그를 위한 토대가 되고자 하는 의도를 보여 주고 있다. 학자들이 자연에 관심을 가지게 될 것이라는 시각 덕분에 결국에는 정치학자들이 입법 체계에 대한 효율성이나 비효율성을 분석할 줄 알게 되는 것이다. 단순히 기후(자연)의 변화만으로도 여러 헌법들 중에 어느 헌법이 훌륭한 헌법인가 하는 문제에 대한 답변을 얻어낼 수 있는 것이다. 따라서 몽테스키외는 르네상스 시대의 법률가인 장 보댕의 의도를 따르게 되었던 것이다:

"어쩌면 공화국의 주요 토대를 이루는 가장 중요한 것 중의 하나는 국가를 시민들의 기질에 초점을 맞추는 것이다……. 현지의 자연에 초점을 두고 건물을 짓는 훌륭한 건축가처럼 공화국을 다양한 지역에 맞게 다각화해야 한다."

《공화국 제6권》(1580)

심화하기

《달랑베르의 꿈》
드니 디드로(1759)

'달랑베르의 꿈'이라는 제목은 엄밀하게 말하자면《달랑베르와 디드로의 대화》《달랑베르의 꿈》그리고《대화의 속편》으로 구성된 3부작을 합쳐서 통상적으로 지칭하는 말이다. 뒤늦게 발표된(1830년) 이 세 작품은 난해한 철학을 일상적인 대화의 형식으로 꾸민, 디드로의 유물론 사상을 설명한 것이다. 사실 백과전서파들은 이 유물론자들의 논리를 자신들의 최종 목표로 추진하였다: 모든 것은 물질이고, 인간은 다른 것과 마찬가지로 물질의 결합일 뿐이다. 같은 이유로 모든 생명체는, 보르되(Bordeu; 대화의 상대자 중의 한 사람이자 디드로의 친구) 의사가 '보편적 생화학주의(biochimisme universel)'라고 불렀던 물질의 항구적인 비등(沸騰) 속에서 모습을 띠고 있다는 것이다. 디드로는 아무것도 소멸되거나 생성되지 않는, 후성적(後成的: 생물체에게서 전에 존재하지 않았던 새로운 형태가 나타난다는 후성설이 있다) 과정에 따라서 생명체의 끊임없는 연쇄 반응이 일어난다고 하는 자연의 특징에 대한 연구 결과에 대해 자랑을 하고 싶어하는 자신의 친구인 수학자 달랑베르의 공로로 돌렸다. 상식을 벗어난 듯한 양상이었기 때문에, 따라서 디드로의 유물론은 어떠한 과장적인 것과도 어울릴 수 있게 된 것이다.

"디드로는 1769년 9월 소피 볼랑에게 다음과 같은 편지를 보냈다. 이는 가장 괴상하면서도 동시에 가장 심오한 철학인 것이다; 터무니없는 이야기를 하는 사람들에게 나의 철학에 대해 이야기하게 만드는 몇 가지 묘책

이 있다: 학자들을 끌어들이게 하기 위해서는 가끔 학자들에게 터무니없는 분위기를 조성시켜 주는 것이다."

그러면 달랑베르가 어처구니없어하는 그의 정부(情婦) 줄리 드 레피나스와 그를 진정시키고자 했던 보르되에게 털어놓은 비밀은 무엇인가? 수학자인 달랑베르의 관점은, 인간은 분해될 수 있는 분자들의 집합체로 만들어진 물질 중의 하나일 뿐인 물질로 만들어진 존재, 그래서 물질적인 자극을 받을 수밖에 없는 사람의 관점이라는 것이다:

"그러면 생명이란 무엇이란 말인가? ……생명이란 일련의 작용과 반작용인 것이다…… 살아 있을 때 나는 전체로 작용과 반작용을 하지만…… 죽었을 때는 나는 분자로 작용하고 반작용한다…… 그러면 나는 전혀 죽지 않는단 말인가? ……아니다. 이런 의미에서 보면 나도 죽지 않고, 그 어느것도 죽지 않는다는 것은 확실하다…… 태어나고 살다가 가버리는 것은 단지 형태만 변하는 것이다…… 그리고 이런 모양이면 어떻고 저런 모양이면 어떻단 말인가?"

더 이상 영적인 요소도 아니고 더 이상 두려운 죽음도 아닌 인간에 의해 인류(여러 형태 중의 하나인)에게 부여된 인간의 중요성을 축소하고자 하는 의지는 더 이상 신앙도 아니고 결과적으로 더 이상 신성한 것도 아니다……. 따라서 유물론은 어리석기 짝이 없는 '미친 짓'과는 상관없는, 분명히 종교에 역행하는 병적인 발작인 것이다.

시사화하기

'비물질화된' 인간?

변증법적 유물론 시대에서 얻은 교훈은 간단하다: 사회 관계의 구성은 인간과 물질과의 관계에서 비롯된다는 것이다. 물질은 여러 가지 행동을 생겨나게 하는 원인이 되며 이 행동들에 의해서 사회가 구성되고, 이에 따라 사회의 본질이 형성되는 것이다. 이런 관점에서 페르낭 브로델은 《지중해》라는 저서에서 금(金)과 남아메리카에서 가장 매장량이 풍부한 금광의 발견, 그리고 대서양에서의 운송 경로가 지중해 지역의 발전과 특히 스페인 왕 펠리페 2세의 부흥에 얼마나 결정적인 역할을 하였는지를 보여 주고 있다. 여러 지역들은 바다와 얼마나 가깝고 먼가에 따라서 흥하거나 쇠퇴하게 되는 운명에 처하였다. 게다가 대량 자본의 급격한 유입은 역설적으로 지중해 지역의 쇠퇴를 초래하는 결과가 되었고, 앵글로 색슨을 중심축으로 재편성되게 하는 계기가 되었다.

이는 인간을 물질이라고 치부하면서 물질 속으로 동화시켜 나가기 때문이라고 사뮈엘 베케트는 《오 아름다운 날들이여!》라는 작품에서 상징적으로 그렇게 묘사하였고(주연 배우는 원형 모양의 돌기 속으로 차츰차츰 박혀 들어가서 종래에는 완전히 이 물질 속으로 빨려 들어간다), 장 폴 사르트르도 《변증법적 이성 비판》에서 다음과 같이 말하면서 이를 뒷받침해 주고 있다:

"우리들 각자는 물질에다가 사악한 이미지를 각인시키면서 살아간다."

이런 현상에 대해 다른 현대 작가들도 동요되었다. 바르트는 1953년에 발간된 그의 유명한 논고에서, 17세기 플랑드르 미술에서 인간이 물건이라도 되는 듯이 여러 물체들 사이에 인간을 끼워 놓은 표현이 시도되었다고 말하였다. 이 그림 속에서 물질은 항상 '절제된' 모습을 띠고 있고, 질감은 양감의 무게에 압도되어 있다:

"레몬의 모습을 어떻게 표현하는 것이 좋을까? 내 경험으로 볼 때 먹기 좋게 잘 손질이 된 것으로 반 정도만 껍질을 벗겨서, 반으로 잘라서 레몬이 반쪽만 남아 있고 약간 신 듯한 레몬이겠군……."

이것이 바로 우리에게 보여지는 '정물(靜物)'의 모습인 것이다.

역사가나 철학자 또는 비평가들과 같은 현대 작가들은 이런 예민한 문제에 대해서 사르트르가 "물질적인 조건을 초월하는 인간은 물질을 통해 표출된다"라고 말한 것과 같은 입장을 취하고 있고, 언제 인간과 물질과의 관계가 다시 새롭게 변하게 되는지에 대해 관심을 가지고 있는 것이다. 만약 사회적 행동에 대한 유물론자들의 분석이 정확하다고 한다면, 인간들이 물질 자체나 물질의 소멸 과정에서가 아니라 에너지로부터 물질을 추출해 내기 위해서 물질을 파괴시킨다는 생각에 익숙해져 있는, 현재로부터 영향을 받는 미래에 대해 우리는 무엇을 기대할 수 있단 말인가?

핵 시대에 물질은 위험한 것으로 간주되고 있을 뿐만 아니라 이미 부서지고 쪼개져 버렸으며, 남은 것이라곤 쓸모가 있다는 것밖에는 없기 때문에 물질은 한쪽으로 밀려나게 되었다. 이 파괴적인 에너지는 우리에게 어떤 이미지로 남아 있는가? 네덜란드 화가는 묵묵히 발전하고 있는 상업의 번창을 표현했었고, 아일랜드 작가는 물질 속으로 유유히 사라져 가는 인간의 모습을 연출해 내었다. 그러면 작품을 창조하면서 동시에 파괴하는 순간을 표현하는 예술가들이 우리들에게 보여 주고자 했던 것은 무엇인가?

근대성

> 정의하기

단절하다

  근대성(近代性)이라는 말은 근대 작가(近代作家)라는 말보다 나중에 생겨났다. 17세기에 근대 작가들은 그리스와 라틴 작가들을 모방하는 데 충실했던 '고대 작가'들과 구별되기 위해서 자신들을 근대 작가라고 불러 달라고 주장하였다.
  고대인들로부터 물려받은 이론과 해석, 그리고 과거의 모델을 거부한 근대 작가들은 정치와 마찬가지로 과학 분야에 대해서도 문을 두드린 것이다. 따라서 갈릴레이는 근대 작가였고, 생 쥐스트와 로베스피에르도 마찬가지였던 것이다. 17세기에 페로가, 그리고 그로부터 2백 년이 지난 후에 보들레르가 그에 대한 실체를 부여했다 하더라도 이 개념은 예술에만 국한된 것은 아니었다. 결국 근대 작가들의 유일한 모토는 '(전통과) 단절하다' 인 것이다. **따라서 근대성이라는 말 자체는 근대성 자체도 나중에 소멸된다는 원칙을 내포하고 있다.** 왜냐하면 당대의 근대성은 시간이 흐른 후에 전통이 되고, 이 전통은 전통과는 자동적 단절이라는 태도에 비추어 또 다른 단절을 맞게 되고…… 그래서 옥타비오 파스는 근대성이 내재하고 있는 모순이라고 이야기한 것이다.

"근대화는 일종의 창조적인 자기 파괴이다······."

"근대 예술은 비판의 소산물일 뿐만 아니라 비판 그 자체이다."

《수렴점》

내용 구성하기

더 이상 어쩔 수 없다라고 말할 수 있는가?

■ 고전 모델의 영향력은······

라 브뤼예르는 신구논쟁(新舊論爭)에 대한 열띤 토론이 벌어지는 과정에서 "이미 때는 늦었다. 더 이상 어쩔 수 없다"라는 글을 실었다. 사실 고전주의에 대한 라 브뤼예르의 사랑은 고전 모델의 완벽함에 대한 주장에서 엿볼 수 있다: 소포클레스의 비극 이후에 이에 견줄 만한 비극 작품을 쓴 사람이 누가 있는가? 고대 작가들이 인간의 현실과 욕망에 대해 빠뜨리고 다루지 않았던 것이 있었던가? 그 사람들이 표현한 적이 없었던 것을 처음으로 묘사했다고 주장하는 것은 쓸데없고 어리석은 짓이라고 생각되지 않는가? 라 브뤼예르는 이에 대한 주장을 굽히지 않고 다음과 같이 적고 있다. "어떤 현대 작가는 평소에 옛날 작가들이 우리보다 못하다고 근거와 예를 들면서 주장하는데, 그 근거라는 것이 자기의 개인적인 취향에 기초한 것이고 예로 들었던 것도 자기 자신의 작품이다." 따라서 현대 작가들은 자만심 때문에 신들에게 벌을 받았던 고대 그리스인들처럼 그런 자만심에 사로잡힌 아주 거만한 사람들이다!

■ 모방을 하도록 만드는 것인가···?

따라서 고대 작가들 스스로가 자연을 모방하고자 추구했던 것처럼 현대 작가들이 전념하는 것은 모방하는 일밖에 없는지도 모른다. 표현에 있어서 자연적인 것과 단순함에 사로잡힌 고전주의 이론은 모방(mimesis)의 승리인 것이다. 사실 라 브뤼예르는 테오프라스토스의 《성격》을 번역하기 시작하면서 그의 기법을 모방했다는 것을 숨기지 않았다. 같은 방법으로 부알로는 호라티우스에게서, 몰리에르는 플라우투스에게서, 라 퐁텐은 이솝을 통해서 영감을 얻어낸 것이다. 자기만의 독창성을 만들어 냈다고 주장할 사람들은 페로, 그리고 한참 후에 볼테르와 루소 이외에는 아무도 없을 것이다.

따라서 고전주의자들의 논리는 당연히 설득력이 떨어지게 되는 것이다. 왜냐하면 고전주의자들조차도 사실은 고대 라틴이나 그리스인들에게서 영감을 얻어낸 것이기 때문에 그들의 작품들이 훨씬 더 모방적인 것이다. 혼동하지 말아야 할 것은 **번역은 모방이 아니라 재해석이라는 사실이다.**

■ 아니면 창조적 재해석을 하도록 만드는 것인가?

모든 '시나리오'는 꾸며낸 것이었다고 확실하게 주장할 수는 있다. 그리고 그것은 기원전 훨씬 이전부터 그래 왔던 것이다. 성경을 읽는 것은 실제로 부유한 재산과도 결코 바꿀 수 없는 일련의 사랑과 모험의 역사를 읽는 것이나 다름없다. 하지만 과거의 작품 내용이 아무리 불후의 명작이라고 할지라도 그 형태는 세월의 풍상을 견뎌내지 못하는 것이다. 언어는 끊임없이 변화해 간다. 새로운 어휘들이 생겨나고, 사라져 간다. 역사의 변화 과정 속에서 새로운 것들이 생겨나고 이와 함께 생겨난 새로운 어휘들은 그것의 소멸과 함께 사라져 간다. 이를 잘 설명해 줄 수 있는 예를 들어 보자면 토플러는 《미래의 충격》에서, 현재 영국에서 셰익스피어가 사용한 어휘 중에 아직까지 사용되고 있는 어휘에 대해 살펴본 것이 있다: 《맥베스》의 저자인 셰익스피어가 지금 살아 있었다면 현재 영어의 아홉 단어 중에 겨우 네 단어꼴 정도밖에 이해하지 못했을 것이다!

만약 "모든 것은 이미 다 끝났다"라고 단정해 버리면, 다시 말할 수 있는 것은 아무것도 없는 것이다……. 각 시대는 나름대로의 언어 형식이 있기 때문에 전(前) 시대에 대해 이해하기 위해서는 번역이 필요한 것이다. 이런 의미에서 앙토냉 아르토의 다음과 같은 도발적인 주장도 이해해야 하는 것이다: "과거의 걸작품은 과거 사람들에게는 훌륭할지는 몰라도 현대인들에게는 그렇지 않다."《《연극과 그 분신》에서)

심화하기

《현대 생활의 화가》
샤를 보들레르(1863)

근대성에 대한 본질을 규명하기 위해, 보들레르는 미(美)에 대한 탐구를 매일매일 하기 위해, 독자들에게는 단지 M.C.G.라는 이니셜로만 알려져 있는 예술가를 따라다니면서 그 예술가를 관찰하는 것부터 시작하였다.

"그렇게 그는 나다니고, 때로는 뛰기도 하면서 무언가를 찾아다녔다. 그가 찾는 것은 무엇일까? 분명한 것은, 전에도 내가 이야기했던 것처럼 풍부한 상상력의 재능을 타고난 이 사람이 언제나 인적 없는 한적한 장소만을 돌아다녔던 의도는 현실에서 탈피하는 즐거움을 맛보기 위해, 아주 흔히 하는, 단지 순수하게 한가로이 산책하고자 하는 목적 이상의 의도를 가지고 있었던 것이다. 그가 추구하고자 했던 것은 우리가 나중에 **근대성**이라고 부르게 되는 그 무엇인가를 찾고자 했던 것이다."

따라서 그가 찾고자 했던 것은 우리 시대의 사람이었던 것이다. 그렇다면 그는 누구인가? 그는 세계를 떠돌아다니는 '활동하는 인간'이다: 그는 영국의 유력 일간지의 '생포'라고 하는 만평에 정보를 제공하는 종군 기자이다. 직업상으로도 어차피 여행을 많이 할 수밖에 없었지만, 특히 여행에 남다른 취미를 가지고 있었던 그는 여행을 하면서 방문하는 지역 주민들의 생활 속에 파묻히기를 좋아했다. 사실 보들레르가 지켜주고자 했던 그의 익명(보들레르가 그에 대한 논문을 쓰는 데 있어서 그가 제시한 조건이었다)은 그가 관찰하고자 하는 군중 속으로 묻혀 버리고자 하는 욕망을 의미심장하게 표현한 것이다:

"새들의 전문 분야가 공기이고 물고기의 전문 분야가 물인 것처럼 그의 전문 분야는 군중이었다. 그의 군중에 대한 정열과 직업 의식은 **군중과 결혼한 것**이나 다름이 없을 정도였다."

그래서 익명의 의미는 그가 군중 속에 섞여 있다는 의미이기도 하다; 또한 익명으로 인해서 그는 독자들에게 새로운 형태의 인간, 즉 현대인으로 훨씬 쉽게 보여질 수 있었던 것이다. 하지만 어쨌든 간에 그에게 자신의 이름을 되찾게 해주어야 할 것이다. 이 현대 생활의 화가는, 순간적인 동작이나 표현의 아름다움을 포착해서 순간을 마술처럼 고정시키는 필치로 유명한 미스터 콘스탄틴 기(**Monsieur Constantin Guys**)이다.

기(Guys)는 오로지 순간적이고 덧없음이라는 것에 매혹을 느꼈던 것처럼 보여지는데, 보들레르는 이 덧없음과 순간성을 근대성이라고 불렀던 것이다:

"근대성이란 순간적이고 덧없고 한 부분일 뿐이며, 예술에서도 그것이 반을 차지한다. 예술의 나머지 반은 영원하고 변함이 없는 것이다."

(…)

"변신에 있어서 일시성과 덧없음이라는 요소는 너무나 흔하기 때문에 당신들은 그런 요소들을 무시하거나 그냥 지나칠 수 없는 것이다. 이런 요소들을 제거하게 되면 당신은 당연히 추상적이고 말로 형언할 수 없는 아름다움의 빈 공간 속으로 빠져들게 되는 것이다."

사실 보들레르에 의하면 각 예술 작품들은 혼합 양식이라는 것이다. 각 작품들은 특히 특정 시대에만 해당하는 요소들로 만들어진 것이고, 당시 '시대 정신'에만 맞는 순간적인 취향을 반영한 것이다. 라파엘로 이전 중세 시대의 관례적인 것들, 예를 들어 스타일에 대한 연출이나 완전히 날조된 순진한 척하는 표현들은 영원히 사라져 버린 태초에 대한 향수를 불러일으키고자 하는 낭만주의에 해당되는 것들이다. 또한 여성의 신체에 대해 표현하는 남성 취향에 대한 입장의 변화를 통해서도 사람들은 기꺼이 근대성이라는 것을 파악하게 된 것이다. 그리스 신화에 나오는 '뿔 달린 여인'의 날씬한 몸매, 하얀 피부, 곧게 뻗은 목과 볼록한 배는, 루벤스나 유명한 여성 잡지인 《보그》지의 사진작가들에게는 이상하게 보일는지 몰라도 이상적인 여인상을 재구성한 것이다. 분명 미(美)에는 미(美)에 대한 역사를 살펴볼 수 있는 부분적인 요소가 있다.

시사화하기

포스트모더니즘

포스트모더니즘이라는 개념은 장식 예술로부터 생겨난 것이다. 포스트모더니즘의 창조 개념은 여러 스타일을 병치(竝置)라는 방법을 통해서

미적인 표현을 창출하는 것이다. 따라서 포스트모더니즘의 예술은 콜라주 예술이다. 이 예술은 우연한 만남을(《말도로르의 노래》에서 로트레아몽이 말한 '부조리한 평면 위에서 재봉틀과 우산의 우연한 상봉같이') 조성함으로써 예상 밖의 미(美)를 표출시키고자 하는 초현실주의자들의 욕망에 의해서 비롯되었다. 아이러니하고 유희적인 괴리를 보여 주고 있는 예상 밖의 바로크풍 소녀처럼 포스트모더니즘 작가들은 저속하고 몰상식한 현대적인 대상물에 고전적인 장식을 혼합하였다. 루브르 박물관의 나폴레옹 광장에 반투명의 피라미드를 세운 것도 포스트모더니즘 작가들이고, 성공은 하지 못했지만 남자들을 위한 치마를 재창조해 낸 것도 포스트모더니즘 작가들이었다; 결국 포스트모더니즘 작가들이 하는 것은 혼합하고 섞고 규칙을 깨는 것이다. 이런 원칙에서 작가들은 작품을 만드는 것이다. 최악의 경우로 나타나는 것은 이 작가들이 아주 유감스럽게도, 오늘날 보편성을 주장하는 사람들로부터 비난받고 있는 문화상대주의를 진부하게 반영하고 있는 절충주의(éclectisme)로 전환하고 있다는 사실이다.

하지만 포스트모더니즘 작가들이 취하는 태도를 떠나서 포스트모더니즘이라는 표현은 무엇을 의미하는가? 근대화의 형태는 과거 전통과의 단절이라는 정의까지 내렸는데도 어떻게 모더니즘에 후기(post)라는 표현을 붙일 수 있는가? 포스트모더니즘이라는 말은 인기가 떨어지니까 어쩔 수 없이 인기를 얻었던 지난 과거로 되돌아감을 의미하는 것인가? 그렇다면 포스트모더니즘과 전통과의 차이점은 무엇이란 말인가?

오늘날 장 에티엔 리오타르라는 철학자는 글자 그대로의 의미대로 자리잡지 못한 포스트모더니즘이라는 의미에 글자 그대로의 의미를 부여하려고 노력하고 있다:

"포스트모더니즘 작가나 예술가는 철학가가 처한 상황과 같은 처지에

몰려 있다: 작가가 쓴 작품이나 예술가들이 만든 작품은 원칙적으로 기존의 규칙에 구애를 받지 않는다. 그리고 그들 작품들은 기존의 작품들과 같은 카테고리로 분류되어서, 기존의 심사 규정에 의해 평가받아야 되는 것들이 아니다."

《아이들에게 설명된 포스트모더니즘》

따라서 포스트모더니즘 작가들은 자신들은 전통을 고수하는 작가들에 대항하는 창조 활동을 거부하고 있다는 면에서 모더니즘을 초월하는 것이라고 주장한다. 현대 작가들이 기존의 규칙을 따르지 않을 때 포스트모더니즘 작가들은 그에 대한 새로운 규칙을 또다시 만들어 내는 것이다. 그러면 포스트모더니즘이라는 말은 '새로움'을 의미하는 또 다른 표현이란 말인가?

신 화

정의하기

사기성이 농후한 이야기의 진실

바르트는《신화학》의 마지막 장 '현대 신화'에서 "신화는 이야기이다"라고 말했다. 사실 기원전 5세기까지 그리스어의 mutos(신화)와 logos(이성)은 동의어였기 때문에 어원적으로 이 두 말은 차이가 없었다.

하지만 철학과 역사가 생겨나고 발전되면서, 옛날에 있었던 이야기나 현대의 이야기를 구성하는 데 있어서 **로고스**(logos)는 나중에 이성이라는 말로 번역되는 것처럼 근거 없는 객설을 인정하지 않는 것으로, 그리고 **신화**(muthos)는 상상적인 표현을 하는 근거 없는 말이라는 의미로 특수화하였다.

20세기에 인문과학은 일반적으로 말하는 신화를 우화라는 의미로 무게를 실어 주었다. 따라서 신화는 신성함과 속세가 아주 긴밀한 관계를 맺고 있는 원시 사회의 현실에 가장 효과적으로 접근할 수 있는 방법처럼 보여지게 되는 것이다:

"신화는 절대적 진실을 표현하는 것으로 간주된다. 왜냐하면 신화는 성스러운 역사를 이야기하는 것이기 때문이다. 다시 말해서 태초의 성스러운 시기에 위대한 순간의 처음에 일어났던 초인간적인 격변을 이야기한 것이다."

머시아 엘리아데,《신화, 꿈, 그리고 신비》

신화는 또한 어떻게 서양 철학이 구성되었는지에 대한 연구를 가능하게 해준다. 왜냐하면 muthos에서 logos로의 이동은(초창기에는 실행되지 않았다) 본질에 대해 논증적이고 이성적인 해석을 제시하려 하는 유럽인의 의지를 잘 반영하기 때문이다.

이 로고스에 대한 장려는 현대 사회 생활에서 신화를 완전히 배제시켰다는 것을 의미하는 것인가?

내용 구성하기

정치는 신화로부터 벗어날 수 있는가?

■ 신화는……

사람들을 귀 기울이도록 하려면 어떻게 말해야 하는가? 선거에서 가장 많은 표를 얻기 위하여 모든 사람들에게 어떻게 말을 해야 하는가? 군중들이 가끔 마치 한 사람이 움직이는 것처럼 행동한다고 해서 아직도 군중은 한 사람처럼 생각한다고 믿을 수 있는가? 이런 것들이 민주주의 제도가 민주주의 국가의 사람들에게 제기하는 문제들이고, 항상 선동가들이 이 문제에 대해 대답해 주었다. 만약 논리적인 이야기가 가장 정확한 방법이라면 동시에 그것은 종종 가장 비효율적인 것으로 보여진다. 이야기들은 항상 본질에서 벗어나기 때문에 드물게 합의를 이룰 뿐이다. 군중들에게 오랫동안 말을 하는 것은 얼마 가지 않아서 사람들을 이해시키지 못하게 되는 위험성에 빠지게 된다. 논리만 가지고 계속해서 자기 생각을 말하게 되면, 사람들의 숫자가 많으면 많을수록 휘발성이 강해져서 듣는 이들의 관심에서 확실히 멀어지게 된다.

사람들을 설득시키기 위해서는 슬로건이나 이미지 같은 간단하고 단순한 메시지보다 나은 것은 아무것도 없다. 신화는 마치 광고업자들이 광고주에게 텔레비전 스폿 광고를 권유하는 것처럼 정치에서 이런 이미지를 제공한다.

■ 정치를 위한……

플라톤은 소피스트들을 '신화를 만들어 내는 사람들'로 간주하였다. 특히 프로타고라스는 신화를 꾸며내는 데(에피메테우스와 프로메테우스 신화) 탁월했을 뿐만 아니라 모든 소피스트들은 이런 신화 이야기들을 열렬히 좋아했는데, 신화는 이야기를 아주 재미있게 만들어 주는데다가 아주 설득력이 있게 해주기 때문이다. 프로타고라스는 신화를 이야기하기 전에 다음과 같이 말했다. "내 의견으로는 역사를 이야기하는 것보다 신화가 더 재미있을 것이다"라고. 사실 **신화는 모든 사람에게 이야기할 수 있는 것이다.** 순진무구한 청중들은 신화를 재미있는 우화로 들을 것이고, 조예가 깊은 사람들은 때때로 자기 혼자 스스로 의미를 부여하면서 나름대로 해석을 하게 되는 것이다. 결국 이성적인 이야기는 그것을 이해하기에는 교육을 전혀 받지 못한 사람들을 배제시키지만, 신화는 모든 사람들을 모이게 하는 것이다. 신화 같은 이야기는 정치를 포장해 주고, 동시에 정치 행위의 비이성적인 본질을 드러내기도 하는 것이다.

이미지를 보여 주면서――이유를 대는 것이 아니라――신화는 민주주의 시민들에게 유용할 뿐만 아니라 집단적인 에너지를 발산하도록 만든다. 조르주 소렐은 《폭력에 관한 고찰》에서 정치적인 차원에서의 신화에 대해 정의를 내렸다: "신화는 첫 이미지와 관계가 있는 모든 것을 말한다." 신화는 군중들을 움직이게 하는 힘이 있고, 전체주의 사상가들은 이에 충분히 공감하고 있다. 구세주에 대한 신화, 황금 시대의 신화, 음모의 신화는 군중들을 동원하는 데 큰 도움이 되며, 가장 고통스러운 굴종을 당하고 있는 가장 불행한 사람들에게 자신을 지탱하게 해주는 힘이 된다. 아고라 광장에서 그리스 연설가처럼 독재자에게 유용한 신화는 시민들에게 감명을 주고, 이것만을 기다렸던 기대감을 잔뜩 흥분시킨다. 발레리가 말한 것을 다시 한번 더 인용하자면 그것은 너무나 사실적이어서 "신화는 우리의 행동과 사랑의 영혼인 것이다."

■ 진정한 도구이다.

신화가 정치에 쓸모가 있는 한 정치는 신화를 포기하지 않을 것이다.

신화는 또한 효용성이 너무나 크기 때문에 토론을 비정치화시키는 상당히 훌륭한 수단이 되고, 따라서 시민들의 불신감을 없애 주는 훌륭한 도구가 되는 것이다. 롤랑 바르트가 《신화학》에서 아주 심각하게 설명한 것처럼 **신화는 역사를 자연으로 변형시키기** 때문이다. 사람 이야기이든 사건 이야기이든 간에 신화를 만들어 내는 것은 변함없는 진실에 대한 가치를 부여하기 위해 역사적 사실에서 추출해 내는 것이다. 신화는 같은 이야기를 끊임없이 재현하도록 해준다. 신화가 근본적으로 비역사적인 것이 되는 이유가 여기에 있는 것이다. 사실 신화적인 이야기를 지나치게 추종하는 사회는 역사를 인정하려 들지 않는다. 신화는 과거를 없애 버리고 쇄신하며 일종의 정화를 보장해 준다. 신화를 통하여 사람들은 군중들이, 엘리아데가 말한 신이 사람들과 함께 지냈던 위대한 시기와 교감하도록 해준다. 과거 · 현재 그리고 미래는 신화를 통하여 합병되는 것이다:

> "신화는 본래 세상의 전형적인 역사를 포함한다. 과거 · 현재 · 미래는 신화에 포함된다." ─노발리스, 《꽃가루》

심화하기

《신화와 정치신화학》
라울 지라르데(1986)

신화의 핵심적인 네 가지 요소(음모, 수호신, 전성기, 동질성)에 대한 연구를 통하여 라울 지라르데는 가상정치학이라는 것을 도입하였다.

라울 지라르데는 파리정치학연구소(Institut d'études politiques de Paris)에서 오랫동안 현대사를 강의하면서 현대사의 정치적 특징에는 신화가 존재한다는 것을 밝혀냈다. 이 '환상적인 것으로 끓어오르게 하는 위대한 원동력'인 신화는 공생활에 영향력을 미치고 있기 때문에 역사가들은 이를 소홀히 넘길 수 없는 것이다. 제4공화국에 대해 연구하는 역사가는, 예를 들어서 1952년에 새로 취임한 국정자문위원회 위원장인 피네가 제시한 정책만큼 아주 중요한 문제인 이 '피네 현상(phénomène Pinay)'에 대해 어떻게 묵과하고 지나칠 수 있겠는가? 실제로 그는 "자신은 정치에 대해 불신을 가지고 정치를 한다"라는 자신의 발언(muthos) 때문에 이미지에 큰 타격을 입게 되었다. ("나는 정치에 아주 유능하지 못하다는 것을 안다. 이런 점에서 나는 대다수 프랑스인들과 비슷하다. 정치라는 것은 기차 안이나 카페에서 대화하는 화젯거리 정도밖에 안 된다.") 파이프 담배를 피우거나 낚시를 하러 다니는 이 피네 위원장은 현실을 외면하고 있는 지위가 높은 고급 관료들로부터 프랑스를 구해 주는 일종의 '정상적인 일을 추구하는 영웅'이 되었다. 피네 사례는 구원자에 대한 필요성을 명확히 묘사하고 있는 것이며, 그를 통하여 정치 생활의 특징을 보여 주는 듯한 신화를 창조하려는 모습도 보여 주고 있는 것이다.

지라르데는 이런 분석을 계속해 나가면서 역사의 진행 과정 속에서 신화를 구성하는 구원자라는 유형을 추출해 낸 것이다: '조국을 구하기' 위해서 부름을 받고 사건에 뛰어든 노인 킹킨나투스, 카리스마적이고 계시를 받은 영웅 알렉산더, 창시자 솔론, 예언가이자 선지자인 모세, 이 네 가지 유형의 구원자들은 사람들이 흉내내거나 게다가 그들의 특징을 골고루 섭렵하고 싶어하는 유형이다. 히틀러는 알렉산더·솔론·모세의 특징을 골고루 섭렵하지 않았던가! 정복자이기도 하면서 새로운 제국을 건설하는 창시자이고 예언자와 같은 모습을 말이다. (지라르데는 히틀러에게 커다란 관심을 가지고 있었던 하이데거의 충격적인 발언을 상기시켰다: "히틀러 그 자신만이 독일의 현재와 미래를 위한 독일의 현실이고, 독일의 법인 것이다.")

그렇게 특별히 신화에 대한 구원자의 분석을 통해서 정치적 신화는 교육적인 이야기로 쓰이는 우화이자 동시에, 모리스 바레스의 유명한 말처럼 '용기를 불어넣는 에너지' 임을 발견하게 되는 것이다.

물론 신화는 공동체의 집단적인 불안감을 드러내는 것이지만, 지라르데는 역사와 비교해 볼 때 신화적인 표현은 어떤 차이가 있음을 간파하였다. 실제로 신화는 위기가 닥치는 순간에는 절대로 그 모습을 드러내지 않는다. 신화는 현재진행형이 되지 못한다는 실망감과 함께 '일이 있고 난 다음' 에야 형성되는 것이다:

"신화의 기원은 극도의 불확실성이나 불안감 속에, 그리고 만족스럽지 못한 기세와 헛된 기다림이라는 막막함 속에 있는 것이다."

단순한 상상이라는 차원을 넘어서 좀더 깊게 생각해 보면 '정치적 무의식' 에 대한 연구 과제는 아직도 많이 남아 있는 것이다.

시사화하기

신화 사업

플라톤은 자신의 저서를 통해서 '신화를 꾸며내는 사람들'은 언제나 거의 소피스트(궤변론자)들이었다고 주장하고 있다.

현대에 와서는 수사학적인 이미지를 만들어 내는 데 일가견이 있는 홍보 담당자들이 고대의 소피스트들처럼 신화 같은 이야기를 만들어 내고 있다. 이들은 민주주의 경쟁에서 대중의 관심을 필요로 하는 정치가들을 상대로 장사를 하는 데 그 목적이 있는 것이다. 프랑스 대통령이었던 미테랑의 대통령 선거와 그로부터 7년 후에 있었던 재임 선거에서 두각을 나타내었던 2개의 슬로건은 정치적인 발언을 그럴듯하게 포장해서 현대적인 신화로 만들어 낸 좋은 예라 할 수 있겠다.

선거 포스터에 (포스터의 배경에 종을 디자인해 놓는 방법으로) 시골에서 올라온 듯한 이미지를 풍기는 모습과 '고요한 힘(La force tranquille)'이라는 슬로건은 전통의 힘과 자연의 힘을 강조하고 있다. 이 포스터는 흔히 황금 시대를 연상시키는 평온한 전원의 모습을 보여 줌으로써(여기서는 '사회주의자'라는 단어에 대해 사람들이 가지고 있는 혁명가라는 강성 이미지를 전부 빼버렸다) 이 사람이 곧 국가를 다시금 태평성대로 이끌어 갈 구세주라는 인상을 주고 있는 것이다. 따라서 여기서 '힘'은 역사의 힘 (과거의 고향의 전통)과 자연(농토)의 힘을 나타내며 이 힘을 사용하는 데 있어서 고요함, 즉 차분하게 사용할 것이라고 안심시키고 있는 것이다.

7년이 지난 후 두번째 대통령 선거에서는 '미테랑 세대(Génération Mitterrand)'라는 새로운 슬로건을 내세웠다. 이것은 미테랑 대통령이 가지고 있는 약점을 희석시키고 있다. 이 슬로건은 사회주의 이데올로기로 무장한 혁명가라는 강성적인 이미지를 감추고자 하는 목적과는 더 이상 상관이 없는 것이다. 이제는 사람들이 미테랑을 그가 쌓은 업적으로 판단하고 있었기 때문에 더 이상 폭력적일 것이라는 걱정을 하지 않고 있기 때문이다. 반면에 미테랑 대통령은 나이가 너무 많았다. 이러한 불안감을 없애기 위해 사람들로 하여금 이 후보자의 주름살로부터 다른 곳으로 관심을 돌릴 필요가 있었던 것이다. (권력을 행사하는 데 있어서 신체적인 수단밖에는 없는 것인가?) 따라서 홍보 담당자들은 미테랑이라는 이름에 생명력과 젊음의 동의어인 '세대'라는 말을 결합시킴으로써 고상하게 연륜으로 승화시켰던 것이다. 더 이상 아주 젊은 사람은 아니지만 선구자이자 새로 일을 시작할 수 있는 사람으로 비쳐지게 만든 것이다. 지라르데가 분류한 구원자(Sauveur)의 유형에 따르면, 연륜에 따른 경험이 젊음을 유지시키는 수단이 된다고 하였다. 자연(생명력·파종)과 역사(재임을 위해 도전하는 국가원수 미테랑)는 홍보 담당자들이 창안해 낸 정치 신화 속에서 다시 한번 결합하게 된 것이다.

 이 전설적인 슬로건의 특징은 숨기고자 하는 것과 알리고자 하는 것을 동시에 취하고 있음에 주목해야 할 것이다. 뿐만 아니라 최선으로 숨기기 위해서는 알리는 것이 최선의 방법이라고 말하는 것 같다. 다시 말해서 사회주의라는 이데올로기가 주는 혁명가적인 차원의 이미지를 지우기 위해서 늙은 나이를 연륜으로 승화시켜서 알려 주는 방법 말이다. 현대 신화는 초창기의 매력을 강조하고 현재의 약점을 감추게 만드는 것인가 보다.

민 족

정의하기

나는 이곳에서 태어났고, 이곳에 남기를 바란다

'naissance(출생)' 'nature(자연)' 그리고 'nation(민족)'이라는 단어는 라틴어 Nasci(태어나다)에서 유래되었다. 이 세 용어는 어원적으로나 의미적으로 서로 관련되어 있다. 민족은 같은 지역에서 태어나고, 같은 언어를 사용하며, 같은 풍습을 영위하고, 같은 법을 지키며 사는 사람들로 구성된 집합체로 나타난다. 영토라는 개념도 **자연적으로 공동체**라는 개념과 연관되어 있는 것이다. 그리하여 17세기에 언어학자인 퓌르티에르는 민족이란 어떤 경계 내의 지역에 흩어져 살고 있고, 동일한 지배 세력에 의해 지배를 받는 주민들이라고 본 것이다. 그로부터 1세기가 지난 후에 민족이라는 단어는 다분히 정치적 의미를 내포하게 된다. 사실 인권선언문의 3항은 주권의 유일한 보유자는 민족이라고 되어 있다. 또한 이 시기부터 어원에 기초하여 고찰하던 접근 방법을 근본적으로 뒤엎는 새로운 방법으로 접근하기 시작하였는데, 이에 따르면 민족이란 더 이상 자연적인 실제가 아니고 개인 의지에 따른 다양한 행동의 결과라는 것이다. 그리하여 시에예스 신부는 민족을 '결성 단체' 같은 것이라고 정의한 것이다. 《사회계약론》에서 암시하고자 하는 바가 무엇인지가 명백해지는 것이다.

그러면 민족은 인위적으로 이루어진 것인가, 아니면 자연적으로 이루어진 것인가?

내용 구성하기

민족은 선택할 수 있는 것인가, 아니면 이미 결정된 것인가?

■ **선택할 수도 없지만 동시에 선택할 수도 있는 민족은······**

'객관적' 민족주의

결정론적 민족주의에 필요한 '객관적' 평가 기준은 어원에서 찾아볼 수 있다: 사람들은 자기가 태어날 장소를 선택할 수 없고, 프랑스어나 독일어 중에 하나를 선택해서 그 언어를 사용하는 국가에서 태어나고자 선택할 수도 없다.

"1807년 피히테는《독일 국민에게 고함》이라는 연설에서 같은 언어를 말하는 사람들이란, 전체가 이전부터 수많은 그리고 보이지 않는 밀접한 관계로 자신들만의 고유한 성향만을 가진 이들로 이루어진 사람들이다"라고 말했다. 특정한 언어나 역사를 공유하게 되는 것은 민족을 강요하는 문화 때문이다. 따라서 '국적을 바꿀 수 있다'고 믿는 것은 착각인 것이다.

'주관적' 민족주의

그럼에도 불구하고 결정론적 민족주의에 반하는 의지론적 민족주의는 프랑스에서 18세기부터 시작되었다.

이에 따르면 민족은 계약, 즉 선택에 의한 결과라는 것이다. 민족을 선택하는 것은 자유 시민이고, 문화에 따라서 인간들간에 관계를 만들어내는 것은 민족이 아니라는 것이다. '주관적' 민족주의란 '합의, 즉 공동 생활을 함께 영위하겠다고 하는 명확히 밝힌 욕망'이라고 말한 르낭이 만들어 낸 말이다. 그는 《민족이란 무엇인가?》라는 저서에서 "민족의 존재는 매일매일 투표를 하는 것과 같다"라는 유명한 말을 남겼다.

■ 사회에서 차지하고 있는 각자의 상황을 보여 준다.
'주관적' 민족주의와 '객관적' 민족주의

'주관적' 민족주의와 '객관적' 민족주의는 영토나 경제적인 갈등이 생기게 되면 서로 충돌한다. 하지만 1세기 전부터 유럽에서(금세기초에 있었던 알자스와 로렌 지방의 예처럼) 너무 자주 발생하고 있는 이러한 갈등 관계는 "누가 옳은가? 누가 그른가?"라는 극단적 이분론으로 흐르게 하지는 않았다. 인간은 자신이 몸담고 있는 문화로부터 벗어날 수 있다는 것을 상상할 수 없는 것과 마찬가지로 문화는 가끔 인간에게 자치에 대한 욕망을 발전시켜 주기도 한다. 그렇게 해서 2백 년 전부터 전통 문화와 진보 사상과 아주 긴밀한 관계에 있는 현대 문화 사이가 벌어지게 되는 서양의 특별한 상황이 나타나는 것이다.

이상적인 공동체

무엇보다 일반 대중의 미래라는 개념으로 정의되는 하나의 민족이라는 인식을, 우리들을 매일매일의 '투표 행위'라는 영원한 현재로 고정시키길 원하는 과거처럼 과거로 후퇴시키는 민족이라는 개념과 대치시킬 수 있는 것인가? "시대의 정신은 민족이라는 사상을 낳았지만 자각의 힘이 만든 것은 이상적인 공동체이다라고 앙드레 말로는 주장했다."

심화하기

《민족이란 무엇인가?》
에르네스트 르낭(1882)

에르네스트 르낭은 1882년 3월 11일 소르본대학교에서 '민족이란 무엇인가?'라는 제목으로 강연을 하였다. 오늘날 우리들이 보기에 이 강연은 민족에 대한 선택적 개념을 발표한 일종의 선언처럼 보여진다. 이 보편적 선민 개념에 대한 희구는 계몽 시대 철학자들에게서 근거한 것이다. (적어도 르낭은 명확히 시에예스 신부의 《제3세계란 무엇인가?》를 참조한 것이다.) 그럼에도 불구하고 이 강연은 무엇보다 피히테에 의해 20세기초에 확산된 독일의 논리(《독일 국민에게 고함》)를 반박하고 1870년 이후에 알자스와 로렌 지방의 합병에 대해 정당성을 부추기고자 하는 시대적 상황에 대한 내용을 담고 있는 것이다. 독일의 민족주의는 정치적인 목적에 근거를 두고 있는 것이 아니라 인종 개념에 근거를 두고 있기 때문에 위험한 것이다:

"르낭은 다피트 프리드리히 슈트라우스에게 보내는 편지에 다음과 같이 설명하였다. 각 마을의 인종 분포에 대해 따져 보기 시작한다면 끝없는 전쟁으로 빠져들게 될 것이다라고."

결과적으로 '동물의 전쟁'이라 불리는 인종 전쟁을 멈추게 하기 위해서 르낭은 강연회에 참석한 수강생들에게 민족 개념에 대해 정확히 설명해 주기로 결심한다. (민족이라는 개념은 겉으로 보기에는 명확하지만 언제나 오해를 살 여지를 안고 있는 것이다.) 르낭은 '객관적 민족주의'를 뒷받침하고 있는 근거들을 하나씩 하나씩 제거해 나갔다. 제일 먼저 인종은? 인종이라는 말은 너무나 많은 의미를 내포하고 있어서 실질적인 개념으로 통용되기가 거의 불가능하다. 게다가 아직도 유럽에는 '순수한 인종'이 있는지, 다시 말해서 어떠한 피도 섞이지 않은 순수 혈통이 있는지에 대해 의심해 보지 않을 수 없다:

"순수한 인종이 없는데도 정치적으로 인종학적인 분석에 근거를 두고 있다는 사실은 정치를 망상에 빠지게 만든다는 것이다."

따라서 이데올로기적인 차원에서 살펴보았을 때 인종이라는 기준은 제외되는 것이다. 그러면 언어는? 피히테가 가장 직접적으로 겨냥하고 있는 부분이다. 왜냐하면 언어는 문화를 형성하게 만들고, 따라서 문학이라는 문화를 형성하는 것이다. 그래서 언어는 민족적인 유대를 형성한다는 것이다. 따라서 언어라는 것은 강제로 통합시킬 수 없는 것이다. 하지만 언어보다도 더한, 언어를 초월하는 그 무엇인가가 있는데, 이것이 바로 하나의 언어를 사용하는 공동체라도 실현하기 힘든, 기적을 일으키게 하는 의지(volonté)라는 것이다. 그 예가 바로 스위스의 경우이다.

"수많은 방언에도 불구하고 단결하고자 하는 스위스의 의지는 수많은 억압으로 스위스와 비슷한 형태를 띠는 국가보다 훨씬 중요하다는 사실이다."

그러면 종교의 경우는? 최근의 역사를 살펴보면 종교는 사생활의 문제로 바뀌었다. 끝으로 상업이나 지리적인 문제는? 이런 문제들은 민족정신 차원에서 다루어지지 않는다. **물질적인 것들은 국민을 단합하게 만드는 데 충분한 것들이 아니다.**

이러한 분석 끝에 르낭은 민족에 대한 유명한 정의를 내리게 되었다:

"결국 민족이란 공동체를 위해 지금까지 희생해 왔고, 그리고 앞으로도 희생하겠다고 하는 바로 이 희생 정신에 바탕을 두고 형성된 대단위의 연대감을 말하는 것이다. 따라서 민족은 과거의 역사를 전제로 하는 것이다; 그렇지만 민족은 한편으로는 현재를 반영한 것이기도 하다: 공동체 생활을 지속하고자 하는 욕망에 대한 의견 일치를 명확히 밝힌 것이다. 개인의 존속은 생에 대한 끊임없는 확인인 것처럼 민족의 존속은 끊임없는 갈등인 것이다."

시사화하기

프랑스인이 되고자 한다는 것은

1993년 봄 프랑스에서 있었던 국적에 관한 법률 개정은 프랑스 국적을 취득하고자 하는 외국인의 조건을 규정하는 원칙에 관한 것으로서 종종 격렬한 논쟁이 벌어지게 되는 상황을 불러일으켰다. 특히 어떤 이들은 프랑스 영토 내에서 외국인 부부 사이에서 태어난 젊은이들이 프랑스 국적을 얻기 위해서 16세에서 21세 사이에 국적 선택에 대한 '의사 표현'을 하도록 한 의무 규정에 대해 흥분을 감추지 못했다.

이는 결국 프랑스 국적을 취득하고자 하는 의사 표현을 강제적으로 의무화시킨다는 사실에는 이론의 여지가 없는 것이다. 따라서 장 드니 브르댕을 위시한 몇몇 변호사들은 법 앞에 모든 사람이 평등하다는 원칙이 무시되는 처사라고 주장하였다. 왜냐하면 프랑스 국적의 부부 사이에서 태어난 젊은이들에게는 이같은 시민 의무를 지우지 않기 때문이라는 것이다. 결국 속지주의에 의한 국적 취득은 시간이 더 오래 걸릴 뿐만 아니라 그 과정도 상당히 어렵다는 사실에서 비추어 볼 때, 어떻게 보면 인지주의가 속지주의에 우선한다는 것을 의미하게 되는 것이다.

 사실 만약 이 개정안이 프랑스식 주관적 민족주의의 실제적인 바탕이 되는 공화주의자들의 의지주의를 부활시키는 것이라면, 사람들은 국적 선택 자유의 원칙이 더 오래도록 지속되기를 바랄 것이다. 그런데 왜 국민 전체에게는 간단하게 그런 식으로 '국가 계약'을 갱신하도록 요구하지 않는 것일까? 예를 들어서 시민권과 선거의 의무를 연계시키면서 말이다. 만약 '국민 투표'가 있는 날에 어떤 사람들이 투표하는 것을 우습게 생각해 버린다면 '늘상 있는 국민 투표'를 어떻게 신뢰할 수 있단 말인가? 프랑스인이 되고자 하는 것은, 따라서 프랑스 국가에 맞추어 살겠다는 의도이며, 그것은 또한 어쩌면 권리는 당연히 권리에 부과되는 의무를 다할 때에만 적용된다는 것을 명확히 밝히는 것일지도 모른다.

민중

정의하기

항상 투지가 넘쳐흐르는 사람들

들라크루아의《민중을 이끄는 자유의 여신》에 나오는 소년처럼 남루한 복장으로 손에 무기를 들고 바리케이드를 넘는 사람들. 프랑스 혁명 이후의 '민중'들은 칭송을 받아 왔든 불신을 받아 왔든 간에 언제나 이런 모습으로 투쟁을 하고 있는 사람들로 그려지고 있다. 민중들은 자신들의 권리를 주장하고 수호하기 위해 투쟁을 할 때에만 진정한 민중이 되는 것인가?

민중이라는 단어는 물론 라틴어에서 유래되었다. 하지만 고대에 사용되었던 민중이라는 말은 로마 군단의 휘장에서 볼 수 있는 SPQR(Senatus populusque romanus)처럼 '로마의 시민과(peuple) 원로원의 이름'에 의해 황제와 장군들이 결정을 내리게 했던 **민중**(populus)이라는 개념과, 자유를 찾기 위해 조직적이지 못하고 여기저기서 들고일어나는 민중이라는 개념과는 상당한 차이가 있다. 사실상 **로마 시대의 시민**(populus romanus)은 상당히 조직화되어 있었으며, **부류별로** 계급의 질서가 잡혀 있었고, 순식간에 엄격한 군사적 지휘 체제로 전환될 준비가 되어 있었다. 사실 **로마의 시민**들은 처음에는 로마를 건설한 로물루스를 따랐던 후손들로 구성되었다. 최초의 1백 개 가문의 세습 귀족들이 **시민**의 기원인 것이다.

이들은 귀족으로서 실제로 시민의 권리와 의무를(이들은 공화국을 위하여 전쟁에 참여하는 의무를 지고 있었다) 행했던 사람들이다.

　로마의 시민(populus)은 제한적인 특성과 조직화된(비록 군사적인 필요성에 의해 귀족 계급 이외에 다른 계급까지도 확대되었을지라도) 특성에 비추어 볼 때 민중(peuple)과는 다르지만 항상 정치적인 차원의 양상을 띠고 있었고, 투쟁에서 자신들의 진가를 발휘한다는 면에서는 서로 유사하다는 점에 대해 유의해야 할 것이다.

내용 구성하기

민중은 언제 그 모습을 드러내는가?

■ **시민 사회에서 나타나는 다양한 이권 관계 때문에……**
　시민 사회는 다양성을 표출한다: 욕구의 다양성, 교류의 다양성, 사회에서 일하는 인간들의 생활 조건의 다양성 등등. 사회는 다양한 시민들로 구성되어 있다. 그래서 플라톤이 말하는 이상적인 공화국(République)에서조차도 자신의 성향에 맞게 여러 사람들에게 부여된 다양한 신분과 기능이 차이가 있음을 보여 준다. 벌써 중세 사회의 신분 구조는 농부(laboratores), 군인(bellatores), 철학가인 왕(oratores)이라는 삼각구도로 나타나고 있음을 알 수 있다. 결국 특수한 상황의 다양성을 통해서 어떻게 민중이라는 단위를 구별해 낸다는 말인가? 귀족의 특권에 비교해서 하찮은 운명들은 부유한 상인과 수공업 노동자들을 연결시킬 수 있는 연결고리를 만들지 못한다. 사실 역사적으로 살펴보아도 민중은 아주 종종 대단치 않은 사람들 중에 극히 일부분일 뿐인 것처럼 보여진다. 예를 들어 19세기 파리의 민중들에 대해 이야기할 때도 여기서 민중은, 도시에서 그리 멀리 떨어지지 않은 곳에서 아직도 땅을 경작하는 사람들과는 당연히 관심거리가 다른 사람들인 단순히 수공업자와 장사꾼들만을 말한 것이다.

그렇다면 민중은 단지 신화 같은 존재란 말인가? 현실과는 언제나 동떨어진 통합에 대한, 그리고 공동체에 대한 게다가 조국애에 대한 오래된 꿈처럼 말이다.

■ **민중이라는 개념은 이렇게 위협마저 받고 있는 이권을 지키기 위해 일어선 것이다.**

전쟁, 갈등, 그리고 위험 때문이 아니라면 무엇 때문에 모이게 되는가? 사실 민중이라는 구성 단위는 위협받고 있다는 의식 속에서 생겨난 것이다. 그래서 헤로도토스는, 그리스는 페르시아로 인한 위험이 닥쳤을 때에만 민중이 형성되었다고 지적하였다. 이런 위험이 사라지게 되면 곧바로 각자의 이권 관계가 서로 충돌하면서 서로가 서로를 헐뜯는 상황으로 몰고 가서 또다시 도시를 분열시켰다.

결국 민중이라는 구성체는 각 개인들의 특수한 이권 관계가 위협을 받을 때에만 형성되는 것이다. 민중은 **호전적**이기만 하고 평화시에는 해체되는 특징을 가지고 있다. 오늘날 흔히 볼 수 있는 '데모'의 예가 이를 잘 보여 주고 있다. 현재는 대규모 집회가 민중을 형성하게 만드는 유일한 기회가 되었다. 그러면 사람들은 언제 데모에 참가하게 되는가? 그것은 기득권을 보호(préserver)하기 위해서, 그리고 이러한 기득권에 대한 현상 유지(conserver)를 위해서 데모에 참가하게 되는 것이다. 그래서 어떤 사람들은 사립학교를 옹호하기 위한 주장을 내세우고, 몇 년이 지난 후에 다른 사람들은 사립 교육 기관에 재정 원조를 하는 데 있어서 지방 공공 단체의 역할을 **국가가** 계속해서 담당해 줄 것을 요구한다. 이 두 경우가 바로 기존 제도에 대한 **유지**를 주장하는 것에 해당된다. 그리고 이 두 경우는 대중적인 의지를 표명하는 집회로 분류가 될 것이다. 그렇지만 데모에 참가하는 이들은 '같은 사람'들이 아니다. 그럼에도 불구하고 그들이 주장하고자 하는 메시지는 동일한 것이다: **현재 상태대로** 보호하자는 것이다.

민중이란 무엇인가? 자신의 존재를 지속시키고자 하는 욕구에서 모인 사람들은 아니라 할지라도, 이들은 이 욕구를 위해서 투쟁에 참여할 준비가 되어 있으며 이 투쟁을 통해서 민중이라는 모습을 나타내는 것이다.

심화하기

《인민민주주의 독재에 관하여》
마오쩌둥(1947)

인민민주주의란 무엇인가? 인민민주주의라는 표현은 '인민'과 '민'이라는 단어를 중복적으로 사용해서 강제로 지어낸 정부 형태이고, 오래전부터 이런 정부 형태를 경험하고 있는 국민들의 정치 현실과는 상관없는 말이기 때문에 사람들을 당혹스럽게 만든다. 마오쩌둥의 선언서에 붙여진 '인민민주주의 독재'라는 말도 몽테스키외와 아리스토텔레스를 읽은 독자들에게는 아주 황당한 표현이 아닐 수 없다: 어떻게 독재 정권이 민주주의가 될 수 있단 말인가? 정치학에서 흔히 사용되고 있는 용어의 의미가 무시된 듯한 인상을 준다: 이 용어는 오웰 같은 사람들이 하는 말장난처럼 반어적인 표현으로 사용된 듯하다. (《빅브라더》에 나오는 슬로건 중에서 가장 유명한 말로 "평화는 전쟁이고 전쟁은 곧 평화이다"라는 표현이 있다.)

결과적으로 '위대한 지도자'라고 불리는 마오쩌둥의 업적은 일반적으로 사용되는 정치 용어를 재정립한 것이다. 그래서 공산당 선언의 첫 부분은 실제적인 혁명과 어휘상의 혁명이 다르다고 한 것처럼 용어들에 대한 정확한 의미를 내리고자 한 노력이 엿보인다. 마오쩌둥은 "인민이란 무엇인가"라고 질문하였다. 여기에 대한 대답은 당연히 정치적인 의도가 다분히 개입된 것이다:

"현재 중국에서 인민이라 함은 노동자, 농부, 도시 소시민, 그리고 국가 지배 계층을 말한다."

결과적으로 마오쩌둥이 말하는 인민에는 '토지 소유 계층'과 '관료 계층'은 제외된다. 따라서 인민은 **반대 세력**을 형성한다. 이는 바로 국가 건설에 있어서 투쟁의 순서를 내포하고 있는 것이다. 인민은 국가의 중심부를 장악하고 있는 적에 대항해서 싸우는 범위 내에서만 인민인 것이다. 마오쩌둥의 표현에 의하면 '인민' 이라는 개념은 정치적 갈등이나 투쟁으로 몰아넣는 것이 아니라 구별하는 개념이다. 우리가 '독재인민민주주의'라는 개념을 다룰 때 용어가 모순된다고 생각한다면 우리들이 이 인민을 국민 전체라고 규정하기 때문이다. 그렇게 되면 당연히 민주주의가 시민 계급 가운데 어떠한 부류도 제외시키지 않는다고 할 때 이 민주주의는 인민에 의한 정부 제도라는 사실에 대해 명확히 규정할 필요는 전혀 없다. 그래서 마오쩌둥은 시민 계급에 차별을 두고 이들 중에 특수 계층을 제외시키는 방법을 구사하게 되었던 것이다:

"투표권은 인민에게만 주어진 권리이지 반동분자들에게는 전혀 해당 사항이 없는 것이다. 인민에게는 민주주의가 필요한 것이고 반동분자들에게는 독재주의가 필요한 것이다: 이 두 가지가 결합된 것이 바로 독재인민민주주의인 것이다."

인민민주주의는 한편으로는 통합을 시키고 다른 한편으로는 제명을 시키는 정부 제도를 말한다. 만약 민주주의라는 말이 인민이라는 말과 같이 쓰인다면, 이것은 바로 그리스어의 의미(aristoï: 최상)인 '최고의' 민주주의가 되기를 바라는 의미이다. 이는 인민을 최고 계층으로, 그리고 토지와 지식을 점하고 있는 계층을 최악의 계층으로 구분하는 것이다. 이를 통해서 이러한 형태의 민주주의는 '혁명적'이라는 것으로 이해된다: 실제로 이러한 형태의 민주주의는 계몽 시대의 철학자들에 의해 규정된 민주주의 사상의 가치를 뒤엎는 것이다.

시사화하기

현대의 프롤레타리아, 노동자가 아닌 민중

'민주 중앙 집권제' '프롤레타리아 독재자' 그리고 '공산주의'란 말조차도 오늘날에 이르러서 마치 19세기부터 유래된 개념들이 내용은 없고 허울만 남아 있는 것이라는 듯 제멋대로 미사여구를 갖다붙이면서 서양에서 마르크스주의를 선언한 정당들의 가치를 떨어뜨리게 만든 것 같다. 공산주의 원전(原典)에서 구원자 역할을 하는 인민들 중에서도 이 '프롤레타리아'라고 하는 인민은 우리들에게 어떤 것으로 남아 있는가? 아직도 전 세계를 하나로 통합할 수 있는 프롤레타리아는 존재하는 것인가?

로마에서 프롤레타리아는 가난한 사람들이지만 법적으로 자유인이었다는 사실을 다시 한번 생각해 보자. 그래서 19세기에는 프롤레타리아라는 고대 용어를 다시 사용하면서 프롤레타리아라는 개념을 노예에 대한 개념으로 돌리기 위해 본래의 의미를 변형시키게 된 것임을 알 수 있다. 라마르틴은 이것을 당대에 인정되는 '언어적 감각'이라고 말했다:

"현대 프롤레타리아는 '급여를 받는다' 라는 것으로 무늬만 바꾸어 놓은 일종의 노예이다."

만약 프롤레타리아가 노예라고 한다면, 그것은 그들이 벌어들이는 봉급만으로는 극단적으로 최소한의 생활밖에는 할 수 없기 때문이다. 그래서 프롤레타리아가 일하는 것은 고대의 노예들처럼 자신들의 생명 유지에 최소한으로 필요한 것을 충족시키기 위해서만 일을 하는, 짐승같이 일하는 사람들과 비슷한 것이라고 말할 수 있는 것이다. 프롤레타리아와 고대의 노예는 따라서 자신들도 인간임을 느끼지 못할 정도로 힘든 노동으로 자연에 얽매여 있는 것이다. **프롤레타리아는 노동과의 왜곡된 관계 때문에 이중으로 노예 상태에 있는 것이다.** 사실 노동은 각 개인에게 자신들의 자유에 대한 본성을 발견하게 하는 수단을 부여하는 것이 되어야 했음에도 불구하고 말이다. 그래서 마르크스는 《1844년의 경제학-철학 초고》의 첫 부분부터 인간 역사에 있어서 인간의 기본적인 역할이 노동이라는 것을 보여 주고 있다:

"보편적인 역사라고 불리는 모든 역사는 인간의 노동을 통해서 얻어낸 인간의 창조 이외에는 그 어느것도 아닌 것이다."

《44년 초고》

따라서 《독일 이데올로기》라는 저서에서 고안한 대로 공산주의 사회는 노동자들을 해방시키기 위해서 노동을 해방시켜야 한다는 계획을 갖게 되는 것이다.
그래서 역사의 흐름이 비극적으로 바뀌게 되면서 오늘날 프롤레타리아는 더 이상 노동자들이 아닌 것이다. 불완전 고용 상태가 지속되고 있는 요즘, 생명 유지에 필수적이고 가장 기본적인 욕구를 충족시키는 데 필요한 것들을 해결할 수 있는 사람들이 누가 있단 말일까? 최저생계비는(R.M.I.: revenu minimum d'insertion; 소득이 없는 사람들에게 지급하는 최저생계수당) 19세기 방직공장 노동자들이 받았던 얼마 되지도 않은 일당과 같다는 생각이 들지 않는가? 결국 현대의 프롤레타리아는 아직까지도 노예인 것이다. 하지만 그들은 인간이 소외되는 노동을 하는 노예가 아니라 신체를 훼손시키는 일자리마저도 갖지 못한 노예인 것이다.

정 치

정의하기

야누스의 예술

두 얼굴을 가진 신(神) 야누스는 과거와 미래를 동시에 보는 능력을 갖고 있었다. 모리스 뒤베르제는《정치학 입문》에서 정치를 야누스라고 우의적으로 표현하고 있다. 그에 따르면 정치는 양면적인 특징을 동시에 가지고 있다는 것이다. 사실상 국가(cité, 그리스어는 polis)를 운영하는 정치적인 활동은 권력 쟁취를 위하여 국론을 분열시키기도 하고, 동시에 각 구성원들을 공동체에 통합(intégration)하도록 이끌어 나가기도 하는 것이다:

"모든 투쟁은 투쟁 자체 속에 통합이라는 희망을 내포하고 있고, 또한 그 희망을 실현하기 위한 노력으로 구성되어 있는 것이다."

사실 정치가는 특별한 이해 관계를 옹호하기도 하지만, 또한 국민 전체를 위한 문제 해결을 위해서도 노력한다. 이것이 상반된 두 방향을 바라보는 한 얼굴인 것이다. 반면에 사법부 최고 자리에 오른 후보자는 전 국민을 대표하는 대통령이 되기 위해 정당의 당수가 되려는 것을 포기한다. 왜냐하면 사법부는 특별한 이해 관계를 옹호해서는 안 되기 때문이다.

| 내용 구성하기 |

정치는 모든 사람들에게 해당되는 문제인가?

■ **정치는 직업 활동이라고 볼 수 없다……**

정치가는 직업인가? 정의에 의하면, 임기 이전과 이후에도 정치를 '직업'으로 영위하는 의원(議員)에게는 이 문제를 제기할 필요가 없다. (비록 20년 전부터 정당의 개입과 다양한 선거 방식의 개입이라는 프랑스 정치 구조 때문에 직업 정치인이 존재한다고 믿게 만들지라도 말이다── '비례 대표제'는 다수결에 의한 선거에서 탈락한 후보자들도 당선시킨다.) 이 문제는 오히려 행정부 수반에서 공공 업무의 관리를 맡고 있는 상근 직원들에게 해야 할 질문이다.

이들은 공공 업무 관리의 복잡성 때문에 관료나 행정 업무의 달인과 같은 '전문가' 들의 양성이 필요하다는 논거를 제시하고 있다. 사실 **현대 국가는 어쩔 수 없이 관료주의를 발전시키고 있는 것처럼 보인다.**

■ **하지만 국가 업무의 복잡성은……**

하지만 정치 전문가(Cité라는 그리스어의 의미에서 볼 때)의 양성이 위험하지 않다는 것은 아니다. 공공 업무를 관리하기 위해 거기에 있는 사람들과 시민들을(이들은 실제로 선거 때마다 항상 투표에 참여하라고 통보된다) 갈라 놓게 만들 위험성이 있지는 않을까? 사회 생활의 복잡성으로 인해 전문적인 용어가 생겨나고, 이를 사용함으로써 대다수의 사람들은 이 용어의 난해함 때문에 멍청한 사람이 되고 마는 것이다. 정치가 테크닉으로 변하게 되면 정치는 더 이상 모든 사람들에게 해당되지 않는다. 이런 비극적인 분리는 프란츠 카프카의 미완성 소설 《성(城)》에 잘 묘사되어 있다. '성(국가)에 사는 사람'들의 결정에 달려 있다고 추측되는 한 마을이(시민 사회) 있었다. 그런데 이 성에 사는 사람들은 늘 모습을 드러내지 않았고, 단지 중개인을 통해서만 의사를 표명하였다. 마을과 성은 나란히 붙어 있었지만 둘 사이에 왕래는 거의 불가능하였던 것이다.

■ 시민들의 권리를 위태롭게 만들고 있다.

따라서 시민들이 자신의 존재를 순전히 개인적인 영역으로 기울어지게 만들려고 하는 시도는 대단히 중요하다. 그것은 예를 들어 미국의 선거가 이를 잘 말해 주고 있는 것처럼 정치에 대한 무관심으로 나타난다. 대다수의 시민들은 정치 생활에서 소외되었다고 느낀다. 그렇지만 정치에서는 참여하지 않는 것도 참여하는 것이고, 침묵하고 있는 것 또한 말을 하고 있는 것이다. 그리고 기권은 총선거가 이루어진 저녁 개표에서 아주 중요하게 참작되어야 하는 정치 행위인 것이다. 투표를 하지 않는 것 또한 정치 제도 전체에 반대하는 투표 행위인 것이다. 그것은 단지 경선에 오른 후보자들을 거부하는 것보다도, 특히 그러한 거부를 표명하게 만드는 제도를 거부하는 것이다.

심화하기

《정치학》
아리스토텔레스(기원전 4세기)

아리스토텔레스는 수차례에 걸쳐서 "인간은 정치적 동물이다"라고 이야기하였다: 인간은 polis에서, 즉 사회 또는 국가에서 살도록 되어 있는 동물이라는 것이다. 정치적 생활은 인류에게 자연스럽다는 것을 주장한

것이다: 인간이 사회 속에서 삶을 영위하는 것은 당연한 일이고, 신이나 짐승은 사회 울타리 밖에서 사는 것이 당연한 일이다.

이 자연적인 현실은 따라서 '최고의 인생이 될 수 있는 가능성을 지니고 있는 인생을 위한 평등한 공동체' 처럼 정의된다. 이 정의에서는 두 가지 중요한 점이 빠져 있다.

첫째, 사회에서 생의 최종 목표는 행복하게 잘사는 것이다. 따라서 아리스토텔레스의 정치적 행복주의에 대해 이야기해야 할 것이다.

둘째, 시민들 중에는 시민만 있을 뿐이다. 다시 말해서 평등이다.

따라서 국가는 인간들이 평등하게 지내는 장소처럼 보여지는데, 그러면 가장 가난한 사람들에게는 불행한 장소란 말인가? 예를 들면 노예들의 운명에는 어떻게 정치적 의미를 부여한단 말인가?

그래서 아리스토텔레스는 국가(Cité)는 '자유인의 공동체'를 의미한다고 명백히 밝혔다. 시민은 사회 공간에서 완전한 자유를 누리고 있을 때만 평등한 것이다. 결과적으로 노예들은 시민 생활의 번영을 위해서 노동의 대가를 치렀음에도 불구하고 시민 생활에서 제외된다는 것을 말하는 것인가? 이 철학자는 사실 두 가지 생활 영역을 구분하였다. 하나는 평등 원칙에 의해 지배되는 공동체 영역(polis), 다른 하나는 군주제(monarkia, 한 사람에 의해 지배되는 정부) 원칙에 복종하는 개인 저택 영역(oikia)으로 구별된다. 노예는 첫번째 영역에 속하는 것이 아니라 두번째 영역에 속해서 주인에게 복종한다. 노예는 정치적 생활에 접근할 수 없다. 아리스토텔레스에 의하면 정치적 생활은 생존의 필수적인 요소에 속박되어 있는 사람들에게는 생각할 수 없는 것이다. 정치적 생활은 생존의 필수적인 요소에서 탈피되어야 하고, 공공 업무에 참여하기 위한 여유가 있어야 하며, 먹고 사는 문제에 있어서 관련되는 물질적인 문제로부터 해방된 자유가 전제되어야 하는 것이다. 그래서 자유롭지 못한 사람들의 정부는 정치 역량의 범주에 들지 못하는 것이다. 노예는 주인이 공적인 업무에 참여할 수 있도록 주인의 개인적인 업무를 뒷받침해 주는 것이다.

행복은 따라서 '의미를 순화'하는 것으로 시작되고, 만약 정치가 정치적인 행복을 추구한다면 정치는 모든 이들에게 관련된 공무(公務)가 될 수 없는 것이다.

시사화하기

책임은 있지만 잘못은 없다?

혈우병 환자에게 에이즈 바이러스에 감염된 피를 수혈한 사건이 터졌을 때, CNTS(Centre national de transfusion sanguine, 국립수혈센터)의 전(前) 감독관은 기소되면서 모든 정치 집단은 어쩌면 책임 회피 때문에 신망을 점차 잃어 가고 있다는 점을 인정하면서도 다음과 같은 말을 남겼다. "나는 책임은 있지만 잘못은 없다"라고.

그럼에도 불구하고 이것은 일종의 용기 있는 주장이 된다 : 나는 이 사건에 대해 연대 책임이 있다. 나는 책임자이다. 나는 내가 범하지 않은 잘못(culpa)에 대해 책임을 진다(respondere). 이는 정확하게 말해서 정치에 어울리는 도덕적인 표현이고, 막스 베버는 이를 학자와 종교인을 특정짓는 '신념 윤리'에 반대되는 말로 '책임 윤리'라고 명명하였다:

"기독교인은 자신의 의무를 다해야 하고, 행동의 결과에 관계되는 것은 신에게 일임해야 한다"라는 종교적인 말씀에 따라, '신념 윤리'라는 신조에 따라 행동하는 사람의 태도와 "우리는 우리 행동의 예측할 수 있는 결과에 대해 책임져야 한다"고 말하는 '책임 윤리'에 따라 행동하는 사람의 태도 사이에는 어쨌든 심오한 차이가 있다. 《학자와 정치》

정치는 좋은 의도였느냐 아니면 나쁜 의도였느냐 하는 것으로 그치는 문제가 아니다: **책임이 있다**라는 말은 행동의 결과에 대해서 해명을 해야 한다는 뜻이다.

그런데도 불구하고 "책임은 있지만 잘못은 없다"라는 말은 용서를 구하는 것처럼 들리는 듯하고, 재판에서 정치가다운 핑계 수단 명구로 사용되고 있다. 의미의 왜곡이라는 이상한 현상 때문에 사람들은 정확하게 이 말이 의미하는 것을 반대로 이해하는 것이다: "나는 아무짓도 하지 않았고, 재판과는 아무 상관도 없다. 하지만 도덕적으로는 당연히 내가 이 일에 연루되어 있다고 느낀다." "책임은 있지만 잘못은 없다"라는 말은 현재 **정치적 면책 특권이라는 말과 동의어**로 쓰이는데, 국회의원들에게 전(前) 장관들의 잘못을 사면시키기 위한 법률안에 투표하도록 만들어서 최고 법정이든 아니든 간에 그들이 법정에 출두하는 과정을 저지하도록 부추기는 것이다. 이 때문에 다른 시민들은 시민이라는 이름으로 그들을 기소하는 것이다.

말의 순서는 중요하다. "책임은 있다, 하지만 잘못은 없다"라는 말에서 사람들은 책임 회피처럼 작용하는 부사인 **하지만(mais)**이라는 단어만을 의식한다. 차라리 이렇게 말하는 것이 더 노련한 말하기가 될 것이다. "잘못은 없다. 하지만 책임을 느낀다"라고. 말의 위치를 서로 바꾸는 것은 차이가 있다. **파렴치한 말**은 오히려 **용기**가 될 수 있다: 전(前) 사회부 장관이 범한 실수는 따라서 정치는 무엇보다도 말을 어떻게 구사하느냐 하는 문제임을 망각했다는 것이다.

진 보

정의하기

진보(進步)

 진보(progrès: pro 앞으로, gressus 발걸음)는 글자 그대로 앞으로 나아가다라는 의미이다. 진보가 지적 능력의 단계에서 앞서 있다고 하는 것이나 아니면 추상적인 면에서의 진보라는 것을 지칭할 때, 진전은 구체적인 것으로 통용된다는 의미에서 진보와 진전은 구별될 것이다.
 어쨌든 진보라는 개념은 역사 발전 과정에서 인류의 발전을 가리키는 것이다. 콩도르세는 1793년《인간 정신의 진보에 관한 역사적 개관》이라는 저서에서 현대적 의미에서의 진보를 규정하였다. 이 책에서 콩도르세는 인류는 진실, 덕, 그리고 행복이라는 길에서 굳건하고 확실한 발걸음으로 나아간다고 단언하였다.
 진보는 역사의 의미라는 개념과 동시에 인간의 개선 가능성에 대한 개념을 내포하는 계몽 시대의 정신을 특징짓는 개념인 것이다. 이것이 의미하는 바는 결국에는 이성(理性)이 명확히 밝혀 줄 것이라는 점에 대한 절대적인 낙관주의인 것이다.

> 내용 구성하기

진보 개념은 역사에 의미를 부여하는 것인가?

■ 진보라는 개념은……

진보 개념으로부터 사람들이 먼저 생각해 내는 것은 인류의 진보이다. 과학적인 발견과 과학 기술의 적용에 의해 자신감을 얻은 18세기에는, 인류는 유아기적인 시기에서 벗어나 마침내 이성의 나이가 되는 '이성적인 단계'에 도달했다고 상상했었다. 이러한 비유는 인류 발전을 표현하기 위해 개인의 발전을 은유적으로 표현한 것이다. 따라서 역사는 인간 발전 단계에서 성장의 위기를 이야기한 것이다. 이러한 사실에서 이 **진보라는 개념이 역사에 의미를**, 다시 말해서 의미와 방향을 부여한다고 생각할 수 있게 된 것이다. 왜냐하면 진보라는 개념은 방향을 정해 주는 개념이고 이성에 대한 개념이기 때문에 역사를 고찰하도록 해주며, 따라서 인간에게 자신의 본성을 지배한다고 주장할 수 있는 방법을 부여하는 것이다:

> "역사가 의미가 있기를 바라는 것은, 인간에게 자신의 본성을 다스리도록 유도하고 이성에 따라 공공 생활의 질서를 수립하도록 유도하는 것이다."
>
> 레이몽 아롱, 《역사적 의식의 차원》

■ 인간의 선한 의지를 표현한 것뿐만 아니라……

하지만 인간은 실제로 자신의 본성을 억제할 수 있는가? 사실 만약 진보의 개념이 자신들의 공통적인 운명을 책임지고자 하는 인간의 의지를 나타낸다면 이러한 인간의 선한 의지는 아주 특별한 목적에서만 이성적인 방식을 이용하는 이기적인, 이 열정적인 본능에 의해 끊임없이 모순된다는 것을 명백히 인정해야 한다. 장 자크 루소는 더 정확히 말해서 인간의 타락한 본성을 비난하였다. 선한 의지는 인간이 외관(外觀)에 대한 사랑이 실제(實際)에 대한 진정한 열망을 소멸시키는 사회에서 생활을 하기 위해서 자연과 단절했을 때부터는 더 이상 자연적인 것이 아닌 것이다. 따라서 진보는 헛된 것이고, 사람들이 보기에 무능력에 대한 고백 같이 들리는 독특한 개념으로 만족하는 것이다.

■ **역사를 극복하는 데 있어서의 인간의 무능력도 표현한 것이다.**
서글픈 사실은, 그럼에도 불구하고 진보가 의지적이라고 인정하는 조건에서만 집착하고 있다는 것이다. 이 점에 관해서 칸트는 루소와 계몽시대의 사상가들과는 달리한다는 것이다. 칸트에 의하면 진보는 자연스러운 것이고, 인간을 행동하게 하고 자신들의 이성을 깨우기 위해서 자신들의 열정을 이용하는 것은 본능이라는 것이다:

"인류에게 매우 중요한 문제, 즉 자연이 인간에게 해결하도록 **강요하는 문제는 보편적인 방법으로 법을 시행하는 시민 사회를 건설하는 것이다.**"

결국 자연에 대해 우리는 한 가지 개념만 가지고 있는 것인데, 칸트의 주장에 의하면 이러한 사실이 바로 우리가 진보의 개념에 대해서도 말해야 하는 이유인 것이다. 사실 **만약 진보의 개념이 역사에 의미를 부여한다면 그것은 역사가 자연의 개념에 종속되어 있기 때문이다.** 자연은 자신도 모르는 사이에 인간을 부추기고 있다는 것과, 자연은 인간을 진보하게 한다는 것, 그리고 이러한 진전을 우리는 역사라고 부르고 있다는 사실을 깊이 생각해 보아야 한다.

심화하기

《실증 정치 체계》
오귀스트 콩트(1854)

학문 덕분에 공화국이라는 유일 사회의 날이 빛을 보게 될 것이고, 이 공화국의 신조는 '원칙에 대한 사랑, 기본을 중시하는 질서, 그리고 목적을 위한 진보'가 될 것이라고 오귀스트 콩트는 생각했다.

이러한 확신은 실증주의 창안자인 콩트가 '3단계 발전 이론'이라고 명명한 것으로부터 유래되었다. 사실 콩트는 인간 정신의 3단계 발전을 구별하는 학설을 만들어 냈다. **신학적 상태의 단계**에서는, 정치 생활은 초자연에 의해 지배당한다는 것이다. 이는 '신권(神權)'의 원칙이 강요되는 것으로 콩트는 '법의 원칙'이라고 불렀다. 이러한 상태는 **형이상학적 단계**에 자리를 내주면서 끝나게 된다: 초자연적인 원칙은 권리·평등 그리고 자유와 같은 실체로 대체된다. 하지만 계몽 시대 철학자들이 신격화한 추상적인 개념인 이 실체들은 질서잡힌 사회를 건설하도록 해주지는 못했다:

"물리학이나 화학이나, 그리고 생리학에서조차도 의식의 자유는 조금도 없다. 만약 이와는 달리 정치학에서 의식의 자유가 있었다면 그것은 단지 과거의 원칙이 무너지고 새로운 원칙이 아직 형성되지 않았기 때문이다. 엄밀히 말해서 이 사이에서는 아직 확실한 원칙이 없다는 것이다."

이 형이상학적 단계는 불안정한 상태의 공백을 메우는 과도기처럼 보여진다. 콩트는, 혁명은 초자연을 인정하는 바탕 위에서 구질서를 파괴했을 뿐이지 새로운 질서를 설립하지 못했다고 본 것이다. 콩트가 바라고 있었던 것은 새로운 질서의 설립이었고, 그는 이를 **과학적 단계**라고 명명하였다.

따라서 정치는 과학에 의해 해결되고, 이성에 의해 질서잡히고, 마침내는 보편성에 이르게 될 것이다. 이 상태가 프랑스에서 현실화되고, 이어서 유럽에서 현실화된다면 의심할 여지없이 전 세계로 확산될 것이다:

"최종적인 제도의 철학적인 기초를 만들고 인류 발전의 기본이 되는 법은 속도의 차이가 있는 것만 제외하고는, 당연히 모든 기후와 모든 인종에 적절한 것이 될 것이다."

따라서 진보는 두 가지 면을 띠고 있다. 하나는 형이상학적인 상태에서 과학적인 상태로의 과정 속에서이고, 또 하나는 과학적인 상태가 전 세계로의 확산이라는 과정 속에서 나타나는 것이다. 결국 과학적인 단계는 진보의 결과로서 생겨나는 것이고, 이는 완전한 조화(스토아 철학의 이성(Logos)에 의한 조화가 아닌)에 이르게 하는 또 다른 진보의 계기가 되는 것이다.

시사화하기

볼테르 대(對) 루소

18세기 볼테르와 루소가 대결했던 수많은 논쟁 중에서 진보의 결정적인 요소로서 사치를 주장했던 볼테르와 그것을 비방했던 루소의 논쟁은 특히 근대화의 결과를 분석하는 데 중요한 열쇠가 될 수 있다. 볼테르의 주장을 살펴보면 사치는 언제나 물질적인 진보의 전위(avant-garde)라는 것이다. 오늘날의 값비싼 물건들은 미래에는 모든 사람들이 쉽게 손에 넣을 수 있게 되며, 사치를 조장하는 것은 사회 진보에 유리하게 작용한다고 주장하는 것이다. 볼테르는 《휴대용사전》에서 다음과 같이 빈정거렸다:

"가장 오래된 골동품은 아니지만, 처음 가위를 발명했을 때 맨 처음 손톱을 깎고 머리를 잘랐던 사람들에 대해서 뭐라고 말하지 않는 이유는 무엇인가?"

살림 도구의 발전에 관해 1993년 INSEE가 발표한 수치는 루소보다는 볼테르의 손을 들어 주는 것처럼 보인다. 1965년에 사치품이었던 것이 1991년에는 일반 제품으로 된 것이다. 20년 전에는 단지 가정의 8퍼센트만이 전화를 가설하였지만 현재는 94퍼센트의 가정이 가설하고 있으며, 텔레비전 보유율도 46퍼센트에서 현재는 95퍼센트가 되었다. 1965년에 프랑스 사람들 중 절반은 자동차를 보유하지 못했지만(47퍼센트만이 소유하고 있었다) 1991년에는 3분의 2인 77퍼센트가 보유하고 있다. 같은 시기에 가정의 위생변기는 굉장히 놀라운 방법으로 발전되었다: 가정 내에 화장실 설치는 40퍼센트를 넘지 못했으나 현재는 94퍼센트에 육박하고 있다. 욕조와 샤워기도 또한 비슷하다. (20년 전에 28퍼센트였던 것이 현재는 93퍼센트에 이른다.) 간단히 말해서 사치를 좋아해야 하고, 그러면 편안하게 살 수 있다는 것이다. 그리고 동시에 "진보는 멈추지 않는다"라는 신뢰를 가져야 한다. INSEE가 발표한 숫자들이 이를 잘 증명해 주고 있는 것이다. 따라서 루소가 취한 입장은 후방위(arrière-garde)일 뿐만 아니라 그것이 안락과 물질적인 발전을 더 이상 가져다 주지 못한다는 것을 예상하지 못했다는 의미에서 진보는 필요하다라고 주장했기 때문에 단지 진보는 필요하다라는 주장으로만 받아들여지게 되는 것이다. 어쨌든 진보는 결코 18세기로부터 물려받은 단순히 낙천적인 사상만은 아니다. 과학과 기술이 인간에게 주어진 고통이라는 업보와 공동 생활에 따른 어려움이라는 문제를 언제나 해결해 줄 것이라고 어떻게 보장한단 말인가? INSEE가 발표한 수치와 의학 기술의 발전은 분명히 이를 보장해 줄 수는 있겠지만, 그렇다고 해서 이런 것들이 이상적인 세상이 실현되었다고 보게끔 하기에 충분하단 말인가?

소 유

정의하기

소유하느냐, 아니면 더 이상 존재하지 않느냐?

에밀 리트레가 그의 사전에서 지적한 것처럼 소유가 '어떤 사람이 어떤 물건에 대해서 자기에게 고유한 것으로 하는 권리'라고 한다면, 먼저 법적인 측면에서 그것에 대한 정확한 정의를 규명하는 것이 바람직하다. 1804년에 만들어진 시민법에 의하면 다음과 같이 정의하고 있다:

"소유란 사람들이 법이나 규정에 의해 금지된 사용을 하지만 않는다면, 가장 절대적인 방법으로 물건을 소유하고 마음대로 처분할 수 있는 권리이다."(544조)

따라서 소유는 물건과의 관계를 구성하는 방법이라는 성격을 띠고 있다. 그러면 이 물건이란 무엇인가? 그리고 어느 소유자들을 위한 것인가? 예를 들어 사람들과 연관된 개인 소유와(res communes), 그리고 아무에게도 소속되지 않고 오직 국가에만 속한 집단 소유로(res nullius) 구분한다. 이러한 구체적인 구별은 갈등이 유발되지 않도록 도와 준다. 근본적으로 토지와(개인이나 공동 소유) 공기는(res nullius) 어떻게 다른가? 어떻게 개인은 자기가 숨쉬는 공기의 소유자가 될 수 없는 것이 명백한데도 토지의 소유자는 될 수 있는가?

　법은 이에 대해 뚜렷이 구분하고 있으며, 17세기 이후부터는 이러한 법적 장치를 통해 정치 사회가 당연한 것처럼 인정되는 소유의 보존을 보장하게 되었다. 그러면 소유는 꼭 필요한 것인가?

내용 구성하기

소유는 절도 행위인가?

■ **만약 소유가 절도 행위라면……**

"나는 어느 누구에게도 속한 것은 아니지만 모든 사람에게 속하기도 한다. 당신은 거기에 들어가기 전에 이미 거기에 있었으며, 당신이 거기서 나왔다 할지라도 당신은 아직도 거기에 있는 것이다." 이것이 자크와 그의 주인이 천둥번개를 피해서 간 성의 정면에서 발견한 수수께끼 같은 문구이다. 물론 이 문구는 디드로의 독자들이 풀어야 할 수수께끼이다. 하지만 작가와 독자와의 수수께끼보다는 《운명론자 자크》라는 작품의 이 인용문에서 디드로가 소유에 대한 문제 제기를 하는 고찰의 성격을 보여 주고 있다는 사실은 흥미로운 일이다. 여기에 나오는 성(城)은 당연히 자연(自然)을 비유한 것이다. 이러한 관점에서 등장인물만을 중심으로 작품을 감상하는 것은 바람직한 방법이 아니다:

"자크와 그의 주인을 가장 놀라게 만든 것은 거기서 20명 정도의 아주 뻔뻔한 사람들을 만나게 된 일이었다. 그들은 가장 호화찬란한 아파트를 차지하고 있던 사람들이었다. 이 아파트에서 그들은 아주 비좁은 생활을 하고 있었다; 이들은 이 성이 **전적으로 자신들의 소유가 되었다고** 하는 서류 내용의 진정한 의미와 일반법에 반대하는 사람들이었다……."

자연은 어느 누구의 소유도 아니기 때문에 따라서 소유는 권력의 남용이라고밖에 할 수가 없다. **소유는 자연스러운 것이 아니다.** 바로 이것이 성의 정면에 새겨져 있는 문구에서 얻어낼 수 있는 교훈인 것이다.

■ 소유는 '합법적인 절도'이고, 법은 이 절도를 위해 만들어진 것이다.

사실 루소는 이러한 비유에 너무 연연하지 말 것과 《인간 불평등 기원론》에서 시민 사회의 생성은 순수한 소유 행위였을 뿐이라고 말하였다:

맨 처음으로 땅에 울타리를 친 사람들은 다음과 같이 말하려고 생각했을 것이다: "이 땅은 내 땅이다"라고. 그리고 그것을 믿을 정도로 아주 단순한 사람들을 찾았던 사람들이 진정한 시민 사회의 창설자들인 것이다.

따라서 시민 사회는 시민들 사이에 자연적이라고 볼 수 없는 불평등을 조성한 소유자들의 결합체인 것이다. 소유는 인위적인 것이다. 따라서 소유는 분명 부자연스러운 것이다. 이러한 관점에서 모든 사람들에게 속해 있기 때문에 어느 누구에게도 속해 있지 않은 것을 내 소유로 만든다면 이 소유는 분명히 절도 행위인 것이다. 하지만 이러한 소유는 '합법적인 절도 행위'이고, 더 나아가서는 합법에 의한 절도 행위인 것이다. 실정법은 이같은 의도를 위해 이용되는 것 같다. 따라서 나중에 자연법(소유는 양도할 수 없는 신성한 권리라고 규정한 인권선언문의 2항과 함께)과 어긋나기 때문에 실정법과 충돌을 일으키게 된다. 개인 소유의 성립과 함께 인간은, 루소의 표현에 의하면 '원죄'를 짓게 되는 것이다. 실제로 이에 대한 업보로 퇴폐와 타락을 불러일으키게 된 것이다. 인간들은 타락해 가고, 개인적인 욕구를 억제할 때에만이 인간성을 회복하게 되는 것이다. 1516년에 토머스 모어는 벌써 이에 대해 간파하고 있었다:

"재산을 정당하고 공평하게 분배하고 인류의 행복을 위해 공헌할 수 있는 유일한 방법은 소유 제도를 폐지하는 것이다."

그렇다고 치자. 하지만 이 말은 토머스 모어 자신의 드넓은 상상 속에 자리잡고 있는 외딴 섬의 해안, 즉 유토피아(Utopia)에서만 해당되는 이야기일 뿐이다.

심화하기

《재산이란 무엇인가?》
조제프 프루동(1840)

《재산이란 무엇인가?》라는 제목의 저서와 "재산은 도둑질한 것이다!"라는 말은 조제프 프루동을 유명하게 만들었다. 하지만 이는 저서가 담고 있는 내용에 대한 곡해로 인해서 생겨난 별로 좋지 않은 이유로 그렇게 된 것이다. 어쨌든 재산 문제에 대한 고찰과 이에 따른 문제점들을 다루고자 했던 그의 의도는 인권 선언의 2항에 의거한 내용을 다루는 데 있어서 겪게 되는 어려움에 대한 인식을 가지고 있다는 데서 의미 있는 것이었다. 《혁명과 교회에서의 정의를 위하여》에서 프루동이 주로 다루고자 했던 내용은 자신의 생각에 대해 잘못 알려진 부분들을 고쳐 주고 자신에게 쏟아지는 비난들에 대해 변호하고자 했던 것이다: "나는 어디에선가 '재산은 도둑질한 것이다'라고 쓴 적이 있다. 1840년 재산에 대해 정의를 내리면서 내가 추구하고자 했던 것, 그리고 오늘날 내가 원하는 것은 파괴가 아니다. 나는 이 말을 진저리가 나도록 했다. 루소도 플라톤도 루이 블랑 자신도 동의했던 말일 뿐만 아니라, 내가 전력을 다해 반대하는 공산주의 내에서도 재산을 반대하는 모든 사람들이 동의했던 말이다."

따라서 프루동이 말하고자 했던 것은 도둑질인지 아닌지 모르겠지만 개인에게 해당되는 사적인 재산 문제가 아니었던 것이다. 사람들은 개인 재산이 공동체에 속한 것을 부당한 방법으로 빼돌린 그런 절도 행위로 완전히 이해했을지도 모른다. 그러나 그가 말하고자 했던 것은 개인은 어떤 물건이 자기 소유가 되었을 때 그 물건이 공동 재산이라는 생각을 더 이상 가지지 않게 된다. 어떤 면에서 볼 때 손해를 본 것은 공동체이다. 그래서 프루동이 독자들에게 말하고자 했던 내용은 그것이 아니었던 것이다. 《재산이란 무엇인가?》에서 프루동이 말하고자 했던 바는 개인 재산에 대해서가 아니라 소유 재산 몰수권(droit d'aubaine)에 대해서 말하고자 했던 것이다. 이는 어떤 재산에 대해 자신이 소유자가 아니라고 주장할 때 그 소유자로부터 소유권을 빼앗는 것을 말한다. 여기서 중요한 것은 소유자와 점유자는 동의어가 아니라는 사실이다. 비록 사람들이 이 두 용어가 같은 말인 것처럼 언어적인 표현을 남용할지라도 말이다. 라틴어 어원을 살펴보더라도(proprius: 자기 것, sedere: 인정하는 것) 점유자는 당연히 자기 소유가 아님에도 불구하고 자기 것처럼 간주한다는 것을 알 수가 있다. 점유자는 실제로 자격이 없는데도 불구하고 권리를 행사한다. 프루동이 비난하고 있는 것은 소유자가 자신이 소유한 물건에 대한 권리를 행사하기 위해서 점유자에게 지불하게 하는 비용(소작료, 집세, 수수료 등)이다. 왜냐하면 이 철학자는 토지나 자본은 그 자체가 생산력이 있다는 것만 고려하고 있기 때문에 점유자가 노동을 통해서 얻어낸 것은 점유자의 재산이라는 것이다. 그래서 소유자가 소작료를 내라고 요구하고 아직 생기지도 않은 노동의 생산물에 대해 돈을 받아가는 것은 절도 행위라는 것이다. 따라서 만약 소유자가 일도 하지 않고 수입을 받아 가는 것이라면 재산은 절도 행위일 수밖에 없다는 것이다. 이러한 프루동의 비난은 노력의 가치에 근거를 둔 것이며, 점유와 재산의 개념을 동일시하자고 하는 데 그 목적이 있는 것이다.

시사화하기

우리가 진정으로 소유하고 있는 것은 과연 무엇인가?

우리들은 단순히 법적으로만 그런 것이 아니라 언어적으로나(프랑스어는 소유자를 주어로 삼는다) 일관된 재산권에 대한 주장(프랑스어의 소유 형용사는 때때로 소유에 대한 강한 집착력을 숨기지 않고 있다: 반대로 생각하는 것이 더 정확한 것이 될 터인데도 내 정육점 주인(mon boucher), 내 소아과 의사(mon pédiatre)등등⋯⋯이라고 말한다)을 통해서 보더라도 소유에 대한 강한 집착을 보여 주고 있다. 이러한 집착은 인간의 본질에 해당하는 자연적이고 신성한 것이다. 결국 **존재한다는 것은 소유자가 되는 것이다**⋯⋯. 그렇다면 무엇에 대한 소유자인가? 우리가 소유하고 있는 순수한 재산은 과연 무엇인가?

우리들은 현대 생활을 해나가면서 혼동하기 쉬운데도 불구하고 혼동하지 않는 것이 있다: 나는 내(mon) 수표책이나 내(mon) 비자카드가 내 것이 아니라 '내가 사용할 수 있도록' 은행이 나에게 만들어 준 장치인 것임을 잘 안다. 그것들은 단순한 '지불 수단'으로서 은행은 나한테서 그것을 빼앗아 갈 수 있는 것이다⋯⋯. 너무 여기에 집착하지 않는 것이⋯⋯. **나의**(ma) 국적을 상징하는 여권도 마찬가지이다. 여권의 마지막

페이지에 기재되어 있는 중요 사항의 1항은 실제로 이렇게 적혀 있다:

"본 여권의 소유는 프랑스 국가이다."

나는 수표책이나 신분증마저도 완전히 내 소유로 할 수 없는 것이다. 내 지갑 속까지, 그리고 나의 애국심까지도 나의 완전한 소유가 되질 못하니 자존심에 받은 상처는 깊을 수밖에 없다. **내가 벌어들인 수입과 나의 재산을 완전히 만끽할 수 있는 가정이나 개인적인 세계로 돌아갈 수는 없단 말인가!** 나는 내가 번 수입에 대해서도 전부 차지할 수가 없다……. 나는 내 봉급을 전부 소유하지도 못하고, 때로는 상당 부분이 국가의 몫으로 돌아간다……. 이를 소득세라고 부르며, 나는 이 소득세로부터 자유롭지 못하다……. 나의 조상들이 나에게 물려준 상속만 하더라도 상속 전부를 내 소유로 하기에는 더더욱 어렵다. 그 유산을 나 혼자 물려받는 것이 아니라 국가도 함께 물려받는다. 국가는 자기 몫을 요구하는데 그것이 바로 '상속권'이라는 것이다……. 결국 "재산은 도둑질이다"라는 주제에 대해서 사람들은 '물 뿌려진 물뿌리개' '도둑맞은 도둑'과 같은 말장난을 할 수 있다고 이해하는 것이다. 나에게 속한 그 어느것도 공동체의 일부분이 아닌 것이 없다……. **재산이란 절대로 개인의 소유가 아닌 것이다.**

인종차별주의

정의하기

정치적 도구

생물학에서는 인간의 유전적 요소를 통계적인 빈도에 따라 5개의 인종 그룹, 즉 유럽 인종 또는 코카서스 인종, 흑인 인종, 아시아 인종, 아메리카 인종, 그리고 오스트레일리아 인종으로 구별한다. 하지만 어떠한 경우에도 과학이라는 이름으로 한 인종이 다른 인종들보다 우월하다는 근거가 있다고 주장하지는 않는다.

그와 반대로 인종차별론자들의 이론은 열등하다고 판단되는 다른 민족들에 비해 분명히 어떤 한 인종이 우월하다는 논리를 뒷받침하려는 목적을 가지고 있다.

맨 처음 이런 형태의 이론이 구체화된 것은 19세기에, 그리고 언어적인 의미의 변화에 의해서였다. 1788년, 언어학자인 존스는 산스크리트어의 형태와 문장 속에서 수많은 유럽의 언어들과 유사성이 있다는 것에 주목하였다. 이를 바탕으로 새롭게 재편된 인도-유럽인들 사이에서 단일 민족의 존재를 추론해 내었다. 몇몇 언어학자와 역사학자들이 상상해 낸 아리안 민족은 어떤 이들에게는 어떤 한 인종이 다른 인종들보다 우월하다는 사실을 정당화시키기 위한 중요한 알리바이가 되었던 것이다. 아서와 고비노 같은 이들은 《인종 불평등에 관한 에세이》(1855)에서 아리안족의 특성을 물려받은 사람들은 프랑스 귀족들이라고 주장하였고, 휴스턴 스튜어트 체임벌린은 《20세기의 토대》(1899)에서 세상을 지배할 자격이 있고, 아리안의 유산을 물려받은 유일한 사람들은 독일인이라고 주장하였다. 이러한 주장들이 몰고 온 재앙이 어떤 것이었던간에 인종차별주의는 이데올로기처럼 정치적으로 이용하기 위한 도구(식민 정책. 범게르만주의)로 자리잡게 되었다.

| 내용 구성하기 |

"만약 네가 나와 다르다고 해도 너에게 해를
끼치기는커녕 네가 클 수 있도록 도와 줄 것이다"
앙투안 드 생텍쥐페리

■ 차이가 난다는 것으로 때로는 상처를 받을 수 있는 일이지만……
자아도취적인 마음의 상처
먼저, 다르다는 것이 어떻게 상처처럼 느껴지지 않을 수 있단 말인가?
네가 나와 다르다고 할지라도 나는 다른 사람들이 보고 따라서 해야 하는 모범이나 모델도 아니질 않는가! 그러면 차이란 부인(否認)하는 것과 같은 것이 아닐까?
더 가공할 만한 것은 우리들이 차이가 난다는 사실은 우리들에게 이타성이 있다는 것을 가르쳐 준다는 것이다. 만약 내가 너와 다르다고 한다면 그것은 너는 내가 아니기 때문이다. '다른 사람'은 낯설게 느껴지기 때문에 따라서 위협적인 존재로 받아들여지게 되는 것이다.

위협

위협은 배가가 된다. 낯선 사람에 대한 공포에다가 이들과의 경쟁과 충돌이라는 두려움이 더해지기 때문이다. 만약 다른 이들이 내 앞에 나타난다면, 그들이 나에게서 무엇인가를 탈취하려고 하는 위험성도 생기는 것이다. 그래서 그들과의 충돌에 대한 위협감 때문에 머릿속에는 그들보다 우월해야 하는 것이 필수적인 요소라는 생각을 갖게 되는 것이다. 왜냐하면 만약 다른 사람들이 내가 가지고 있는 것을 탐한다면, 그것은 적어도 그들이 그런 욕망을 가지고 있어서 그러는 것이 아닐까? 싸움에 대한 두려움은 대결이라는 것이 차이가 나지 않을 때에만 가능하다는 것을 깨닫게 해준다. 홉스는 전면전은 전쟁에 대한 욕망 이전에 적과 대등하다고 생각될 때 일어나는 것이라고 강조하고 있지 않는가!

■ **하지만 나의 존재에 대한 규명을 가능하게 해준다.**
부정하는 작업

타인들은 자신들의 수준이 나와 비슷하다고 생각할 때에만 나에게 싸움을 걸어오려고 위협한다. 하지만 나는 그들이 나와 수준 차이가 나기 때문에 그들과 싸우려고 하는 것은 아닐까?

스피노자는 "모든 한정(限定)은 부정(否定)이다(Omnis determinatio est negation)"라고 말했다. 이것은 나는 나를 자각하기 위해서 내가 아닌 것과 맞설 필요가 있다라는 의미이다. 내가 맞이하는 저항은 나의 한계가 어디인가를 알게 해주고, 내가 이상하다고 생각되는 것들을 통하여 나의 독창성을 알게 되는 것이다. 나는 내가 누군지 알아보기 위해서 나와 다른 사람들과의 차이점이 무엇인지 나 스스로 느껴야만 하는 것이다. 나의 정체성은 다른 사람들을 통하여 발견하게 되는 것이다.

나의 창시자?

따라서 타인은 나의 창시자, 즉 내가 발전할 수 있도록 발판이 되어 준 사람들이다. 생텍쥐페리가 사용한 "만약 네가 나와 다르다고 해도 너에게 해를 끼치기는커녕 네가 발휘하도록 해줄 것이다(Si je diffère de toi, loin de te leser je t'augemente)"라는 문장에서 'augementer'라는 동사도 이런 의미로 이해해야 한다. Augeo, (augementer)라는 의미는 여기에서 '발휘하도록 해주다, 발전시키다' 인 것이다. 따라서 나에게 이러한 발전을 가능하게 해주는 사람은 나를 **창시한 사람**이 되는 것이다.

상대방과의 비교는 발전의 계기가 되지만 이러한 비교를 계속해야 할 것인가? 생텍쥐페리는 "만약 네가 나와 다르다면⋯⋯"이라는 문장으로 가정을 설정하고 있다. 궁극적으로 차이라 하는 것은 인본주의에 상당히 반하는 가정일 뿐이다. 다양한 인간의 모습 뒤에 숨어 있는 인간의 욕망을 구성하고 있는 공통적인 바탕을 알지 못했던 것일까? 보들레르가 말한 것처럼 '나와 닮은 사람' 이라거나 '내 형제' 라고 말하는 이들은 아주 위선적인 사람들이다. 위고는 "나는 네가 아니다라는 것을 믿는 몰상식한 사람"이라고 적고 있다: 우리들이 느끼는 고통과 즐거움은 모든 차이를 극복하지 못하는가? 사실 인간 중심의 낭만주의는 특별함 속에 일반적인 것이 내포되어 있다는 것을 보여 주고 있다: 각 개인들은 인간적인 면들을 가지고 있다. 따라서 차이라 하는 것은 유사성에 대한 인식에 다 다르게 해준다는 견지에서 살펴볼 때 형식적인 것일 뿐이다.

> 심화하기

《인종과 역사》
클로드 레비 스트로스(1952)

클로드 레비 스트로스가 주창한 연구 방법의 특징에서 중요한 것은 인종 차별과 문화 차이의 연관성을 다루고 있다는 것이다. 사실 인종차별주의자들은 문화적인 영역에 대해 논증을 하는 것이라고 주장하고 있다. 따라서 인종차별주의자들에게 반박해야 할 분야는 바로 문화적인 영역인 것이다. 하지만 만약 자민족중심주의자들이 끊임없이 제기하는 문화적 우월성이라는 개념을 포기하지 않는다면 인종 차별이라는 편견을 완전히 지워 버리지는 못할 것이다.

하지만 역설적으로 특히 원시인들의 특징을 규정하고 있는 자민족우월주의 사상은 항상 인류 발전에는 한 가지 형태밖에 없다라는 것을 고려하고 있듯이 가장하고 있다는 것이다. 그것은 생물학적인 도식에 따라 문화적인 발전이라는 것을 끼워맞춘 것이다. 따라서 레비 스트로스는 '사이비 진화론'이라 불리는 이 이론에 반대했던 것이다.

사실 문화적인 진보라는 것은 우리가 흔히 말하는 역사의 발전처럼 통시적 발전이라는 잣대로 볼 수 있는 것이 아니다:

"우리는 문화 형태에 대해서 **시간적인 간격에 입각해서** 고려해 왔지만 선사 시대나 고고학적인 지식의 발전으로 점차 **공간적으로** 문화의 형태를 **구분하는** 추세에 있다."

따라서 레비 스트로스는 문화를 두 가지 형태로 구분하였는데 하나는 누가적(累加的)인 문화로, 문화가 누적되면서 발달하는 것으로 프랑스 문화와 유사해서 이해하기 쉬운 문화이다. 다른 하나는 그 문화의 가치에 대해서는 우리들의 기준으로는 알 수 없는 문화로, 철학자들은 이런 문화 형태를 '답보 상태'의 문화로 규정하고 있다. 서양의 누가적인 문화는 '인구 수에 알맞은 에너지 양을 계속적으로 증가시키고자' 하고, 동시에 인간 수명을 연장시키고자 하는 욕망으로 특징지어진다. 이렇게 하기 위해서 이 문화는 다른 문화들과 체계적으로 협동과 협조를 이루어 나가면서 이 문화들을 폭넓게 수용했던 것이다. 서양 문화가 다른 문화보다 우월하다고 하다는 관점에서 보자면 이것이 힘이 되었던 것이며, 이 힘이란 바로 개방의 능력을 뜻하는 것이다.

"인간 집단을 비통하게 만드는 유일한 결함은 바로 외골수적인 배타성이다. 이런 배타성이 활개치지 못하도록 하는 방법은 혼자 있게 내버려두는 것이다."

19세기에 고비노가 주장한 것과는 반대로 서양 사람들이 다른 지역의 사람들에게 자신들의 발전 모델을 강요할 수 있도록 만든 것은 바로 이질 문화의 수용이다.

외부 세계와 차단된 모든 인종과 민족과 문화들은 침체의 늪을 헤어날 수 없을 뿐만 아니라, 레비스트로스의 말에 의하면 사라질 운명에 처하게 된다는 것이다.

시사화하기

성차별주의

프랑스에서 정치적인 발언에 대해 언론이 발표하는 몇몇의 언어적인 표현의 차이를 제외하고는 인종 차별적인 표현을 사용하는 것은 범법 행위에 속한다. 사실 엄격하게 제재를 받는 '인종간에 증오를 자극하는' 행위는 거의 일어나지 않는다. 왜냐하면 인종적 억압을 사람들이 당하고 있는지를 감시하는 법적인 장치가 마련되어 있기 때문이다. 그렇다면 어떤 인종은 지적이나 도덕적으로 뒤처져 있다고 누가 감히 주장할 수 있겠는가? 민주적인 원칙을 따르는 사회라면 그 사회의 '사회법'은 당연히 생물학적인 차별을 인정하지 않을 것이다. 그렇다면 인종 차별이 현재의 예의범절(17세기 이 단어에 부여한 '당대의 풍습에 적합하다'는 의미에서 말한 것임)에 어긋나는 것이라고 한다면, 성차별주의(sexisme)라는 표현도 차별적이고 불평등한 편견에 기인한 아무 근거도 없는 표현인 것이다. 그럼에도 불구하고 여성 차별적인 표현은 끊임없이 들려 오고 있는 것이다.

만약 인종 차별을 생물학적이나 유전적으로 다른 특정한 그룹에 속해 있다는 이유로 개인의 가치를 능멸하는 것이라면, 사회 생활에서처럼 경제 활동에서도 기계적으로 여성을 탈락시키는 여성차별주의도 도저히 용납할 수 없는 이 인종차별주의와 별반 차이가 없다는 것은 분명한 사실이다. 일은 똑같이 하면서도 봉급은 남자만큼 받지 못하는 것은 분명 여성차별인 것이다. (프랑스에서는 여성 간부인 경우에 같은 일을 하는 남자 동료보다도 약 40퍼센트 정도를 덜 받는다.) 뿐만 아니라 국회 의석수에 대해서도 여성 의원의 숫자가 너무 적다고 대단한 문제인 양, 오로지

1년에 딱 한번, 정확히 말해서 여성의 날에만 떠들어대니 참으로 이상한 일이 아닐 수 없다. 좀더 일찍 여성들에게 참정권을 부여하지 못한 것이 프랑스 발전을 얼마나 저해했는지에 대해 생각해 보면 오히려 창피해서 빨리 잊어버리고 싶건만, 무슨 자랑스러운 일이라고 프랑스 여성 참정권 획득 50주년 기념 행사를 하고 이날을 즐기는 것을 보면 이 또한 이상한 일이 아닐 수 없다. 그러나 무엇보다도 여성차별주의도 일종의 인종차별주의임에도 불구하고 사람들은 아직도 그렇게 규정하지 않는 것을 보면 정말 이상한 일이 아닐 수 없다.

공화국

정의하기

공공에 관한 문제

공공에 관한 문제 'res publica'란 무엇인가? 로마인들은 'res publica'라는 말을 '국가'라는 의미로만 사용하였다. 이 'res publica'라는 표현은 국가의 주권이 국민이나 또는 국민을 대표하는 일부 대표자들에게 있는 정부 형태를 지칭하기 위해서 'république'라는 프랑스어로 사용되게 되었다. 그래서 몽테스키외는 공화국이라는 제도는 민주주의나 또는 군주제라는 형태를 취하고 있고, 주권은 국민(demos)이나 혹은 최고로 인정받는 사람들(aristoi)에게 속한다라고 말했던 것이다:

"공화 정부는 국민이나 또는 국민을 대표하는 일부 사람들을 본체로 하고 있고, 강력한 주권을 가지고 있는 정부를 말한다."

《법의 정신》

정부 형태에 대해서 몽테스키외는 입헌군주제·전제군주제, 그리고 공화제를 국민의 일부가 지배하느냐, 아니면 한 사람이 지배하느냐, 국민 전체가 지배하느냐에 따라 구분하였다. 흥미로운 것은 민주주의라는 것이 공화국이 취할 수 있는 두 가지 형태 중에서 하나일 뿐이라고 하면서 민주주의와 공화국을 구별하고 있다는 사실에 주목하게 될 것이다. 공화국이 전제 정치와 반대되는 개념으로 정의된다 하더라도 반드시 민주주의가 되는 것은 아니다.

내용 구성하기

내용 없는 형태?

■ **만약 공화국이 내용은 없고 형태로만 보인다 할지라도……**
소크라테스와 그의 상대자들이 꿈꾸었던 공화국과 보댕이 여섯 권에 걸쳐서 다루었던 공화국 사이의 공통점은 무엇일까? 사실 공화국이라는 말은 플라톤이 말하는 귀족 정치 제도(aristocratie)나 보댕이 말하는 군주제(monarchie) 그리고 프랑스 공화국과 같은 민주주의제(democratie)처럼 정치 제도 형태를 구별하는 용어로서의 가치가 있다. 그런데도 어떤 희한한 공식 문서들은 이를 혼동해서 사용하고 있다: 1804년에 만들어진 공식 문서의 상단에 '프랑스 공화국, 나폴레옹 제국'이라는 이상한 표현을 보았을 것이다. 이런 다양한 표현들은 피에르 노라라는 역사가를 난처하게 만들었고, 종래에는 그에게 공화제란 어떠한 내용을 담고 있는지에 대해 연구하도록 영향을 끼쳤던 것이다:

"공화제는 정치 문화로 보는 것이 타당하지 정치 형태로 보는 것은 의미가 없다."

《프랑스 혁명 비평사전》

그럼에도 불구하고 대부분의 경우에 공화국은 군주 주권에 반대되는 국가 주권의 출현과는 분리해서 생각할 수는 없는 것이다. 이는 로마 공화정이 시작될 때처럼 18세기에도 마찬가지였다: 왕들이 축출되자마자 공화정이 들어섰다. 루이 16세의 몰락처럼 위풍당당한 타르퀴니우스의 패주는 백성이 주인이 되는 새로운 정치 질서의 탄생을 가져왔다. 그래서 키케로는 다음과 같이 말했던 것이다: "시피옹이 말하기를 공공에 관한 문제는 고로 국민에 관한 문제라고 하였다." 여기서 중요한 것은 국민은 동물과 같은 무리들이 아니라는 것이다. 공화제 안에서 '사람들은 같은 법을 따르고, 어떤 공동 이익 단체라는 구성을 통해서 서로가 결합' 하기 때문이다.(《국가론》)

■ 원칙이 없는 것은 아니다.

물론 키케로가 내린 정의는 보완적인 것임에 틀림없다. 왜냐하면 공화국은 단지 이익 공동체라는 것만으로 말해질 수 없기 때문이다. 실제로 고대 시대에는 공화국을 몽테스키외가 《법의 정신》에서 열정(passion), 즉 덕목(vertu)으로 표현한 것처럼 일종의 느낌(sentiment)으로 분류하였다. 사실 플라톤이 주창한 국가 건설의 본래 모델은 덕목이었고, 신성 로마 제국이 쇠퇴한 군주제의 부패를 지칭하기 위해서 가치를 부여한 것도 덕목이었고, 끝으로 혁명이 목표로 하는 기준을 삼는 것도 덕목인 것이다:

"인민 정부와 민주 정부의 기본 원칙은 무엇인가? 다시 말해서 민주 정부를 지탱하고 움직이게 하는 주요 원동력은 무엇인가? 그것은 바로 덕목이다. 나는 그리스와 로마에서 그토록 많은 기적을 일으키게 만들었고, 프랑스 공화국에서는 훨씬 더 경이로운 기적을 불러일으킨 공화국의 덕목에 대해서 말하는 것이다."

로베스피에르, 1794년 2월 5일에 행한 연설

공화국의 이상(理想)인 덕목은 18세기에 고대 시대의 모델을 장려하는 데 있어서 건설적이고 결정적인 요소처럼 비쳐진다. 하지만 로베스피에르와 몽테스키외가 공화국에 관해서 제기한 이 덕목을 어떻게 규정해야 하는가? 그것은 사회에서 명확히 규정해야 하는 이 문제에 대해서 공공의 성격을 인정하는 것은 아닌가? 따라서 공화국은 사람들이 가지고 있는 의식에 따라 정의된다. 형태는 내용을 만들어 낸다. 이것이 바로 원칙이다. 공화국은 따라서 정치 생활에 있어서 절대적으로 필요한 것처럼 보여지는 것이다.

심화하기

《국가》
플라톤(기원전 4세기)

플라톤이 하는 말 한마디 한마디가 '연극 대사'이며, 그가 말하는 장소도 연극 무대와 다를 바가 하나도 없었다. '공연'은 현실 세계와 동떨어진 영혼이 편안히 '날개를 펼칠 수 있는' 중간 기착지인 항구 도시 피레에서 진행되었다. 다른 어느 장소보다 더 좋은 이 항구에서 소크라테스는 길고 긴(소크라테스와 그를 초대한 사람들은 저녁 식사하는 것조차도 잊어버릴 정도였다) 밤샘 토론 끝에 도달해 낸 진정한 유토피아인 이상 국가, 즉 공화국 건설에 대한 이상의 꿈을 펼쳐 나갔다. 시간(밤)과 공간(바다)을 초월한 이 철학자는 부패한 현실 정치에 대항하여 덕(vertu)에 의해 지배되는 국가를 창안해 낸 것이다.

소크라테스는, 사회의 기원은 인간의 욕구를 충족시켜 주기 위해서 생겨났다고 주장하였다. 정상적인 국가에서는 각 개인은 다른 이들에게 필요한 욕구를 충족시켜 주기 위해서 일을 한다. 하지만 필요하지도 않은 욕구가 커지기 시작하면 그때부터 사회는 몰락하기 시작하는 것이다. 따라서 이를 조정하는 장치, 즉 정의에 대한 열정을 가지도록 강제하는 장치인 덕이 필요하게 되는 것이다. 이상적인 사회는 대책 없이 감각적인 면에만 너무 치중한다든가, 특별한 욕망이 확산되지 않도록 경계해야 한다. 따라서 공화국에는 무사(武士)와 같은 특권 계층이 절대적으로 필요한 것처럼 보여진다. 이 무사들은 아주 특별한 임무를 목적으로 할 것이다: 시민의 덕목을 지켜 주는 이 무사들에게는 어떠한 경우에서도 부당한 행위를 용납하게 해서는 안 된다. 그들에게 부여된 생활 방식이 공산주의의 형태를 띠는 이유도 여기에 있는 것이다. 모든 것은 공동 소유이고 비밀도 없고, 개인 재산도 없어야만 한다. 각 개인은 모두 다른 사람들의 감시를 받는다. 이 '투명성'이야말로 덕을 행하게 하는 최선의 장치이다. 공동체 전부에게 알리지 않고서는 투명성이 지켜지기는 불가능한 것이다. 사실 플라톤은 사생활을 우선시하고자 하는 본능적인 성향이 부당 행위를 낳게 만든다고 자신 있게 말하였다. 부당한 짓을 하는 사람들은 숨어 살아야 하는 것이다. 공화국은 고결한 사회이기 때문에 유리로 지어진 사회와 다를 바가 없다.

덕목을 지키는 계급은 사적인 일에서나 공적인 일에서 올바른 지도를 담당하는 임무를 가지고 있는 것이지 국가를 경영하는 임무를 행하는 것은 아니다. 철학가만이 선(善)에 대한 지식을 가지고 있기 때문에 국가를 경영할 자격이 있는 것처럼 보인다. 하지만 지식에 대한 애착만으로 국가 경영을 하는 데 충분하다고 볼 수 있는 것일까? 플라톤은 사실 공화국이 최종적으로 유토피아가 될 수 있는가에 대한 의구심을 표명한 바 있다. 철학자는 지혜와 덕목에 대하여 '에로스'적인 형태의 사랑에 고무되어 있다. 이 철학적 에로스(부족한 것과 결합하고자 하는 욕망)는 증명해야 하는 정치의 계산적인 사랑과는 서로 양립할 수 없다(정치적 사랑은

'고귀한 거짓말'을 말할 준비가 되어 있어야만 한다). 따라서 매우 상징적인 관점에서 보면 최고의 정치가는 여자의 배를 통해 태어나지 않은 처녀신 아테나와 비슷한 사람들이라고 《티마이오스》에서 강조하고 있는 것이다. 아테나 여신은 에로스의 세계에 속하지도 않고, 그의 출생마저도 이 세계와는 동떨어져 있는 것이다. 이 여신은 전쟁에 활용되는 이성(Raison)의 화신으로 철학과 진실을 연결하는 관계에 있어서 사랑의 차원에 대해 무관심하다.

결국 레오 스트라우스가 플라톤의 《인간과 국가》를 해석하면서 강조한 것은, 이러한 어려움은 국민들을 철학자 자신들 수준만큼 끌어올리려고 설득하는 것보다는 오히려 철학가가 왕위에 올라야 한다는 것을 설득하기 위한 신념을 발전시키기가 더 어렵다는 것이다. 실제로 철학가가 긴밀한 사회 관계에 대해서 이해하고 있는 것이 전체 중에 극히 일부분에 지나지 않는 데 반해, 시민들에게 사회는 전부이자 절대적인 것이라는 환상에서 깨어나지 못하도록 어떻게 조정해 나갈 것인가?

덕목을 갖춘 인간들에게 국가 경영을 맡기기는 불가능한 것처럼 보이기 때문에 공화국을 덕치(德治) 국가로 만들기에는 어려움이 많다. 플라톤이 《국가》에서 주장한 것과는 반대로 철학은 정치로부터 분리되었다.

시사화하기

프랑스 공화국의 얼굴, 마리안

상징은 교육적인 목적으로, 추상적인 것을 구체적인 표현인 이미지로 나타내는 잘 알려진 수사학적인 표현이다. 눈을 가리고 천칭을 들고 앉아 있는 여인은 '정의'를 표현하고 있고, 올리브 나뭇가지를 물고 날아가는 비둘기의 모습은 '평화'를 상징하고 있는 것처럼 말이다. '공화국'이라는 상징도 이와 같은 방법으로 묘사되고 있다. 실제로 '공화국'은 사람의 형상을 하고 있을 뿐만 아니라 마리안(Marianne)이라는 이름도 가지고 있다. 5세기 아테네의 동상들이 모든 아테네 시민들의 시민 활동을 보호해 주기라도 하듯 곳곳에 설치되었던 것처럼, 오늘날 이 마리안 흉상도 프랑스의 거의 모든 도시에서 찾아볼 수 있다.

프랑스 국민들은 들라크루아의 민중을 이끄는 여인이라는 작품의 일부분을 도안해서 만든 1백 프랑짜리 지폐를 매일같이 사용할 때 자연과 조국 그리고 자유와 함께 여인의 모습으로 나타나고 있는 공화국을 접하게 되는 것이다. 만약 이 여인의 모습이, 사람들이 일반적으로 가지고 있는 모성애라는 의미를 제거한 여느 여자와 다름없는 일반적인 여인상에 불과했다면 이 여인에 대한 특별한 의미는 전혀 없었을 것이다. 사실 자연과 조국은 낭만주의 화가가 그린 가슴을 드러낸 자유의 여신처럼 여성이기 이전에 어머니를 상징하는 것이다. 고대 그리스인들이 말하는 다산(多産)을 상징하는 모체(母體)이거나 루소의 추종자들이 말하는 인자한 '엄마'는 모두 아이에게 젖을 물리고 있는 어머니인 것이다. 우리들은 이들의 은혜를 아는 착한 아이들이고, 매일매일 그들의 은혜에 보답해야 하는 자식들인 것이다. 상징은 이런 것들을 강조하기 위해서 있을 뿐만 아니라 사람들에게 생태학적 의무나 시민적인 의무를 다하도록 사용되고 있는 것이다.

하지만 마리안의 흉상은 이런 어머니의 모습과는 거리가 멀다. 이는 현재 프랑스가 처해 있는 상황을 염두에 두고 이런저런 이유를 들어서 시장(市長)들이 마리안을 정하는(마리안 선발은 프랑스 도시의 시장들의 투표에 의해 결정된다) 선택의 폭을 줄여 놓았기 때문에 때로는 새로 뽑힌 마리안이 누구인지를 사람들이 잘 알아보지 못하는 경우도 생긴다. 당대에 인기가 높았던 브리지트 바르도·카트린 드뇌브·베아트리스 달이나 이네스 드 라 프레상주 같은 여배우들이 마리안으로 선발이 되어 자신의 모습을 석고로 본떠서 마리안의 흉상이 되었다는 것은 잘 알려진 사실이다. 물론 이들은 섹스 심볼로 유명한 배우들이지만 마리안의 흉상에서는 이러한 이미지는 찾아볼 수 없다. 이는 성적 유발이라는 충격을 최소한으로 줄이기 위한 노력이었지만 결과적으로는 어머니와는 동떨어진 모습이 되어 버린 것이다. 남자들의 욕정을 불러일으키지 않으려는 이러한 선택은 당연히 놀랄 만한 일은 아니다. 이상한 성적 상상을 불러일으킬 수 있는 요소들을 최선을 다해서 제거할 수 있었다는 것은 변화와 동시에 지속성을 증명하는 것이다. 여기서 변화란 유혹의 손길에서 벗어나지 못했고 결국에는 유일한 현실 원칙으로서 쾌락주의를 선택했던 사회의 변화를 의미하고, 지속성이란 오로지 남자들의 시선을 만족시키는 것으로 살아 움직이는 사회 생활이 지속되고 있다는 것을 말한다. 사실 정치에서도 공상적인 분야는 여전히 '남자들이 하는 일'로 존속되고 있다.

혁 명

정의하기

"그래도 지구는 돈다!"

일반적으로 '혁명'이라고 해석되는 프랑스어의 Révolution은 특히 '지동설(地動說)'이라는 의미를 가지고 있다.

지동설이라는 개념은 천문학에서 유래되었다. 이 개념은 한 행성이 우주 공간에서 궤도를 돌아 다시 출발점으로 완전히 되돌아오는 움직임을 말하는 것이다.

그리고 지구가 태양을 중심으로 공전하고 있다는 주장은 세상을 떠들썩하게 만들었던 과학과 종교 간의 마찰의 원인이 되었다. 지구는 행성들의 중심에 위치하면서 지구 자체는 움직이지 않고 있다는 이론에 대한 반박이었기 때문이다. 이 새로운 이론은 유례없는 위대한 발견인(인간은 우주의 중심에 있는 것이 아니다!) 동시에 미래에 대해서는 인본주의의 승리를 점치게 하는 과학의 승리로 인정받게 되었다. 따라서 'Révolution'이라는 단어는 자연스레 **전복(顚覆)**과 '**진보(進步)**'라는 말의 동의어가 된 것이다.

그런데도 이 단어에 대한 긍정적인 의미는 18세기에도 그렇고 현재에 와서도 분명치 않다. 왜냐하면 혁명이라는 것이 정치적인 측면에서 볼 때 국가 체제를 갑작스럽고 급진적이며 폭력적인 방법으로 변화시킨다

는 것을 전제로 하기 때문이다. 몽테스키외는 그 예로서 《법의 정신》에서 다음과 같이 말하고 있다:

"모든 우리의 역사는 혁명이 아닌 시민 투쟁으로 가득 차 있고, 독재 국가의 역사는 시민 투쟁이 아닌 혁명으로 가득 차 있다."

몽테스키외는 전제주의에 대해서는 혁명이 적절한 것으로 생각하는 것 같다. 폭력적인 정부에는 폭력적인 방법으로 변화를, 온건한 분위기의 정부에는 극단적으로 치닫는 방법이 아닌 쟁의를 통한 변화를 생각했던 것 같다.

하지만 몽테스키외의 이러한 생각은 빗나갔다. 중용과 균형을 이루리라 예상되었던 프랑스 정세는 곧 대혼란으로 빠져들었다. 이에 대한 루소의 예언이 정확했던 것이다:

"국가의 위기와 혁명이 우리 앞에 다가오고 있다; 당신이 앞으로 어떻게 될지 누가 말할 수 있겠는가?"

《에밀》

내용 구성하기

혁명은 역사를 만드는가?

■ **만약 혁명(révolution)이 봉기(révolte)와 다르다고 한다면……**

바스티유 감옥이 함락되었을 때, 이에 놀란 루이 16세에게 신하들은 다음과 같이 고하였다. "아닙니다 전하, 그것은 봉기가 아닙니다. 그것은 혁명입니다." 그때 왕은 제도가 바뀌게 될 것임을 알아차렸어야 했었다. 왜냐하면 혁명은 사회 조직을 근본적으로 뒤엎는다는 면에서 봉기와는 다르기 때문이다. 카뮈가《반항인》에서 말하는 봉기는 인간의 가치를 주장하는 것이 필요하다고 하는 의식의 발로에서 생겨난 개인적인 거부 행위이다. 반란을 일으킨 사람들이 외치는 '반대!' 라는 구호 뒤에는 언제나 인본주의자들의 '찬성!' 이라는 구호가 울려 퍼지는 것이다. 고대 노예 반란군이 일으킨 시위는 봉기일 뿐이다. 스파르타쿠스는 노예나 검투사가 된 옛 전사들을 자기 조국으로 돌려보내거나 박탈당한 자유를 되찾게 만들고자 하는 계획밖에는 없었다. 그는 군대를 이끌고 로마로 진군하는 대신에 로마를 등지고 바다로 향했던 것이다. 봉기는 역사에 있어서 혼란에 불과한 것이다:

"봉기의 역사가 항상 현실 속에서 제도의 변화나 이성을 전제로 하지 않는 결과 없는 애매모호한 항의로서 단지 참여 운동의 역사라면, 혁명은 이론적인 범위에서 세상을 변화시키기 위해 이념에 기초를 둔 행동을 형성하기 위한 시도인 것이다."

카뮈,《반항인》

■ **혁명은 결코 역사에서 최종 목표처럼 보여지지 않는다.**
이 말이 뜻하는 바는 혁명은 역사 속에서 우연히 발생한 사건들과는 다르다는 것을 의미하는 것인가?

이 말이 뜻하는 단순적 의미만으로 볼 때 실제로 역사 속에서 성공한 혁명이 한번도 없었다는 것을 확신시켜 주기에 충분하다. 왜냐하면 역사와 영속성과 사상의 확고부동함을 만드는 현상들에 대해 끊임없는 움직임을 필요로 한다는 의미에서 혁명은 역사와 반대되기 때문이다. 혁명이 완성되기 위해서는 혁명 계획이 통치를 하고자 하는 인간에 의해 추진되어야 한다. 그래서 통치를 하는 것과 혁명을 일으키는 것은 서로 양립할 수 없는 행위이다. "카뮈가 인용한 프루동의 설명에 의하면 정부는 결코 혁명가가 될 수 없고, 정부는 정부이기 때문이라는 아주 단순한 이유 때문이라고 말하는 것은 모순이다."

사실 국민을 혁명으로 이끄는 이상주의자들에게 대처하기 위한 군주의 재능에 대해서는 알려진 바가 없다. 통치라는 것은 실제로 항해를 하는 것과 같아서 바다와 바람의 상황에 따라서 뱃머리를 돌릴 줄 알아야 하는 것처럼 상황이 바뀌게 되면——마키아벨리가 말한 것처럼 '행운'을 맞이하게 되면——혁명 원칙을 저버리는 것이다. 카뮈가 "역사 속에서 아직까지 혁명이 일어난 적이 없었다"라고 쓴 이유가 바로 여기에 있는 것이다. 결코 사상이 사태의 추이를 변화시킨 적이 없었다. 결국 사태의 추이는 절대 예견할 수 없기 때문이다. 따라서 혁명은 열망일 뿐이다. 혁명은 원칙들을 제시해 주고 정치가들에게 자신들의 행동을 정하도록 정치 노선에 대한 지침을 부여해 주는 것일 뿐이다.

심화하기

《공화 제도》(미완성 원고)
루이 드 생 쥐스트(1793)

루이 생 쥐스트의 정치 사상은 혁명의 개념에 주안점을 두고 있다. 국가나 사회 제도를 변화시키고자 하는 필요성이 대두될 때 이런 문제에 대한 해결책이 바로 혁명이다. 따라서 혁명은 공공의 행복을 제도화하고자 하는 새로운 질서의 초석이 되는 것이다. 따라서 혁명은 모든 정치의 시작이자 변화를 위한 착수 작업인 것이다.

이 점에 대해서 **생 쥐스트는 혁명(Révolution)과 봉기(Insurrection)를 구별하였다.** 혁명은 새로운 국가 질서를 수립하기 위해서 기존의 국가 질서를 전복하는 것이고, 봉기는 1789년 인권 선언이 천명하고 있는 수많은 자연권 중에 하나로서 압제에 저항하는 권리를 말한다. 사실 생 쥐스트는 이 《공화 제도》라는 저서에서 실정법을 자연법의 하위에 놓아야 된다고 주장하고 있다. 법에 복종한다는 것은 그것 자체만으로는 아무 의미가 없고, 단지 모든 것은 이러한 법들의 본질에 달려 있다:

"법에 복종한다는 것은 의미가 없다; 왜냐하면 법이란 것은 법을 강요하고자 하는 이의 의지일 뿐 다른 아무 의미가 없기 때문이다. 사람들은 억압적인 법에 대해 저항할 권리가 있다."

법에 대한 이러한 불신은 지금까지 남아 있는 이 미완성 초고 내용 속에서 반복적으로 표명되고 있음을 알 수 있다:

"최소한의 법만 있으면 된다. 법이 많은 국가에서는 국민들은 노예들이나 다름없다. 국민들에게 엄청나게 많은 법을 강요하는 자는 독재자이다."

실정법은 혁명이라는 개정 작업을 통해서 만들어져야 한다. 혁명은 거부하는 것으로부터 시작해야 하며, 이어서 부정 행위를 색출해 나가야 한다. 혁명은 왕이 저지른 중대한 범죄 행위와 주권 침탈에 대한 진실을 밝혀내게 만들어야 한다. 그런 다음 혁명에 의해서 공화국에 어울리는 제도를 수립할 수 있는 것이다: "왕을 처단할 수 있다는 마음가짐은 공화국을 건설할 수 있다는 마음가짐과 같은 것이다."

따라서 알베르트 카뮈는 《반항인》이라는 작품 속에서 왕의 재판에 대한 저의를 다음과 같이 분석한 것이다:

"만약 자연법이나 시민법이 아직도 왕과 그의 백성들에게 연관이 있다고 한다면 서로에 대해서 의미가 있을 것이다; 백성들의 생각은 자신들이 절대적인 판결을 내릴 수 있는 절대적인 판사라고 여기지 않는다. 따라서 이것이 의미하는 바는 왕과 백성들 간에는 어떠한 관계도 없다는 것을 말하는 것이다."

사실 생 쥐스트는 유일 군주라고 하는 일반 의지에 대한 루소의 이론을 답습하며 양자택일이라는 간단한 선택이 있다는 것을 보여 주고 있다: 사람들이 왕에게 주권을 인정하고 이런 경우에 혁명은 헛되고 목적이 없는 것이 되거나, 아니면 국민이 주권자가 되어서 루이[16세] 왕을 가장 큰 범죄를 저지른 죄인으로 다스리거나 하는 것이다: 루이는 자신이 일반 사람보다 우월하다고 믿었기 때문에 죄인이 되는 것이다. 게다가 왕이 죽은 후에 한 촌사람이 다음과 같이 외쳤다: "자, 시작이다!"라고. 이제 혁명은 돌이킬 수 없는 것이 되어 버린 것이다.

시사화하기

관객 참여 공연

프랑스에서는 1989년 이후로 다양한 축제가 벌어지고 있다. 프랑스 혁명 2백 주년을 기념하는 공연에서 프랑스 사람들이 애정을 가지고 적극적으로 공연에 참여하는 기대하지 않았던 현상이 벌어졌다. 물론 혁명의 결과가 어떻게 되었는지 누구나 다 아는 뻔한 역사적 사건을 다룬 공연에서 말이다. 프랑스 혁명에 대한 열기는 아직도 가시지 않고 있는데, 이는 혁명이 아직도 끝나지 않았다는 뜻이 아니라 드코와 카스텔로와 함께 로베르 오셍이 연출한 '관객 참여 공연'과 같은 방식으로 지속되고 있다는 뜻이다.

이들은 1793년 10월 16일에 거행되었던 마리 앙투아네트의 처형을 주제로 삼고 아주 독창적인 방법으로 공연을 꾸며 나갔다.

1993년 가을 파리에서는 《내 이름은 마리 앙투아네트였다》라는 공연이 있었다. 이 공연은 혁명에 대한 프랑스 사람들의 관계를 상징적으로 다루어 보고자 하는 의도에서 이루어졌다. 이 공연의 방식은 매일 저녁 관객 앞에서 왕비에 대한 재판 과정을 재현하고 4천 명이 넘는 이 관객들이 재판관이 되어서 왕비의 운명을 다시 결정하는 방식이었다. 관객들을 공연에 적극적으로 참여시키면서 왕비의 운명과 동시에 역사에 대한 재판을 시도하였던 것이다. 어떤 날은 사형, 어떤 날은 유배, 어떤 날은 투옥 아니면 무죄 방면, 이런 식으로 하루에 한 번씩——주말과 공휴일에는 공연이 두 번 있었기 때문에 하루에 두 번씩이나——대단한 열기 속에서 판결이 진행되었다. 이 공연에 참석한 관객들은 이미 알고 있는 역사적 현실을 전혀 인정하려 들지 않았다: 만약 왕비가 오늘날에 다시 재판을 받는다면 왕비는 교수대의 이슬로 사라지지는 않았을 것이다 ……. 왕비는 참으로 운이 없었던 것이다. 2백 년이나 지난 역사를 오늘날의 관점으로 다시 판단하려고 하는 사람들에게 초점을 맞추는 이러한 공연은 부조리한 것으로 비쳐지는 것이 당연할지도 모른다. 하지만 반대로 관객들이 공연에 참여해서 이러한 역사에 대해 재평가를 내리는 이 참여 공연은 나름대로의 의미가 있는 것이다. 매일 저녁 공연마다 마리 앙투아네트에 대한 처벌이 유배나 투옥 등으로 의견이 분분하게 판결이 내려지는 것은 중요한 일이 아니다. 중요한 것은 4천 명의 관객들이 공연에 직접 참여를 하고 있다는 것이고, 이러한 판결에 참여해 달라고 하는 연출자의 요구에 관객들이 기립 투표에 참여하기 위해서 자리에서 일어나고 앉는다는 것은 '2백 년 전에 일어났던 이 사건들이 오늘날까지도 관객들에게 관심을 끌고 있음'을 의미하는 것이다.

따라서 현대인들은 프랑스 혁명을 진정한 프랑스 공화국 건국 신화로 인식하고 있다는 것과, 공연에 참여해서 자신의 의사를 표출하고자 하는 욕망은 성스러운 욕망이라는 것, 그리고 1789년의 프랑스 혁명과 1793년의 마리 앙투아네트의 처형은 서로 대조적인 사건이 아니라고 생각하는 공화주의자들을 보면서 이들이 1793년의 사건을 **추모하는 것이 아니라 기념하고 있다**는 사실을 엿볼 수 있는 것이다.

신 성

정의하기

타부!

신성(神聖)은 절대적인 것이고 모든 구속력으로부터 벗어나 있으며, 모든 현실로부터 **초월한** 것이다. 사실 **성스러운 것은 더럽힐 수 없고 더럽혀지지도 않는 범접할 수 없는 것을** 말한다.

본래 신성은 양면적인 성격이 있으며 또 양면성 그 자체이기도 하다. 카유아가 《인간과 신성》에서 말했던 것처럼 신성은 인간들 각자 속에 내재되어 있는 '불에 데일까 하는 두려움과 동시에 불을 내고 싶은 욕망'처럼 양면적인 감정을 불러일으킨다고 하였다.

그러면 모든 인간 사회가 신성함이라는 것이 명백히 존재한다고 공통적으로 믿고 있는 이러한 태도는 어디에서 유래된 것일까? 각 개인의 마음속에 자리잡고 있는 그토록 사랑하고, 그리고 아주 종종 증오했던 신의 모습을 두려워했던 어린 시절의 어느 순간을 떠올리게 하는 경험에서 비롯된 것일까?

신성함의 기원에 대해 제기했던 문제에 대한 해답이 어떤 것이 되든간에 이러한 본능적인 성향을 초자연적인 것으로 유도하도록 만드는 것이 종교라는 사실에 주목해야 한다. 아주 막연히 성스러움과의 관계(lien; re-ligare: relier)를 회복시켜 준다고 주장하는 것이 바로 종교이기 때문이다.

> 내용 구성하기

신은 죽었는가?

■ 신의 죽음은……

신들은 어떻게 죽었는가? 니체는 《차라투스트라는 이렇게 말했다》에서 신들은 애매한 방법으로 죽었다고 적고 있다:

"신들이 죽을 때 신들은 여러 종류의 죽음으로 죽었다."

물론 이는 19세기말 서양에서 종교 활동의 감소라고 하는 사회학적인 관점에서 바라본 것이 아니기 때문에 "신은 죽었다!"라는 이 역설적인 선언에 대해서 여러 가지 의미를 부여하는 것이 타당할 것이다. 그러나 신의 소멸에 대해서는 무엇보다도 자연에 대한 합리적인 사고 방식의 발전이라는 측면에서 고려해 보아야 할 것이다. 만약 신들이 죽었다면 신들이 박해당했다는 의미는 아닐까? 사실상 과학은 신들이 머물고 있는 장소로부터 끊임없이 신들을 쫓아내 버린 것 같기도 하다.

고대인들은 초창기에는 신들이 자연에서 살도록 내버려두었다. 나무들과 강가에는 요정들과 여러 신들이 살고 있었고, 자연은 초자연적인 힘을 가지고 있었다. 따라서 인간이 자연에서 느끼는 현상들에 대해서 설명할 필요는 없었다. 하지만 에피쿠로스 이후에는 하늘조차도 신들에게는 피난처가 되질 못했다. 몇 세기 동안 물리학과 원자물리학은 성령을 인간의 감성으로부터 멀어지도록 만들었다. 다시 말해서 성령을 자연으로부터 밀어냈는데, 이는 인간이 이성을 추구하면서 점차적으로 자연의 주인이자 소유자라고 자처하게 되면서부터이다. 신의 죽음은 우연하게도 인본주의의 출현과 일치하는 것처럼 보인다. 인간이 세계의 중심으로 우뚝 서고 사회의 중심에 자리잡으면서 말이다.

■ **인간의 죽음을 의미하는 것이 아닐까?**

그런 이유로, 신을 만들어 낸 인간의 능력을 발견하는 단계로서 기독교인들은 인간을 창조한 신을 공경하는 모습을 묘사한 작품을 그리게 되었다. 1500년에 뒤러가 그린 자신의 초상화는 이런 관점에서 애매한 모습으로 과장되게 그려졌다. **살바도르 문디**, 포즈를 취하고 있는 화가의 모습은 인간의 모습인가, 아니면 신의 모습인가? 예수에게 뒤러 자신의 모습을 빌려 준 것인가, 아니면 예수가 인간의 모습으로 나타난 것인가?

따라서 신의 죽음이란 '하늘'이라든가, 더 정확히 말해서 '저 세상'이라고 하는 기존의 의미를 거부한다는 의미이다. 신에게서 버림받은 상태, 다시 말해서 신들은 숨어 있다거나 아니면 신이 우리를 버렸다고 하는 감정은 언제 닥칠지 모르는 대재앙이 우리 인간 자신들의 책임이라는 사실을 알아차리지 못하도록 눈가림하는 '연출'일 뿐이라는 것이다. 신들의 존재가 인간들의 존재를 보호해 주지 못했었기 때문인가? 기독교적 상징주의로 돌변하게 된 이유는 인간을 창조한 신의 아들을 못박아 죽이면서 동시에 인간 자신들을 못박아 죽인 것이기 때문인가? 결국 의미를 부여하는 유일한 존재인 인간들이 위험을 감수하지 않은 것은 무엇인가? 다음과 같은 내용을 알리도록 니체가 임무를 부여한 사람은 정확하게 말해서 '미친 사람'인 것이다:

"신은 어디에 있는가? 내가 당신에게 알려주겠다! 우리들이 신을 죽인 것이다. 바로 당신과 내가 말이다. 그래서 우리는 모두 신을 죽인 살인마들이다."

《배우는 즐거움》

심화하기

《토템과 터부》
지크문트 프로이트(1943)

민속학의 연구에서 커다란 획을 그은 《황금 가지》를 쓴 프레이저에 대한 연구에 남다른 관심을 가지고, 프로이트는 원시 사회에서 행해졌던 토템 숭배 사상에 대한 연구를 하면서, 모든 종류의 사회 형태의 기원이 되었을지도 모를 신격화 체계를 이해하는 데 있어서 중요한 단서가 될 만한 내용을 찾아냈다고 생각하였다.

그래서 프로이트는 동물-토템 숭배 사상의 특징은, 원시 사회의 인간들이 어떤 동물들을 자신들의 공동체를 수호해 주는 동물로 숭배하고 있다가 제사를 지낼 때 제물로 이용하고, 이후 공동체 구성원들이 나누어 먹었다고 주장하였다. 자신들이 숭배한 동물을 죽이고 나누어 먹는다는 것은, 이 행위를 통하여 그 공동체가 가지고 있는 연대감을 더욱더 굳건히 다지는 행위라는 것이다. 심리학의 창시자인 프로이트가 관심을 가진 것이 바로 이 점이었던 것이다:

"어쩌면 인간들의 최초의 축제였을지도 모르는 토테미즘 의식에서 행해지는 이러한 식사는, 사회 조직이라든가 도덕적인 제한이라든가 종교라든가 하는 수많은 변화의 출발점으로 이용된, 이 끔찍하고 잔인한 행위를 추모하는 축제로 재현한 것일지도 모른다."

실제로 토테미즘의 기능은 바로 재현하는 데 있는 것이다. 물론 그들이 재현해 내는 것은 자기 부족의 조상들이다. 결과적으로 그들이 생각

해 낸 것은, 자신들이 숭배하는 조상들이 자신들을 보호하고 도와 주는 영혼이라는 것이다:

"같은 영혼을 숭배하는 사람들은 성스러운 의무를 다해야 하고, 이를 침해하는 자는 자동적으로 형벌을 받게 되는 것이다……."

이런 조건하에서 원시 사회의 진정한 특징이 되는 토템 의식 행사에서 이루어지는 만찬이 상징하는 것은 무엇인가? 왜 갑자기 공동체는 그 구성원들 각자에게 금지된 것을 감히 이행하도록 만드는 것일까?

토템 의식의 만찬은 원시 유목 집단의 수호자의 살해를 추모하는 행사이다. 이러한 놀라운 행위가 왜 일어났는가에 대해 프로이트는 나름대로 상상을 해보았다. 여자를 데리고 있는 늙은 남자에게 질투심을 느끼지만 그렇다고 그 여자를 제 것으로 삼고자 하는 욕망도 채울 수도 없고, 거기다 그 늙은이 한 사람의 폭력에 지배당하는 것도 지긋지긋해진 유목 민족의 젊은이들은 자신들이 두려워서 어쩔 수 없이 받들어 모셔야 하는 이 늙은이를 죽이기 위해 합세를 한다. 하지만 이러한 살인은 자신들을 해방시켜 주기는커녕 죄책감으로 시달리게 만들기 때문에 토템 의식과 터부를 지켜 나가는 것으로 이를 견뎌내게 되는 것이다.

"젊은이들은 수호자를 바꾸게 되는 토템의 살인을 금지시키고, 그리고 이러한 행위를 통해서 얻어낸 보상을 거절하고, 자신들이 구해 준 여인들과 성관계를 갖는 것을 거부하면서 자신들의 행위를 부정하였다."

후손들은 스스로에게 자신들이 죽인 수호자의 법을 엄격히 적용하였고, 근친상간을 금지하는 법을 만들었다. 레비 스트로스는 이 근친상간을 인간 사회의 변함없는 구조라고 정의하였다.

이 원시 사회의 살인은 살인 가담자들에게 동료 의식을 상기시키고 잘못에 대한 감정을 재현하며 동시에 떨쳐 버리게 하는 토템 의식의 만찬으로 거행되었다. 이러한 시나리오는 분명 토템과 터부에 대한 관습과 같은 원동력을 이용하는 신성화 과정을 생각해 볼 가치가 있다. 따라서 신성의 양면성은 조상에 대해 자손들이 느끼는 이중적인 감정 속에서 그 기원을 찾을 수 있을지도 모른다. 이런 상황에서 토템과 터부는 사회화 현상에 대한 설명적인 원칙이 되기 때문에 이 원초적인 폭력을 떼어내고 신성을 생각한다는 것은 불가능한 일이다. 실제로 '공범자'들은 범죄에서 공모의 기원이 되는 것이며, 종교로서 이러한 공모를 승화시키고 있는 것이다.

프로이트의 작품에 대한 반응은 상당히 미온적이었다. 실제로 1972년이 되어서 르네 지라르가 《폭력과 신성》을 출판하고 나서야 그의 논리는 호의적으로 받아들여지게 되면서 명예를 회복하였던 것이다. 프로이트는 실제로 모든 인간 사회의 최초 구성 요건을 신성함에서 찾고 있는 현대적인 고찰을 훨씬 앞서 연구했었던 것이다.

끝으로 덧붙일 것은 수호자의 살인에 대한, 프로이트의 가설에 대한 가치는 개인의 생활과 부족의 생활을 일치시키도록 노력하였다는 점에 있을 것이다. 왜냐하면 오이디푸스 콤플렉스라 하는 것은 무의식 속에 사회 형성의 메커니즘이 자리잡고 있음을 의미하기 때문이다.

시사화하기

현재 우리들이 살고 있는 속세에서 성스러움의 위상은?

성령에 대한 감정의 쇠퇴와 종교 활동의 감소에 대한 이유로서 가장 많이 지적되는 것은 바로 선진 서양 국가들에게 미치고 있는 과학의 영향 때문이라는 것이다. 사실 어느 때를 막론하고 여기저기에서 일어난 이런저런 사건들에 대해 열성적으로 접근해서 관찰한다 할지라도 지난 두 세기 동안의 발전 과정을 살펴보면 이러한 지적은 논란의 여지가 없다. 실제로 오늘날 사람들이 행동하는 성향과 요한 바오로 2세나 피에르 신부가 사람들의 행동에 대한 설교에 있어서 신자들에게 미치는 실제적인 영향에 대해 구별해 볼 필요가 있다. (성 문제, 특히 콘돔 문제에 대한 양쪽의 의견 차이는 심각하다.)

따라서 과학은 세상을 이성이 판을 치는 속세로 변하게 하면서 종교적인 성심을 사라지게 만들었는지도 모른다. 그렇다면 실증주의가 승리한 것이란 말인가?

그렇다면 오귀스트 콩트는 1822년에 쓴 《사회 재구성에 필요한 과학적 연구 취지서》에서 무엇을 말하고자 했던 것인가? 목사를 학식 있는 사람으로 바꾸자는 말인가? '목회자'들을 쫓아내면서 종교를 제거하려고 했던 것인가? 아니면 과학을 신성시하고자 했던 것일까? 그리고 **학자들은 목사들을 쫓아낸 것인가, 아니면 목사의 자리를 대신하게 된 것인가?** 이성(Raison)에 대한 숭배는 하늘에 계신 신들에게 바치는 숭배처럼 비이성적이 되는 것은 아닌가?

그렇다고 해서 사람들이 신에 대한 신앙심이 사라졌다고 하는 것은 물론 아니다. 그러면서도 과학적인 관점을 취하고 있는 사람들의 애매한 태도는('정의하기' 참조) 신성함의 양면성을 그대로 보여 주고 있는 것이다. 실제로 과학이 의심의 여지가 없는 절대적인 것이라고 인정된다면——결국 학자들 자신도 기술적·정치적 적용에 대해 우려하게 될 것이고('윤리' 참조), 혹시나 프랑켄슈타인 박사의 후예로 비추어지지나 않을까 고심하게 될 것이다——과학은 영혼 속에 깊숙히 자리잡고 있는 신앙의 대상이 될 수 있으며 그 가능성은 무한하게 될 것이다. 금세기초에

에트문트 후설은 《유럽 학문의 위기》에서 과학은 유럽인의 영혼 속에 자리잡고 있는 끝없는 욕망을 책임지고 있다고 주장하였다: 이렇게 말하는 그의 의도를 사소한 것으로 여겨서는 안 된다. 과학은 자연에 대해서 무한한 권력적 입장을 취하게 해주고 진보를 지속시켜 주고 있다. 따라서 이런저런 병이 발생하면 그에 대한 처방약을 반드시 만들어 낼 수 있다고 하는 의지 표명이 지속적으로 발표되는 것이다: 실질적으로 과학은 항상 그에 대한 해법을 찾아내었다. 이것이 바로 사람들에게 과학에 대한 신앙심을 불러일으키게 했으며, 과학을 종교의 위치에서 종교의 기능을 수행하게 만들었던 것이다. 이런 의지 표명들의 기원은 유럽에서 시작되었다고 볼 수 있으며, 희한한 두려움 속에서 무한한 생각을 불러일으키게 만드는 과학을 신격화시키는 표현이 되었던 것이다.

야 만

정의하기

야만은 선인가, 아니면 악인가?

야만인은 순수한 의미에서 '밀림의 인간' 즉 숲 속에서 사는 인간(라틴어로 silva)을 말한다. 이 단어는 유럽인들이 자연 생활을 하는 사람들과 만날 수 있을 것이라고 믿었던 대탐험기인 16세기에만 실제로 사용되었을 뿐이다. 따라서 야만인이라는 단어에는 어떠한 특별한 의미가 내포되었던 것은 아니었다. 중요한 것은 사람들이 자연에 대해 어떻게 생각하느냐에 따라 달려 있었던 것이다. 그렇다면 사람들은 그러한 향수를 가지고 있단 말인가? 만약 그렇다고 한다면 야만이라 하는 것은 당연히 선한 것이 되는 것이다. 사람들은 자연을 공포의 대상으로 여기고 있는 것인가? 만약 그렇다면 야만은 인간을 동물적인 상태로 비하하는 말이 되는 것이다.

19세기에 야만이라는 단어는 더 이상 사용되지 않았다. 사람들은 '원시'라는 단어로 사용하기를 더 선호하였다. 이러한 변화는 인간의 손이 닿지 않은 순수한 자연은 더 이상 존재하지 않는다는 심정을 나타내는 것인가? 사람들은 야만이라는 단어에 상응하는 반대말로 '문명화된' 이라는 단어를 찾아내었다. 현재 원시인이라는 단어가 주는 암시는 진보 단계에서 가장 낮은 단계에 있는 사람들을 말한다. 원시인들은 인류의 초창기적인 상태에서 살고 있는 것으로 인지되었고, '발달이 더딘 사람'들의 희생은 장래에 식민 정책 추진 과정에서 증명된다.

> 내용 구성하기

자연과 문화 사이

■ 자연 속에 사는 인간은……

야만은 무엇보다도 진정한 탐험의 대상이 되었다. 1771년 부갱빌은 타이티 섬과 타이티 원주민들을 발견하였다:

"수많은 주민들은 자연이 그들에게 하나 가득 선사한 보물들을 향유하고 있었고, 우리는 도처에서 환대와 휴식·환희 그리고 행복으로 가득 찬 모습들을 보았다."

《세계 일주 항해》

태초에나 있을 법한 사람들이 발견된 것이다. 야만을 알게 된다는 것은 문화에 때묻지 않은 순수한 상태인 인간의 본성을 알게 되는 것과 마찬가지인 것이다. 사실 18세기에 인류학이 비약적으로 발전하게 된 것은 야만이 존재한다는 새로운 발견 때문이었다.

부갱빌은 타이티 사람인 아오투롱을 파리로 데리고 오면서 파리 시민들의 호기심을 자극했고, 디드로를 1772년부터 《부갱빌의 여행기 부록》이라는 글을 쓰도록 고무시켰던 것이다. 논쟁을 불러일으키게 된 이 작품에서 디드로는 최초로 야만인의 모습을 선한 사람으로 묘사하고 서양 사람들을 사악한 사람으로 표현함으로써 야만인과 서양 사람들을 대조하였다. 타이티인은 자연과 조화롭게 살아가는 데 반해 서양 사람들은 이러한 자연을 어떻게 하면 자신들에게 알맞게 변형시킬까에 대해서만 생각하는 사람들로 말이다:

한 노인이 부갱빌에게 소리쳤다. "그리고 너, 이 악당 두목아 우리 강에서 어서 빨리 네 배를 치워라! 우리는 순수한 사람들이고 행복하다. 너는 우리의 행복을 부정하는 것밖에 못하냐. 우리는 자연의 순수 본능에 순응하는데 너는 우리의 영혼에서 이런 성격을 지워 버리려고 시도했겠다."

어떻게 이 **선한 야만인**이 황금 시대의 신화를 연장시키는 신화가 되었는지 이해가 된다.

"타락하기 전의 순진무구하고 인간 영혼의 완전한 행복 상태인 파라다이스적인 신화의 상태는, 선한 야만인의 신화에서 모성적이고 관대한 자연의 한가운데서 모범적인 인간의 완전한 행복과 자유스럽고 순수한 상태가 된다."

머시아 엘리아데, 《신화, 꿈, 그리고 신비》

■ **또한 문화 인간이다.**
그러나 야만은 신화인 것만은 아니다. 인류학에서 지적하고 있는 것이 바로 이것이다. 레비 스트로스가 《슬픈 열대》에서 본 브라질 인디언은 실제로 존재한다. 그들이 우리에게 가르쳐 준 지식은 무엇보다도 역사를 거절하는 문화에 대항한다는 것이다. 사실상 원시인들은 진보라는 개념에 필수적인 통시적(通時的) 시간을 거부한다는 면에서 문화인들과는 다르다. 그들은 순환적인 시간 속에서 살고 역사를 없애기 위해서 신화를 이용한다.

이러한 차이를 간과해서는 안 된다. 하지만 근본적으로 다른 어느것도 원시인들을 문명인들에게 거부하게 하는 것은 없다.

"어떠한 사회도 근본적으로 좋은 것은 없지만 어떠한 사회도 근본적으로 나쁜 것은 없다"라고 레비 스트로스는 《슬픈 열대》라는 글에서 강조했다. 사실 어떤 사회도 더 좋거나 우수하거나 열등하지 않다. 각각의 인간 공동체는 공동체 생활을 해야 하는 필요성에 대한 문제에 저마다 독특한 해답을 가지고 있을 뿐이다. 클로드 레비 스트로스는 사회 규범 중의 제일은 근친상간 금지라는 사실에서 모든 사회가 공통적인 구조를 가지고 있다고 본 것이다.

심화하기

《수상록》, 제1권
미셸 드 몽테뉴(1580)

아메리카 대륙의 발견과 함께 신화는 현실이 되었다. 따라서 문명인들이 끊임없이 상상해 왔던 야만인에 대한 이미지는 실제적인 모습으로 나타나기 시작한 것이다. 사실 야만인은 인간이라는 면에서는 같지만 동시에 근본적으로 아주 이상해 보이는, 자신들만의 풍습을 가지고 있다는 면에서는 다른 것이다. 그들의 출현은 수많은 의문점을 불러일으키게 되고 새로운 사실을 발견하도록 만들어 주었다: 인간과 관계가 있는 모든 것은 자연의 법칙에 지배됨과 동시에 특별한 법칙에 지배된다는 새로운 사실을 알게 해주었다.

유럽인들의 의식 속에 최초의 야만인 출현이 가져다 준 결과에 대해 맨 먼저 살펴본 사람은 물론 몽테뉴였다. 장 드 레리가 1568년에 출판한

《아메리카라 불리는 브라질 땅에서 일어났던 여행 이야기》에 주석을 붙이면서 《수상록》의 저자인 몽테뉴는 상대주의에 관해 오랫동안 제기해 온 고찰을 마감하기 위한 효율적인 도구로 민속학적인 기술 방법을 이용하고 있다는 것을 간파하였다. 왜냐하면 브라질의 사육제(謝肉祭)에서 우리가 배우는 것은 여기서는 장려할 때 다른 곳에서는 이미 장려된 사회적인 행동이 존재한다는 것이다. 결국 풍습이란 그 풍습을 관찰하는 사회에 따라 상대적이라는 것이다. 여기서는 선(善)하고 공정한 것으로 보여지는 것이 저기에서도 꼭 선하고 공정한 것이 아니라는 것이다. 보편적인 규범이 아니라면 우리에게 이상하게 보이는 습관을 우리의 고유한 습관에 상응하는 것으로 판단하는 것은 어리석은 짓이다:

"자기네 관습이 아니라고 해서 야만이라고 부르는 것이 아니라면 이 (사육제의) 민족에게는 야만이라거나 미개하다고 하는 것은 아무것도 없다고 생각된다."

5세기가 지난 후에 이 말은 클로드 레비 스트로스에게 반향을 불러일으켰다:

"가장 원시적이거나 야만적으로 보이는 사람들에게 인간적인 면은 모두 무시해 버리고, 단지 그들이 가지고 있는 전형적인 모습들 중에 한 가지만을 부각시킨 꼴이다. 야만인이란 무엇보다 야만성을 믿는 사람인 것이다."

시사화하기

도시 속의 야만인처럼

 야만인들은 현재 어디에 있는가? 혹시 우리들이 살고 있는 도시 속에 있는 것은 아닐까?
 루소가 에밀을 도시에서 야만인 상태로 살 수 있는 능력이 있는 인간이라고 말했을 때 주장하고자 했던 바는, '자연으로 귀환'이라고 하는 무책임한 말에 대해 경종을 울리고자 했던 것 이외에는 다른 뜻이 없는 것이다. 왜냐하면 순수한 자연이란 다 사라져 버려서 사회와 문화의 손아귀에서 벗어날 수 없는 것과 마찬가지이기 때문에, 아직도 인간의 손이 전혀 닿지 않은 땅을 찾을 수 있다고 믿는 것은 얼마나 허황된 이야기인가! 어쨌든 루소는 교육을 통해서 사람들을 자연 상태에 있는 인간에게서 나타나는 순진무구한 상태로 유지시킬 수 있다고 믿고 있었다.
 그래서 오늘날 도시의 야만인들은 자신들의 가치를 인정받지 못하면서도 무엇보다도 어쩔 수 없이 다녀야만 하는 사회 기구, 즉 학교에 가고 싶은 마음이 더 이상 생기지 않게 된 것이다. 그들은 자신들 스스로에게 관심을 치중하게 되면서 야만성의 의미를 다시 한번 되새겨 보게 되는데, 이는 그들이 '자연 상태로 다시 풀려났다'는 이유 때문만은 아닐 것이다. 프랑스는 40만 이상의 무주택자들이 있고, 그 중에 20세 미만의 젊은이들이 무려 7만을 헤아리고 있다. 청소년들도 그들이 살고 있는 사회의 구성원이라는 사실에서 이런 소외 현상은 더더욱 걱정스러운 일이 아닐 수 없는 것이다. 파리 일간지에 소개된 1992년 7월 여론 조사에 의하면 젊은이의 58퍼센트는 사회에 적응하지 못하고 사회를 이끌어 가는 견인차적인 역할에 대해서도 무관심한 것으로 나타나고 있는데, 이는 그들이 사회에 대해서 어떠한 신뢰도 가지고 있지 않다는 증거인 것이다.

수많은 젊은이들은 뿔뿔이 흩어져서 지내지도 않고, 오히려 표현이 너무 원초적이다 싶을 정도인 문화를 공유하면서 서로 모여 지낸다: 다양한 음악적 리듬을 구사하면서 세상 물정과 상관없는 낙서와 그림들을 그려대고 폐품을 수거해서 살아가는 넝마장수들과 별반 차이 없는 복장들을 하고 있다. 물론 이들에게 나타나는 문화적인 면들은 일반적인 장난기와는 완전히 다른 것이다.

오늘날 미운 새끼 오리들과 같은 이 '악한 야만인'들은 1954년 클럽메드(Club Med)의 창설과 함께 도래한 소비 사회에서 부자들이 흉내내는 (옷을 벗어 버리고 풍성한 요리에 누구의 시선도 의식하지 않고 태양을 즐기고 사랑을 만끽하는) 이른바 '선한 야만인'들에 대항해서 행동하고 있는 것이다.

사회주의

정의하기

불평등 반대

　정치 사상사(政治思想史) 측면에서 살펴볼 때 사회주의는 일종의 반란(叛亂)처럼 보인다: 왜냐하면 사회주의는 거부(拒否)와 동시에 인정(認定)이라는 특징이 있기 때문이다. 1848년 프루동은 이 양면성에 대해 다음과 같이 아주 명백하게 정의하였다:

　"나는 지금의 사회를 거부한다. 그리고 나는 과학을 추구한다. 이런 두 가지 면에서 나는 사회주의자이다."

　거부는 사회에서 나타나고 있는 인간 생활의 불평등에서 기인된 것이다. 거부는 개인들의 삶의 조건의 불균형 상태를 유일하게 잘 나타내고 있는 개인 소유에 대한 문제를 제기하는 것으로부터 생겨났다. 이에 대해 사회주의자들이 내리는 해결책은 개인 소유 폐지에 대해 제기되는 문제에 따라 다양해진다. 노동자들을 자신들의 생산 도구에 대한 유일하고 합법적인 소유자로 만든다면 그것은 조합사회주의가 되는 것이고, 국가가 생산 수단을 소유하는 것으로 해결책을 마련한다면 국가사회주의가 되는 것이기 때문이다.

사회주의자 프루동이 연구한 과학으로 말하자면 과학이란 시민 전체가 진보하는 방향으로 나갈 수 있어야 하며, 물질적인 풍요와 노동에 수반하는 고통에서 벗어날 수 있도록 하는 목적과 함께 인간이 자연에 승리할 수 있도록 가능하게 해주는 것이어야 한다는 것이다. 사회주의는 불평등한 사회 현실을 부정하고 갈등 없는 행복한 사회와 미래에 대한 꿈을 꾸게 해주며 이러한 사회가 영속되도록 해주는 것이다. 이러한 사실에서 사회주의는 '행복한 미래로 다가갈 수 있도록 현재의 빈곤을 거부한다'(J. 세르비에, 《유토피아의 역사》(1967))는 의미에서 모든 시기의 이상주의자들이 발전시킨 공상 과학을 위한 견해와 늘 일치하는 것이다.

사실 '사회주의'라는 단어는 이상주의자들이 만들어 낸 신조어이다. 사실 이 '사회주의'라는 말은 생 시몽의 추종자였던 피에르 르루에 의해 1832년 개인주의라는 말에 반대되는 의미로 만들어졌던 말이었을 것이다.

| 내용 구성하기 |

사회주의의 반대는 개인주의인가?

■ 불평등을 거부하는 것은……

사회주의 사상은 사회에서 일어나는 인간 불평등과 관계된 사회적 불의라는 객관적 사실 때문에 생겨났다. 자연법을 양도할 수 없는 절대적인 법으로 삼은 1789년의 인권선언문의 2항에 명시된 자유를 완전히 누릴 수 있는 사람들이 극히 소수였던 것이다. 장 조레스는 《사회주의와 자유》에서 이에 대해 다음과 같이 말하였다:

"그 어떤 누구도 다른 사람의 지배를 받지 않도록 하기 위해서는 각 개인들에게 정치적 권한과 영향력을 동등하게 부여해야 한다."

따라서 사회주의는 인간들에게 그들이 상실한 자유를 다시 되찾아 주는 것을 목적으로 한다. 이에 대한 루소 추종자들이 주장하는 내용은 아주 명백하다 : 인간 사회에서 천부적인 자유는 소멸되었다. 따라서 중요한 것은 이를 다시 회복하는 일이다. 그렇다면 어떻게 회복할 것인가?

■ **과학에 의지한다는 의미이고……**
19세기에는 과학과 기술의 진보가 이루어졌다고 생각된다. 물질적인 부(富)와 풍요는 다른 사람들에게 종속되는 상황으로부터 벗어나게 해줄 것이며, 이에 편승하여 인간들 사이에 불평등한 조건들은 사라지게 될 것이다. 풍요를 누리며 살게 됨으로써 실제적으로 자연을 소유하고 지배하게 된 사람들은 소수에 의한 다수의 노동력 착취라는 상황을 벗어날지도 모르는 것이다. 물질적인 풍요는 모든 특권을 진정으로 폐지하는 것으로 막을 내리게 해줄 것이다. 이것이 바로 사회학자 콩트가 의도한 계획이었다 : 인간의 정부를 유물론에 기초한 정부로 교체하는 것이다. **모든 사람들은 어떤 의미에서 본질에 반하여 뭉친다.** 19세기 사람들은 과학에 기대를 걸고, 이 과학을 정치적이고 도덕적인 차원으로 결부시켰던 것이다:

"결국 과학만이 유일하게 도덕적인 힘을 보유하게 되었고, 이에 기초하여 인간들은 자신에 대한 자긍심을 가질 수 있는 것이며 새로운 미래 사회를 건설할 수 있게 되는 것이다."

M. 베르틀로, 《과학과 윤리》

■ 이는 자유를 원상회복하기 이전에 평등을 먼저 구현하기 위한 것이다.

그렇다고 해서 사회주의가 개인의 자유를 등한시하는 것은 아니다; 반대로 사회 재구성에 대한 계획에서 평등은 사회주의의 최종 목표로 여기고 있지만 평등이라는 관점에서 볼 때 1789년 인권 선언에서 주창한 '이론적인 자유'와 시민들이 경험한 '실제 자유' 사이에 괴리가 있음을 직시한 것이다. 사회주의는 이러한 괴리를 없애려고 하는 원대한 꿈을 가지고 있다. 사회주의는 평등의 수립이 각 개인의 실질적인 자유를 보장할 것이라고 생각하는 것이다. 반대로 18세기의 자유주의자들은 당연히 평등보다는 개인의 자유를 우선으로 생각하고 있었다. 현실적인 자유와 이론적인 자유 사이에 존재하는 괴리는 자연히 줄어들게 될 것이라고 믿었고, 때문에 강제로 이런 식으로 개입할 필요는 없다고 생각한 것이다. 불평등은 어쩔 수 없이 겪어야 하는 일이지만 이런 불평등은 그리 큰 문제가 되지 않는 것이라고 믿었던 것이다. 사회가 번영하게 되면 자연적으로 평등은 수립될 것이기 때문이다. 사회주의자들은 이러한 주장에 대해 사회의 번영은 특별히 이기주의를 부추기게 되고, 이 이기주의가 루소 이후에 계속 주장되고 있는 사회 불평등의 '첫번째 원인'이라고 반박했다.

사회주의와 자유주의는 원칙적인 면에서는 서로 일치하고 있다: 바로 자유와 평등이다. 이는 동시에 자유가 없으면 평등이 없고 평등이 없으면 자유가 없음을 의미하지만, 근본적으로는 자유와 평등이라는 절대 권한 중 어느것에 먼저 우선권을 부여하느냐의 문제에 있어서는 서로 입장 차이가 있음을 보여 주고 있는 것이다.

심화하기

《공산당 선언》
카를 마르크스, 프리드리히 엥겔스(1848)

마르크스와 엥겔스는 공산당을 장악하면서 무엇을 선언했는가? 새로운 사회 질서를 수립하고자 하는 자신들의 계획을 공개적으로 표현하려고 했던 그들의 야심은 무엇보다도 이런 것이었다:

"공산주의자들에게는 자신들의 사상이나 계획을 숨기려고 하는 마음은 안중에도 없다. 공산주의자들은 구시대 사회 질서를 폭력으로 파괴해야만이 자신들의 목표를 달성할 수 있다고 공개적으로 말하는 사람들이다."

따라서 부르주아에 의해 건설된 사회 질서에 대한 비판을 표명하는 것으로부터 출발해야 한다. 그래서 공산당 선언은 **사회 역사는 다양한 사회 계급의 갈등으로부터 생겨났다**는 생각에 기초하고 있는 것이다. 이런 논리에 대한 가정은 현대인들에게 당연한 것으로 받아들여지지 않는다. 현대인들이 체험하고 있는 문화는 이렇게 난해한 역사 이론의 개념만을 보여 줄 뿐이다: 이 문화조차도 지배 계급에 의해 생성된 것이고, 지배 계급의 관심은 지배 계급이 사회 전체에 행하는 지배라는 현실과 그 원인을 감추려고 하는 기색이 역력하다.

"마르크스와 엥겔스는 자신들을 비방하는 사람들에게 다음과 같이 말했다. 당신들이 생각하는 것조차도 소유와 생산에 대해 부르주아들이 생각하는 방식에서 출발한 것이다. 결과적으로 당신들의 권리라 하는 것은 법의 기준을 당신들의 계급을 중심으로 삼고자 하는 의지일 뿐이다."

공산주의 사상은 유물론에 입각해서 생겨난 것이고, 이 유물론으로부터 단 한번도 탈피해 본 적이 없다. 마르크스와 엥겔스는 자신들의 이론에 대한 허점을 보완하기 위해서 현실주의와 함께 이상주의에 대해 고찰하려고 노력하였다. 마르크스가 《정치경제학 비판》의 전문에서 표명한 글은 아주 유명하다:

"자신의 존재 방식을 규정하는 것은 인간의 의식이 아니다. 하지만 반대로 자신의 의식을 규정하는 것은 사회적인 존재 방식이다."

따라서 부르주아 계급은 평등의 '원칙'을 위해서 중세 시대의 질서를 전복하지 못했던 것이고, 그들은 개인들을 연결하는——최선의 방법이었든 최악의 방법이었든 간에——봉건적 주종 관계의 연결고리를 끊으려고 노력했던 것이다. 사회에 대한 그들의 행동은 분쇄되었다. 그들은 인간과 인간과의 관계를 이익 관계로만, 즉 냉정한 지불 관계로만 대체했던 것이다. 부르주아 계급은 인본주의라는 탈을 쓰고 자신들의 개인 소유 재산을 한층 더 보호하기 위해 공동체 생활을 비인간적으로 만들었던 것이다.

사실 공산주의자들이 주장하는 것은 진정한 인간 공동체 생활의 도래인 것이지 개인적인 이기주의 보호에 기초한 사회의 유지가 아니었다. 이는 당연히 사유 재산 폐지로 이어진 것이다:

"당신들은 우리가 사회 구성원의 대다수가 무산자가 되어야 하는 것을 필수 조건으로 하는 사유 재산 폐지를 원한다고 비난한다. 한마디로 말해서 우리가 당신들이 가지고 있는 사유 재산 제도를 폐지한다고 비난하는 데 그건 맞는 말이다. 우리가 원하는 것은 바로 그것이다."

따라서 《공산당 선언》은 가장 열악한 환경에 빠진 사람들을(라틴 사람들은 이들을 **프롤레타리아**라고 불렀는데 **프롤레타리아**라는 말은 자식(pro-les) 외에는 아무것도 없는 사람을 말한다) 보호한다는 명분으로 공개적으로 부르주아 사회와의 전쟁을 선포하는 것이다. 이 투쟁은 국경의 범주를 초월해서(프롤레타리아는 어느 국가에도 소속되지 않는다. "그들은 단지 공통적으로 공장에서 뿜어져 나오는 공기를 마시고 살 뿐이다") 시작되는 것이며, 이러한 변증법은 당연히 거의 기계적으로 노예들에게 노예가 주인의 주인이 되는 승리를 안게 될 것이라고 약속하고 있는 것이다.

| 시사화하기 |

진보의 힘

사회주의(Socialisme)는 예전에 사회주의를 표방하는 사회주의자들에 의해서조차도 전적인 지지를 받아 본 적이 없는 표현이다. 마치 무슨 수를 써서라도 감추고 싶은 선거 참패의 쓴맛을 혹독히 맛보았다는 듯이 말이다. 어쨌든——궁색한 위안이기는 하지만——정치 사상사를 살펴보면 옛날부터 사회주의라는 단어에 사람들의 마음을 안심시키기에 알맞은 형용사를 붙여서 사용해 왔다는 사실을 알 수 있다: '과학적 사회주의' '이상적 사회주의' '자유사회주의' '사회민주주의' 그리고 '급진 사회주의자' 등등……. 이처럼 수많은 표현들은, 생 시몽의 제자인 피에르 르루에 의해 1833년에 만들어진 사회주의라는 새로운 표현을 감싸고 돌기 위해서 만들어진 어휘들이다.

실제로 최근의 선거 상황을 살펴보면 유럽에서 사회주의자들은 자신들의 특수성을 감추려고 했던 흔적이 역력히 드러난다. 사회주의자라는 사실이 드러나게 하지 않는다든가, 아니면 일찌감치 이를 감추기 위해 완곡한 표현을 써서 한편으로는 '대통령 후보 지지 다수파'라고 한다든지 다른 한편으로는 '진보주의의 축'이라는 표현으로 당파간의 동맹 관계를 이용해서 자신들의 특수성을 희석시키는 것이다. 하지만 이런 사실에서 보는 것처럼 왜 '사회주의'라는 말에 그토록 민감한 것인가? 이는 궁극적으로 '진보의 힘'이라는 명칭 속에서 사회주의에 대한 '과거를 망각' 시키려는 뜻이 담겨 있는 것은 아닌가?

사실 진보, 다시 말해서 사회 발전을 이루겠다고 주장하지 않는 정치 집단이 어디 있단 말인가? 사회를 후퇴시키겠다고 제안하는 정치 집단이 누구란 말인가? 누가 정치적·사회적인 발전을 없애기 위해 투쟁을 한단 말인가? 사회주의라는 용어의 정확한 의미로 볼 때 사회주의자가 아닌 사람이 어디 있단 말인가? 라틴어의 socius라는 말은 동맹 관계·협조 관계·결속 관계라는 의미를 내포하는 말로서, **사회(société)**라는 범주 내에서 내가 관계를 맺는 것은 바로 이런 관계인 것이다. 오늘날 사회 연대감의 개념을 전면에 내세우지 않는 정당이 있는가? 결과적으로 50년 전부터 정치 활동은 사회를 중심 축으로 해서 발달해 왔는데, 이러한 용어에 대해 무엇이 두렵단 말인가? 의미론적인 관점에서 누구나 다 알고 있는 사실을 무마시키기 위해 완곡한 표현 방식을 사용하는 것이 무슨 소용이 있단 말인가? 단지 문자 이외에 별다른 의미가 없는 이러한 표현을 쓴다고 해서 프랑스를 위해 단결하지 않을 사람이 누가 있는가? 프랑스 민주주의를 위해 단합하지 않을 사람은 하나도 없질 않는가?

역설적으로 얼마 전부터 다양한 사회주의자(프랑스와 이탈리아에만 해당되는) 파벌들이 언어적 표현의 선택에 대해 옥신각신 다투고 있는 모습들은 사회주의 정권의 우유부단한 성격을 드러내는 결과를 초래하였다. 우리들은 거의 모두가 사회주의자이거나 공화주의자이거나 민주주의자들이다. 그리고 우리 모두는 거의 모두다 '진보의 힘'에 동참할 준비가 되어 있지 않은가! 마치 전문 용어 유행이 슬프게도 이데올로기에 대해 불분명하도록 반영되었고, 이러한 이데올로기 속에서 20년 전부터 다양한 정당이 정권을 수행해 왔던 것처럼 말이다. 그렇다면 궁극적으로 각 정당들은 사회 문제를 너나 할 것 없이 거의 대동소이하게 다루어 왔는데 무엇 때문에 각 정당의 정체성을 구별하려 하였을까?

시민 사회

정의하기

동맹

시민 사회라는 표현은 어원에 의거하여 살펴보면 완전히 같은 의미의 단어를 중복해서 만든 합성어이다. socii(시민)로 구성된 societas(사회), 다시 말해서 시민(cives)들로만 구성된 동맹 집단이라는 것이다. 키케로가 societas와 civitas를 완전히 같은 의미의 동의어로 사용했었다는 것을 그 예로 들 수 있다.

사실 '시민 사회'라는 개념은 '자연 상태'라는 말의 반대어로 사용하기 위하여 17세기에 만들어진 말이다.

이 '시민 사회'라는 말이 오늘날에 와서는 대표의 자격을 가지고 있다고 과시하는 사람들이지만 직업 정치인과는 반대되는 사람을 지칭하는 말로 사용된다. 결과적으로 프랑스 정부는 시민 사회 단체 출신의 사람들에게, 다시 말해서 어떤 분야에서 최고의 전문성을 가진 사람과 경제적으로나 사회적으로 성공한 사람들에게 장관직을 개방하는 사례가 빈번히 행해지고 있다.

> 내용 구성하기

사회는 항상 시민적(市民的)인가?

■ 시민 사회는 개인의 욕구를 보호해 주지만……

어떤 사회 내에서 사람들이 모여 만든 결합체(socius)는 영국 철학자 홉스가 말했듯이 자연 상태에서 벌어지는 공포스러운 폭력에 대항하기 위해서 만들어진 것이다. 이 결합체는 자연 상태의 폭력으로부터 각 개인을 보호하는 것이기 때문에 이런 보호 아래서 각 개인들은 자신들의 욕구를 충족시킬 수 있는 것이다.

사회가 보장해 주는 것은 바로 교환에 대한 보호이다. 플라톤은 《국가》 제2권에서 다음과 같이 강조하였다: "소크라테스가 말하기를, 내 생각으로는 각 개인들은 자기 혼자만으로 만족하지 못하기 때문에 수많은 사람들을 필요로 한다는 사실에서 사회가 생겨나는 것이다." 기초적인 욕구의 다양성은 노동 분업의 필요성처럼 사회의 출현을 설명하는 데 있어서 중요한 역할을 한다. 따라서 각자는 자연스럽게 다른 사람들을 위해서 일을 함으로써 교환이 조화롭게 이루어지는 것이다. 자신들의 특별한 욕구를 충족시키고자 하기 때문에 각 개인들은 다른 사람들의 행복을 위해 헌신하는 것이다. 이것이 바로 소크라테스 대담자의 한 사람이었던 아디망테가 갈등도 없고 자동적으로 문제가 해결되는, 다시 말해서 문명화된 사회라는 의미에서 말한 건전한 사회인 것이다.

■ 사람들의 무절제를 막지는 못하며……

하지만 아디망테가 내린 사회에 대한 이 첫번째 정의를 그의 형제인 글라우콘은 완벽한 정의로 인정하지 않았던 것 같다. 먼저 글라우콘은

이 사회 자체가 타락의 가능성을 이미 내포하고 있기 때문에 '돼지 같은 인간들의 사회'라고 이름 붙였다. 사실 사회가 사치를 추구하지 않고 신체적인 기본적 욕구에 대한 만족을 제한하고 부의 축적을 막는 한 그 사회는 조화롭게 욕구를 충족시키는 사회로 유지될 것이다. 하지만 인간의 본성이란 것이 부의 축적에 대한 끝없는 욕망을 가지고 있고, 자기가 행한 노력의 대가보다도 더 많은 분배를 챙기려하는 욕심을 가지고 있다. 따라서 이러한 불균형으로 인해 사회적인 불평등이 발생하고, 이에 따라 갈등이 생겨나는 것이다. 결국 사회는 욕망이 충돌하는 새로운 전쟁터로 변하게 되는 '비시민적인' 사회가 된다는 것이다.

■ 사회를 구성하고 있는 구성원들을 변질시킨다.

시민 사회의 규칙은 '항상 더'라는 규칙임이 드러난다. 사치는 사치를 부르고 자만심을 부추기는 잘난 체하는 과시는 인간을 인간의 진정한 본성으로부터 멀어지게 만든다. 그래서 루소의 표현을 빌리자면 '실제'는 '외관'과 분리되었던 것이다:

"우월하다는 것을 보여 주기 위해서 자신이 실제로 가지고 있는 모습 외에 다른 것을 보여 주었어야 했다. '실제'와 '외관'은 완전히 다른 두 가지로 분리되었다; 그리고 이런 차이로 인해서 환심을 사기 위한 시(詩) 와 같은 엄청난 허영심, 그리고 이런 것들에 따라붙는 타락이라는 타락은 모두 다 쏟아져 나오는 것이다."

루소,《불평등 기원론》

심화하기

《법철학 강요》
프리드리히 헤겔(1821)

　개인과 전통이 조화를 이루고 있는 장소인 가정은 개인의 모든 욕구를 충족시켜 주지 못하기 때문에 시민 사회가 생겨나게 된 것이다. 따라서 개인의 이익이나 특별한 성향에 대한 만족을 추구하기 위해서는 가정을 떠나야 한다. 개인은 자신의 이기심을 표출하고 싶은 성향을 가지고 있다. **따라서 헤겔은 시민 사회라는 것이 서로 상충하는 개인들의 이해 관계가 모여 있는 별도의 공동체처럼 보았던 것이다.** 헤겔은 이 시민 사회를 서로 밀쳐내고, 이런 반발력이라는 원리조차도 당연한 이치로 받아들이는 원자들의 결합체로 보았다: "시민 사회에서는 각 개인은 자기 자신을 최고 목적으로 삼고 다른 사람들은 무시해 버린다." 따라서 시민 사회는 '확실한 목표가 없는 공동체'로서 폭력적이고 혼란스럽기만 하다.
　하지만 끊임없이 이해 관계가 충돌하고 있는 이 시민 사회라는 공간은 또한 노동의 장소이기도 하다. 개인은 시민 사회에서 일하고, 그리고 노동을 통해 자신의 욕구를 만족시키는 수단을 얻기 위해 가족으로부터 보호를 받던 가정을 떠나게 되는 것이다. 그래서 노동을 통해 인간은 자연을 변형시키고 자연에 새로운 형태를 부여하며, 결국은 시민 사회에 인류 발전을 위한 결정적인 역할을 부여한다. 각 개인은 이기적인 욕구에 의해 노동을 하는 것이지 직접적으로 자기 자신을 위해서 일을 하지는 않는다. 욕구의 증가는 생산에 대한 전문 지식과 이에 필요한 노동 분업을 가져다 주었다. 이 모든 것들로 하여금 각 개인들간의 관계는 상호 종속적인 관계로 형성되었으며, 결국에는 공공의 이익을 위해 서로가 헌신하게 된 것이다.

뿐만 아니라 노동 분업은 시민 사회의 구성원들을 계급으로 재배치시키는 결과를 초래했다. 헤겔은 사회 계급을 셋으로 나누었다: 농부라는 실질적인 계급, 산업과 수공업 노동자들을 반영하는 계급, 그리고 전체 이익을 관리하는 특수한 이익을 가진 사람들의 보편적인 계급이다. 이 세 계층은 종종 역사의 원동력이기도 한 갈등 관계로 빠져든다. ("국내 정치 역사는 계급 형성과 개인과 계층 간의 법적 갈등, 그리고 중앙 권력을 포함한 계급간의 반목의 역사로 귀착된다.") 이러한 갈등들을 자유스럽고 (외부의 개입 없이) 구조적인 방법으로 해소하기 위해 시민 사회는 법과 규율과 경찰 조직을 만드는 것이다. 이 말에서 어쩔 수 없이 국가가 필요하다고 하는 뉘앙스를 풍기고 있다는 사실을 느낄 수 있을 것이다.

시민 사회는 사실 인간 공동체의 발달이라는 측면에서 가족과 국가의 중간쯤에 해당된다. 시민 사회는 변증법적 계기의 두번째 단계인 부정(négatif), 즉 갈등에 해당된다. 이 갈등은 양면성을 띠고 있다. 하나는 개인들간의 이기주의에 의한 갈등이고, 다른 하나는 노동을 통하여 변형시켜야 하는 자연 속에 '내팽개쳐진' 개인이 발견하게 되는 갈등이다.

시사화하기

정치가들의 술수?

시민 단체 출신의 인사가 정부 각료에 발탁되는 것은 여론 기관으로부터 신임을 잃은 정치가들의 계략인가? 시민들로부터 위임받은 권력을 남용한 정치가들이 연루된 '사건'이 터질 때마다 시민 단체 출신의 인사가 장관직으로 발탁되는 경우를 볼 때면 이런 생각이 들지 않을 수 없다.

뿐만 아니라 그랑제콜 출신의 엘리트들의 영향력이 여론에 상당히 민감하게 작용하는 것을 보면 더더욱 그런 생각을 지울 수 없다.

최근에 국민과 정부 간의 이견 현상이 너무 두드러지게 나타나면서 이러한 현상이 민주주의의 순기능을 위한 역할처럼 느껴졌었던 것은 아닐까? (1981년 프랑스 식민지인 누벨 칼레도니의 독립 문제에 대한 국민 투표에서 투표율은 상당히 낮게 나타났다.) 사람들은 신종 귀족 계급이라고 불러 마땅한 권력가와 고위 관료들처럼 정치가들을, 통치 능력에 대한 어떠한 인정도 받지 못하면서도 자신들의 특권에만 집착하는 특권 계급으로 인식하고 있는 것은 아닐까? 예를 들어서 한 사람이 계속해서 건설교통부 장관을 했다가 농림부 장관을 하는 것을 보면 놀라지 않을 수 없다. 이런 상황이라면 의사가 보건복지부 장관이 된다든가, 아니면 교수가 교육부 장관이 될 수 있는 길은 아무도 보장할 수 없는 것 아닌가?

역사적으로 볼 때 시민 단체 출신의 사람들에 대한 정치계의 개방은 미셸 로카르가 수상이 되면서 방송 매체로부터 집중적인 관심을 받게 되었다. 방송 매체들은 자기 분야에서 오래전부터 풍부한 경험으로 호평을 받던 사람이 정부 조직에 등용된 상징적인 사건으로 보도하였다. (예를 들면 알랭 드코의 경우가 그러했다.) 그러자 사람들은 어떠한 정치 활동에도 개입하지 않았던 시민 단체 출신의 유명한 '영웅'을 정부에 등용하도록 요구하는 일까지 생겨났다. 이에 해당하는 사람으로서 '국경 없는 의사회(Médecin sans frontières)'의 창설자인 베르나르 쿠슈네르와 80년대의 대표적인 사업가이자 그의 사업적인 성공으로 인해서 정치적인 성공까지도 보장받게 된 베르나르 타피를 들 수 있다. 어쨌든 이 두 사람은 '정치가'로서 빠르게 변신하였다. 쿠슈네르는 해외의 전쟁터에서 눈부신 활동으로 인해 여론 조사에서 상당한 지지를 얻어냄으로써 차기 대통령을 꿈꾸는 정도로 변하였다. 타피의 경우는 역사적으로 급진사회당을 계승한 좌익 급진운동당에 공개적으로 입당하였다.

이러한 이유로 인해서 시민 단체가 너무 권력에 치우치게 되는 순간부터 시민 사회는 정치판 속으로 사라지게 되는 운명이라고 결론을 내야 하는 것인가?

공 연

정의하기

보는 즐거움

　물체의 상을 인지할 수 있는 눈을 즐겁게 해줄 수 있는 것은 공연(spectacle)밖에는 없다. spectre(바라보다)가 의미하는 말에서 알 수 있듯이 모든 공연(spectacle)은 관객(spectateur)들을 위해서 만들어진 것이다. 공연이 이루어지기 위해서는 배우와 관객 그리고 관객들이 떨어져서 볼 수 있는 무대를 필요로 한다. 배우들은 자신의 연기를 식별하고 평가하며 감상하는 관객들의 시선을 사로잡을 뿐만 아니라 이런 시선들을 수동적으로 따라오게 만든다. 사실 연극 공연이나 세계적으로 이름난 공연을 보다 보면 모든 공연들이 관객들이 만족할 수 있게끔 노력을 많이 했기 때문에 관객들이 만족하는 것은 당연하겠지만, 한편으로 생각해 볼 때 관객들은 직접적으로 공연에 참가하는 것이 아니기 때문에 어떤 면에 있어서는 공연과는 '동떨어져' 있는 것이다. 이런 어정쩡한 상황에서 관객들은 '관람하는' 역할만을 제외하고는 무엇을 할 수 있단 말인가?

> 내용 구성하기

연극은 아직도 인기가 있는가?

■ 연극은……

　옛날에 '극장에 가다' 라는 말은 공연을 보러 간다는 말이었다. 하지만 오늘날에는 공연이 집으로 찾아온다. 표현이 좀 우스울지 몰라도 텔레비전이라는 중간 매개체를 통하여 집으로 온다는 의미이다. 텔레비전은 하루 종일 방영하고, 약간의 시청료를 내기만 하면 공연장으로 가야 하는 노력을 들이지 않아도 되기 때문에 다양한 종류의 관객들을 끌어모았다. 그러면 최고의 인기를 구가하고 있는 텔레비전은 엘리트 위주의 연극과는 어떻게 비교되는가? 중세의 성사극(聖事劇)과 장터에서 열렸던 간이극장 연극이 누렸던 대중적 인기가 현대에 와서 그 대중성을 상실하게 된 이유는 무엇인가? 어떤 면에서 현대의 연극을 활성화시켰을지도 모르는 문화엘리트주의는 엄격한 예술만을 고집하려는 정열 때문에 생긴 결과일까? 아니면 정치적·신앙적 차원을 상실한 예술에 드는 값비싼 비용 때문에 생긴 결과일까?

■ 엘리트 위주로 변하였는데……

　연극은 경제적인 관점에서 엄밀하게 보았을 때 엘리트들을 위한 공연으로 느껴지기 때문에 대중들에게 인기 있는 공연은 아니다. 객석의 배치마저도 불평등한 사회의 잔인한 모습을 그대로 반영하고 있다. 사실 오케스트라석, 일등석, 발코니 이등석 그리고 제일 싼 맨 꼭대기 좌석이라는 좌석 배치 서열은 입장료에 기초를 둔 것이다. 그렇다고 해서 단지 입장료 때문에 그렇다고 말하는 것은 아니다. 극장은 대도시에 집중되어 있고 좌석수도 많지 않다는 것에서 접근이 용이하지 않다는 측면도 있다.

연극이 엘리트 위주의 관객만을 위해 흐르지 않도록 하기 위해서(게다가 공연 자체도 사회 엘리트 중심이기 때문에) 가능한 한 많은 대중들이 접할 수 있도록 금세기초에 '국립 순회 극장'을 만든 피르맹 제미에처럼 정부와 제작자 그리고 배우들은 일찍부터 노력을 기울여 왔다. '국립 민중 극단'을 지휘하고 있는 빌라와 이 극단에서 《르 시드》와 《칼리굴라》를 연기했던 제라르 필리프는 국가의 지원 아래 가능한 가장 많은 관객을 동시에 수용할 수 있고 극장의 좌석 배치까지도 평등을 유지할 수 있는 그런 무대를 마련하고자 애를 썼다. 그럼에도 불구하고 50년 이상 계속된 이러한 노력은, 노동자 중에 겨우 10퍼센트 정도만이 연극에 관심을 갖고 공연을 보러 다닌다는 점을 감안해 보면 충분한 결실을 얻지는 못했던 것이다.

■ 이는 연극이 신성한 측면을 상실했기 때문인데……

연극 공연의 의미를 상실한 것은 궁극적으로 살펴볼 때 현대에 들어오면서부터이다. 아르토는 《연극과 그 분신》에서 다음과 같이 말했다:

"진정한 연극 공연이란 잠들어 있는 감각에 자극을 불러일으키고 잠재의식 속에 내재되어 있던 짓눌린 감정을 폭발시킴으로써 언젠가는 한번 들고일어나겠다고 하는 의욕을 고취시키는 것이다."

오로지 연극이 정치적이거나 종교적인 신성한 차원의 성격을 띠는 것만이 다시 한번 대중들에게 사랑을 받는 연극이 될 수 있는 것이다.

그래서 디오니소스를 찬양하기 위한 축제가 열렸을 때, 실제로 아테네의 모든 시민들은 3개의 비극 공연을 준비하고 그 공연에 참여했으며 이렇게 준비된 연극 공연에서 누가 더 준비가 잘되었는지 서로 경쟁하였다.

시민들이 배우가 되고 관객이 되고 또 시민들에 의해 심사를 받는 이 공연들은, 시민들 각자에게 그들에게 씌운 마귀를 쫓아내고 욕정을 정화시키고, 그리고 아르토가 말한 것과 같이 '잠재 의식 속에 내재된 억압된 감정'을 분출하도록 하는 수단을 제공하는 것이다. 인간에게 도사리고 있는 필연적인 죽음과 운명의 잔인성을 무대 위에서 분출해 내면서 인간들은 이러한 운명과 더불어 사는 방법을 배우게 되는 것이다. 우리와 훨씬 비슷하지만 이러한 '카타르시스' 기능을 언제나 가지고 있는 연극으로 중세 시대의 성사극(聖事劇)을 들 수 있다. 성사극의 공연은 여러 날에 걸쳐서 상연되었으며, 여기에 참가하는 배우도 대개의 경우 2백 명을 넘어섰다. 이러한 성대한 공연들은 성당의 앞마당에서 이루어졌으며, 모든 시민들이 동원되었다. 그래서 아르눌의《정열의 신비》와 같은 공연은 2백80명의 배우가 동원되었고, 이에 따른 대사만도 3만 5천 개나 되었던 것이다.

전 시민들에게 스스로 자신의 종교적 신념과 공포와 과거를 찬양하는 기회를 주는 이 연극의 신비적인 사명을 오늘날에는 가끔 지방 축제에서나 찾아볼 수 있을 뿐이다. 따라서 공연은 루소가《달랑베르에게 보낸 편지》('심화하기' 참조)에서 필요성을 강조한 축제의 일부로 전락한 것이다.

■ **현대에 와서는 이러한 신성한 측면을 되살리지 못하고 있는 것이다.**

사실 연극은 언제나 서로 상반된 방향으로 발전해 왔다: 한쪽은 라신이《아탈리》를 공연했던, 생시르(Saint-Cyr) 단체에서 봉급을 받고 운영하는 개인 극장 방식과 다른 한쪽은 '노천'에서 하는 공연 방식으로 발전해 왔다. 첫번째의 경우는 사회 엘리트들을 위한 공연이고, 두번째는 대중들을 위한 공연으로서, 연극은 이러한 두 관객층을 상대로 서로 다르게 길을 걸어왔다. 현대에 와서는 열정을 가지고 한다기보다는 잘난 체하고자 하는 욕심에서 이러한 두 양면성을 혼합하는 연출을 가끔 시도하기도 한다. 아리안 무슈킨의 《1789년》이라는 작품은 이러한 타협의 연출이 얼마나 어려운지, 그리고 사회 단합을 위한 공연이라고는 하지만 지적인 이해를 요구하는 몇몇 부분들 때문에 지적으로 그렇지 못한 사람들이 소외되는 결과를 낳게 된다는 사실을 여실히 보여 주고 있다.

심화하기

'제네바' 항목에 관하여 달랑베르에게 쓴 편지
장 자크 루소(1758)

3주 동안에 걸쳐서 작성된 이 편지는 '루소가 《고백록》에서 주장한 것처럼 제네바에 연극 공연장 설립을 목적으로 만들어진' 《백과전서》의 '제네바' 항목에 대한 의견을 담고 있다. 따라서 '제네바 시민'으로 불려지게 되는 루소에게는 연극이 재앙처럼 느껴졌을 것이다.

연극은 무엇보다도 인간의 영혼에 파고들어서 인간의 품행과 성격을 타락시키는 해악이다. 이런 관점에서 접근하는 비평 방식은 전에도 있었다. 사실상 이러한 비평 방식은 이미 오래전부터 도덕론자들과 종교인들이 사용하던 진부한 비평 방식을 답습하는 것이다: 연극은 자기 자신뿐만 아니라 다른 사람들도 즐겁게 해주는 오락일 뿐이다. 이 연극은 인간들 간의 공생 관계를 북돋아 주기는커녕 이를 분열시키는 행동을 한다:

"사람들은 연극을 보러 극장에 모인다고 생각하지만 사실은 이곳에서 홀로 남게 된다; 연극 내용에 관심을 가지고 불행한 죽음에 슬퍼하거나 살아남은 자들의 우스꽝스러운 행동에 정신을 빼앗기게 되면서 친구와 친척과 이웃을 잊게 만드는 장소가 극장이기 때문이다."

더군다나 루소는 그리스 사람들이 비극에 대해서 다음과 같이 말한 것처럼 공연을 통해서 얻을 수 있는 카타르시스적인 차원도 인정하려 들지 않았다: "결국 연극은 사람들이 미처 느끼지 못한 열정을 정화시켜 줄 뿐만 아니라 이미 가지고 있던 열정을 더욱 북돋아 준다." 결국 연극이라는 것이 악을 단죄하는 것에만 만족하고 미덕을 찬양하는 일에 소홀히 한다면 그 가치는 보잘것없게 되는 것이다. 연극은 가끔 루소가 많은 관심을 아끼지 않았던 몰리에르의 《인간 혐오자》라는 작품처럼 미덕을 웃음거리로 표현하기조차 했던 것이다.

어쨌든 루소는 연극에서 사회 기능을 배제하면서 새로운 것을 도입하려고 노력하였다. 왜냐하면 만약 극장이 제네바에 세워지게 된다면 사회뿐만 아니라 사회 구성원들까지도 타락시킬지 모르기 때문이다. 물론 연극이라는 것이 관객을 끌어들이기 때문에 극장이 있는 도시에는 사람들이 몰려들게 된다. 따라서 상업을 활성화시키는 역할을 한다. 하지만 그렇게 되면 얼마나 많은 대가를 지불해야 되는지 아는가! 이를 설득시키기 위해서 루소는 극장을 열게 되면 순진하고 단순한 시골 사람들에게 어떠한 결과가 초래되는지를 설명하였다: 일에 태만해지고 세금은 오르게 되며 기존에 있던 싼 물건들은 사치품으로 대체되고, 그러면 결과적으로 지출을 많이 하게 된다는 등등…….

좀더 근본적인 문제를 살펴본다면 연극은 '촌놈'으로 불려졌던 이 순수한 사람들에게 자신을 돋보이고자 하는 자존심을 자극하면서 겉치레에 물들게 만든다는 것이다. 바로 이러한 이기심이 불평등을 촉진하는 원동력의 역할을 한다는 것이다. 실제로 루소는 18세기 사람들이 극장에 갔던 이유는 연극을 보기 위한 것보다는 자기 과시를 위한 일이었다는 사실도 지적하였다:

"맨 처음에는 연극을 보러 다니다가 나중에는 자신을 과시하려고 연극을 보러 다닌 시골 처녀들은 외모에 특별한 관심을 쏟게 되면서 남들보다 돋보이는 존재가 되기를 바란다."

따라서 연극은 사치의 난무와 맹신적인 겉치장으로 귀결되는 사회 해체 과정의 시발점이 되는 것이다.

시민들은 먼저 사회적인 역할을 수행하고 그런 다음에 전문 배우들의 성격을 나타내는, 루소의 표현에 따르자면 '자신을 거래하는' 추잡함에 몰두할 수 있는 것이다. 그런데 연극은 이러한 시민 본연의 모습을 벗어나게 만든다는 것이다.

루소의 편지는 배우의 위상에 대해 극도의 분개를 나타내고, 시민 축제를 진정한 시민의 오락이라고 하는 감동적인 변호를 하는 것으로 끝을 맺고 있다:

"광장 한가운데에 꽃으로 장식한 기둥을 세우고 거기에 사람들을 모이게 해서 축제를 열도록 하시오. 거기에 한층 더 곁들여서 관객들에게 공연을 하도록 하시오; 관객들 자신이 배우가 되는 겁니다; 모든 사람들이 한층 더 단결할 수 있도록 다른 사람들 속에 묻혀서 서로 마주 보고 서로 사랑하도록 하시오."

시사화하기

모든 것이 연극일 뿐인가?

장 폴 사르트르는 《존재와 무》라는 유명한 저서에서, 자신이 일하는 장소인 카페가 진정한 무대인양 자신만의 '스타일'을 구사하면서 일하는 종업원의 '연기'를 분석하였다. 이처럼 직업 활동은 장소에 어울리는 역할, 다시 말해서 태도라든가 몸짓, 그리고 상대방의 반응에 대해 간접적으로 어느 정도 미리 예상했었다는 듯한 답변 등을 필요로 한다. 사르트르가 말한 카페의 종업원처럼, 사람들은 자신들이 맡고 있는 역할에 판에 박힌 태도를 벗어나려는 이 연기가 자유를 의미하는 것으로 생각하기 때문에 자신의 역할을 **연기**하는 것이다. 이러한 연기는 치밀하게 계산된 것이다. 왜냐하면 이 연기는 약간 지나칠 정도로 기계적이며 말투는 너무 뻔하고 미소도 노골적으로 '장삿속'임을 드러내는 경우가 많기 때문이다.

뿐만 아니라 가족의 경우는 역할 분담에 있어서 이러한 면들로부터 벗어나기가 한층 더 어렵다. 아버지의 역할은 가장의 권위를 지키려고 할 것이고 어머니의 역할은 아이들에게 훨씬 이해심이 많은 사람으로 비쳐질 것이 당연한 것처럼 사람들이 생각하기 때문이다. 이러한 역할 분담은 일종의 사회적 습성과 연관되어 있지만 상대편의 역할, 즉 연극에서 여자가 남자 역할을 하기 위해 '바지를 입는 것'으로 분장하듯이, 남편의 역할을 맡은 여인이 보여 주는 가정 내에서의 역할을 보면 그 정도로 깊게 자리잡고 있는 것 같지는 않다.

좀더 일반적으로 말하자면 **그룹 내에서 역할 분담은 어느 누구의 지시 없이도 자연적으로 상황에 맞추어 이루어진다**는 사실이 밝혀졌다. 팰러 앨토(Palo Alto)의 연구진들은 '그룹의 역동성'에 관한 연구에서 모든 인간그룹 내에는 우두머리 역할을 하는 사람, 어릿광대 역할을 할 수 있는 사람, 고통으로 신음하는 역할을 할 수 있는 사람 등등이 언제나 존재하고 있다는 것을 밝혀냈다.

따라서 사회 생활은 사회 구성원들에게 각자의 역할을 요구하는 것처럼 보여진다. 그렇다면 이런 사회에서 일인다역(一人多役)은 존재하는가? 사실 어린아이들의 경우는 의식적이든 아니든 간에 역할을 만들어 내는 데 있어서 제삼자나 관객을 필요로 하지 않아도 된다. 아이들은 그저 즐겁게 놀기 위해서 연기를 하거나 만약 마음에 들지 않는다면 소꿉장난을 통해서 새로운 가족을 만들어 내고 자신들만의 '가정사'를 꾸며 나가는 일인다역의 생활을 한다.

 정신분석학자들은 현실과 동떨어진 이러한 생활 방식은 아이들의 정서에 맞지 않는다고 주장하였다. 강박 관념에 대한 자신의 잘못을 스스로 인정하지 않는 정신분석학자의 단순한 고집 때문에 이에 대한 의견만 분분해지고 있다.

노 동

정의하기

한껏 괴롭히기

노동은 전혀 인간이 할 짓이 아니다. 적어도 고대 그리스인들은 그렇게 생각해 왔다. 노동은 짐승이나 노예만이 하는 행위로, 다시 말해서 삶을 연명하기 위해서 자신의 신체를 이용해서 자신들에게 필요한 것을 구할 수밖에 없는 피조물들에게나 해당하는 일이라고 생각했던 것이다. 실제로 헤시오도스는 《노동과 나날》에서 우리가 말하는 노동(ponos)과 작품활동(ergon)의 차이를 다음과 구분하였다. '노동'은 인간을 벌하기 위해서 판도라의 상자에서 튀어나온 불행 가운데 하나이고, '작품 활동'은 경쟁의 여신인 에리스가 장려했던 것을 말한다. 노동은 인간이 예속 상태에 있음을 보여 주는 것이고, 작품 활동은 인간이 작품을 통하여 자신의 자유를 표현하는 것이다.

노동이라는 단어의 어원에서 볼 수 있듯이 고대인들은 노동에 대해 과소평가를 하고 있다. 실제로 라틴 사람이 노동(travail)의 어원인 tripalium을 사용할 때 이 말은 고문 기구를 뜻한다. 3개의 바늘(tri)이 박혀 있는 이 고문 기구는 죄수들을 꼬챙이로 박아 죽이는 데(paliare) 사용하는 기구이다. 이런 의미는 특별히 '철을 다루는 노동자'라는 특수한 표현으로 바뀌어서 오늘날까지 유지되고 있다.

이와 같이 노동이라는 단어에 내포되어 있었던 좋지 않은 의미를 불식시킬 수 있도록 현대인들이 가지고 있는 노동에 대한 가치 판단은 바뀌어야 할 것이다.

내용 구성하기

인간이 되기 위해서는 일을 해야 하는가?

■ 노동은 단지 자연을 인간의 다양한 욕구에 맞게 인간답게 만드는 것만은 아니다.

고대 사회에서는 먹고 사는 문제를 해결하기 위해 어쩔 수 없이 노동을 해야 한다고 생각했다. 노동은 이렇듯 인간의 본능적 욕구에 얽매인 것이기 때문에 자유인에게는 어울리는 일이 아니라고 간주하였다. 그리스의 자유민들에게도 이러한 생각에는 이론의 여지가 없었다. 따라서 왜 그들이 인간이 되기 위해서는 특히 노동을 해서는 안 된다고 생각하게 되었는지를 이해할 수 있을 것이다. 프로메테우스는 신과의 신의를 저버리고 불을 훔쳐다가 인간에게 주었다. 이에 노한 신이 인간을 벌하기 위해서 내린 형벌이 바로 노동인 것이다. 그리스인들이 이러한 형벌에서 벗어날 수 있는 대안으로 찾아낸 것이 바로 노예 제도이다.

그렇다면 노예들이 한 일은 무엇이었을까? 다시 말해서 주인이 노예에게 시킨 일은 무엇이었을까? 노예들이 한 노동은 자연을 상대로 하는 인간 활동으로 보여진다. 노예들은 이러한 활동을 통하여 자연물을 인간이 사용하거나 소비하기에 알맞도록 변형시켜 나갔다. 인간이 환경을 자신들의 생활에 적합하도록 꾸며 나간다는 의미에서 노동은 자연을 '인간답게 만드는 것'이라고 할 수 있다. 인간의 노동을 통해서 자연은 인류의 발전과 이 발전에 필요한 물질적인 풍요를 가져다 주는 수단이 된 것이다.

그러나 **자연은 인간의 욕구들을 한꺼번에 충족시켜 주지는 못한다**. 자연은 루소가 지극히 소중히 여기는, 모유를 주고 있는 엄마의 모습과는 거리가 멀다. 왜냐하면 엄마는 아기가 젖을 먹고 싶을 때 젖을 **주지만** 자연은 인간이 물을 필요로 할 때 물을 주는 것이 아니라 인간이 우물을 **파야 하기** 때문이다. 존 로크는 《통치 이론》에서 다음과 같이 말했다. "노력 끝에 자연의 품안에 담겨 있던 물을 길어낼 수 있었다. 자연이 주는 물은 누구나 길을 수 있기 때문에 모든 사람들이 소유할 수 있는 것이지만 그 물은 길어낸 사람의 소유가 되는 것이다." 따라서 노동은 바로 소유하는 행위이기도 한 것이다. 하지만 이 행위는 너무 고통스러운 일이라서 결과적으로 인간으로부터 인간성을 잃도록 초래하는 것은 아닐까?

■ **노동은 인간에게 자기 자신을 창조하도록 만들기도 하는 것이다.**
순수한 노동력과 노동에 대한 노하우는 어떻게 다른가에 대해 생각해 보자. 만약 노동이 인간과 자연 간의 갈등이라는 측면에서 본다면, 현재 자연이 야기시키는 새로운 난관들을 해결하기 위해서 깊은 생각과 능숙한 기술을 갖춘 인간을 요하게 되는데 이러한 인간은 노동을 통해서 만들어진다. 인간은 자신의 환경을 바꿔 나가면서 자신을 확신할 수 있도록 잠재적으로 내재되어 있는 지적이고 육체적인 능력을 개발한다는 의미에서 인간 스스로도 변하게 되는 것이다. 노동이 고되고 힘이 들수록 기술과 학문도 키워 나가기 때문에 이러한 노동은 인간을 인간답게 만드는 것이다. 노동은 인간의 본성을 개선시킬 수 있는 수단이기 때문에 인간이 되기 위해서는 일을 해야만 하는 것이다. 인간은 **이성적인 동물**이라기보다는 **일하는 동물**로 보아야 할 것이다.

하지만 이러한 **노동은 아직도** 자연을 일구는 데 필요한 도구와 몸놀림을 만들어 내는 **전문가들의 일로 보아야 할 것인가**? 산업 사회에서 요구하는 노동 분업은 단순한 노동력 이외에는 자연을 변형시키는 '기술'에 대한 노하우를 더 이상 사고 팔지 못하게 만들고 있다.

 따라서 힘을 별로 들지 않는 노동은 인간을 동물 수준으로 끌어내리도록 초래한 것이다. 마르크스는 제한적인 신체의 힘만으로 언제나 같은 동작만을 반복하는 노동하는 사람들을 '프롤레타리아'라고 불렀다. 반복적인 노동의 결과로 생겨나는 피로와 자신이 하는 임무가 뭔지도 모를 정도로 애매한 노동의 특성은 노동자들을, 단순히 하루하루 끼니를 보장하게 해주는 것 때문에 마지못해 일을 하는 짐바리 짐승 수준으로 만들어 버린다. 따라서 노동은 인간에게서 인간성을 부정하게 만드는 도구가 된 것이다.

 만약 인간이 되기 위해서 일을 해야만 한다면, 그것은 오로지 이 노동으로부터 해방되었을 때뿐이다:

"자유의 영역은 빈곤을 면하기 위해서, 그리고 형식적인 편의만을 위해서 하는 일을 그만둘 때에만 시작되는 것이다."

마르크스,《자본론》

심화하기

〈창세기〉

"땅은 너로 인하여 저주를 받고
너는 종신토록 수고하여야 그 소산을 먹으리라
땅이 네게 가시덤불과 엉겅퀴를 낼 것이라

너의 먹을 것은 밭의 채소인즉

네가 얼굴에 땀이 흘러야 식물을 먹고 필경은 흙으로 돌아가리니

그 속에서 네가 취함을 입었음이라

너는 흙이니 흙으로 돌아갈 것이니라 하시니라."

〈창세기〉, 3:19

노동은 인간이 저지른 원죄의 결과로 생겨난 것이다. 인간이 신의 명령을 어겼기 때문에 창조주가 인간에게 벌을 내린 것이 바로 노동인 것이다. 이 유명한 창세기 구절에 대해 사람들은 신중하게 되새겨 보아야 한다. 그렇게 해야만 인간이 처한 상황을 이해하는 데 필요한 실마리를 간파할 수 있기 때문이다.

〈창세기〉에서는 무엇보다도 노동 활동이 인간에게 힘든 형벌이자, 고통스럽지 않은 노동은 없다는 것을 가르쳐 주고 있다: '종신토록 수고하여야' '가시덤불과 엉겅퀴' 그리고 '네가 얼굴에 땀을 흘려야' 라는 구절이 말해 주는 것처럼 말이다. 이 구절들은 고통스럽지 않다는 의미에 어울리는 노동은 하나도 없다는 것을 의미한다. '즐거운 노동'이란 오락을 말하는 것인가? 그리고 '쉬운 일'이란 여가를 말하는 것인가?

하지만 노동은 당연히 힘든 일이기는 하지만 동시에 저항 활동, 즉 소멸에 대한 저항 활동이기도 한 것이다. 창조주는 아담(히브리어로 점토로 된 땅을 일컬음, *adhama*)을 불러서 그가 흙으로 만들어졌고, 신이 아담의 모든 영적인 것을 거두어들이면 다시 흙으로 되돌아가야 하는 운명임을 알려 주었다. 그러면서도 신께서는 아담에게 생명을 연장시키는 방법을 일러 주었다. 그것은 바로 노동이었다. 이 노동을 통하여 아담은 자신의 기원인 먼지로 사라져 가는 운명에 대항하여 투혼을 발휘할 수 있게 된 것이다. 그래서 노동은 인간 자신에게 들어 있는 영혼을 유지하고 보호하기 위한 유일한 수단처럼 보여지는 것이다. 물질에 대한 이러한 투쟁

속에서 인간은 자신이 영적인 차원을 가지고 있음을 발견하게 되는 것이다. 헤겔의 주장이 아무런 근거가 없는 것이 아니었던 것이다.

결국 노동은 신이 내린 형벌이든 저항 행위이든 간에 신의 뜻인 것이다. 이러한 사실을 잊거나 소홀히 해서는 안 된다. 낙원에서의 추방으로 신의 창조물인 인간의 모습은 최악으로 실추되고 물질로 전락하게 되었지만, 물질에 대해 깨우쳐 주고 있다는 면에서는 창조주와 비슷한 모습을 띠고 있는 것이다. 결과적으로 노동을 회피하려고 하는 것, 즉 노동을 거부하는 것은 다시 한번 신을 거역함으로써 신을 모독하는 결과를 낳게 되는 것이다. 따라서 어떤 이유로 앵글로색슨 청교도들이 창세기의 이 발췌 부분을, 서양에서 자본주의의 도약에 필수적이고 막스 베버가 《프로테스탄티즘의 윤리와 자본주의의 정신》에서 분석한, 노동 가치의 원칙으로 삼게 되었는가를 이해할 수 있는 것이다.

시사화하기

현대 노동

노동당에 몸담고 행한 정치적 활동보다 마르크스의 차녀 라우라 마르크스와의 결혼으로 더 유명해진 폴 라파르그는, 《나태의 권리》라는 제목의 팸플릿에 수록된 《1848년의 노동권에 대한 반론》에서 노동을 점차적으로 줄여야 한다고 주장하는 것이 아니라 자신의 일자리를 지키기 위해 노동자 계급을 투쟁에 나서게 만들었다고 하는 이런 착각에 대해 일찌감치 반박하고 나섰다.

"자본주의 문화가 지배하는 국가에서 이상한 광기가 노동자 계급을 지배하고 있다. 이러한 광기는 2세기 전부터 슬프게도 인본주의를 무색하게 만들며 개인과 사회를 빈곤으로 몰아가고 있다. 이 광기란 개인 자신과 자신의 자녀들의 최후의 목숨이 다할 때까지 일을 하게 만드는 노동에 대한 사랑, 노동에 대해 빈사 상태로 빠질 정도의 정열적인 사랑을 말한다."

1880년에 출간된 이 내용은 오늘날 슬픈 반향을 불러일으키고 있다. 노동은 숙명적으로 특권이 되었으며, 이 노동은 노동자와 노조원들뿐만 아니라 서양 국가들의 정부에게 씁쓸한 투쟁의 목표가 되었다. 노동 활동 인구의 11.8퍼센트가 실업자인 프랑스는 골이 깊고 지속적인 위기 상황에 빠져들었다. 상대적으로 드문 일자리는 노동을 한층 더 신성시하게 만들어 놓았고, 결과적으로는 일자리를 구하지 못한 사람들에게 사회에서 소외되었다는 감정을 불러일으켰다.

어떤 나쁜 상황이 실업을 유발하였는가? 사업주의 경영 실패와 사업주의 해고를 눈감아 주는 정부의 정책 실패 때문인가? 현실적으로 직면하고 있는 상황은 지나치게 우수한 경영 능력과 지나친 노동 합리화 때문이다. 생산성 증가에 대한 염려 때문에 서양 국가들은 별다른 기대감 없이 생산 장비에 대한 현대화 과정에 돌입하게 되었다. 결과는 기업의 기능에 필요한 노동자는 점점 줄어들게 되었다. 현대 노동은 실제로 전통적인 노동 분업을 혼란에 빠뜨리게 만들었다. 생산 분야에 있던 노동자들은 대량 소비 분야나 문화 산업 분야로 옮아가게 만들었던 것이다. 따라서 사회학자인 알랭 투렌은 프랑스에서의 산업 분류를 재편성하였다: 프랑스 경제는 크게 세 분야로 구분된다. 먼저 첨단 기술 분야이다. 첨단 기술 분야는 경제를 활성화시킬 뿐만 아니라 경쟁력을 키워 주고 있다. 이 분야에서 노동자 고용의 숫자는 점점 줄어들고 있는 반면에 노동자들이 갖추어야 할 자격 수준은 매해 높아지고 있는 추세이다. 이 첫번째 분야는 부를 창출해 내지만 고용은 창출하지 못하고 있다. 두번째 분야는 대량 소비 분야이다. 이 분야 노동자들의 자격 요건은 그리 높은 수준을 요하지는 않지만 첫번째 분야인 첨단 기술 분야의 이익과 효과에 따라서 부의 창출에 영향을 받는다. 세번째 분야는 한참 확장 일로에 있는 분야로서 수많은 일자리와 함께 양질의 노동력을 요구한다. 문화 산업(교육, 건강 등)이라 불리우는 분야가 이에 해당한다. 우리는 새로운 이 세 분야와 그의 특징에 대해 생각해 보아야 할 것이다. 두번째와 세번째 분야에서 대량의 일자리를 만들어 내는 방향으로 생각해 보아야 한다. 두번째 분야에서는 높은 수준의 자격을 요하지 않는 일자리의 창출과, 세번째 분야에서는 좀더 높은 수준의 자격을 요하는 일자리를 창출해야 하는 것이다. 그리고 과거로부터 전해 오는 산업 분류(농업, 산업, 서비스업)에 대해 재검토를 해보아야 할 것이다.

노 령

정의하기

늙은 학생, 젊은 퇴직자

시간이 흐름에 따라서…… 옛날에는 '세대 갈등'이라고 불렸던, 구세대 전통주의자 대 신세대 반항아라고 하는 단순한 도식으로 구분되었던 노인과 젊은이라는 대조적인 의미는 퇴색되고 있다.

오늘날 자신이 늙었다고 느끼는 사람이 있을까? 사실 자신이 늙었다고 인정을 받기 위해서는 인생의 마지막 단계인 노년기를 상징하는 초라한 침대에 눕는 일밖에는 없는 것 같다.

확실히 현대 생활의 여건으로 수명은 연장되고 있고, 신체적인 노화 현상이 더디어지고 있는 것이 사실이다. 루이 7세는 45세 때 늙은이로 간주되었고, 그때까지 왕위를 물려줄 아들이 없었던 까닭에 왕조는 낙담하고 있었다. 그러다가 필리프 오귀스트가 태어나자 이를 기적처럼 느꼈던 것이다. 하지만 현대에 와서는 40대에 아버지가 된다는 사실에서 이를 생물학적인 예외로 받아들이는 사람은 아무도 없을 것이다. 과거에 노인 취급을 받던 나이가 오늘날에는 젊은이 취급을 받고 있다.

뿐만 아니라 '한참 일을 해야 하는 나이'라는 기존의 개념도 시대의 변화에 따라서 흔들리고 있는 것이 사실이다. 젊은이들 사이에서 '노땅'들의 숫자가 늘어남에 따라 젊은이는 노령화되는 추세에 있다: 학업에 투자하는 시간이 한층 더 길어지고 있다. 이는 취직을 못할지도 모른다는 두려움 때문에 가능하면 직업 전선에 발을 들여놓는 것을 늦추고자 하는 생각을 갖게 됨으로써 이미 독립을 해야 하는 나이임에도 불구하고 부모님의 슬하를 떠나지 못하고 있는 것이다. 이와는 반대로 노인들의 경우는 점점 더 젊어지고 있는 추세에 있다: 젊은 나이에 일자리를 떠나는 조기 퇴직자들이 생겨남에 따라 비활동 인구 증가 추세는 매우 빠르게 나타나고 있다. 30세의 늙은 학생에서 55세의 젊은 퇴직자가 되기까지는 겨우 25년밖에 지나지 않는다. 혹시 염려스러울 정도로 뒤바뀐 이러한 노소 역전이라는 현상을 통해서 젊은이들은 '노땅'이 되면서 상실했던 젊음을 조기 퇴직이라는 방법을 통해서 다시 보상받으려고 하는 것은 아닌지 모르겠다.

내용 구성하기

아직도 선현들로부터 배울 것이 있는가?

■ 만일 오늘날……

선현들의 지식은 우리들에게 어떤 가치가 있는가? 구시대의 지혜는 아직도 현실에 유용한 것인가? 사회학자 모랭이 그의 작품 《시대의 정신》에서 다루었던 60년대 프랑스 사회에서 있었던 '노인 정부 퇴보화(dégérontocratisation)' 과정이 나타나고 있는가?

사실 현시대의 특징인 노소(老少)의 구분이 희미해짐에 따라 노인들의 권위는 추락하고 있고, 그동안 지침의 모델이 되었던 노인들의 경험에 의한 지혜도 그 가치를 상실해 가고 있다. 이에 대한 명확한 예를 들자면, 70대의 노인이 최고 권력에 등극하자마자 '지도자의 나이'에 대한 격렬한 토론이 벌어졌었다. 결국 장구한 세월 동안의 경험은 역설적으로 현실과 괴리될지 모른다고 사람들은 의심하기 시작한 것이다. 시대에 뒤처진 사람들에 대해서는 아무래도 걱정이 될 수밖에 없으며, 이들한테서는 케케묵은 권력만을 느끼게 된다: 오늘날의 정치 제도는 이러한 면들을 감안한 것 같기도 하고 아닌 것 같기도 하다. 중국, 구러시아 제국, 전체주의 유럽…… 힌덴부르크·페탱 그리고 브레주네프를 생각해 보면 역사의 악몽이 되살아난다. 노인들의 지혜 속에는 노망이 담겨져 있었던 것이다. 노인들은 더 이상 현시대와 어울리지 않는다: 그래서 모랭은 1962년 자신의 저서에서 "20세기 문화에서는 청년이라는 연령층이 부각되고 있다"고 말하고 있는 것이다.

■ 현대인들이 옛 선현들로부터 배울 것이 아무것도 없다고 말한다면……

왜 갑자기 노인들의 지혜는 그 가치를 상실했는가? 노인들에게 배울 것은 아무것도 없다라고 생각하는 근거는 무엇인가? 이 문제에 대해서는 단순히 사고 방식이 변했기 때문이다라고 대답하기 이전에 좀더 구체적으로 생각해 볼 필요가 있다. 신구(新舊) 논쟁을 하면서 이에 대한 답변을 제일 먼저 시도한 사람은 코르네유였다.

사실 코르네유는 《르 시드》이라는 작품에서 노인들이 젊은이들을 가르친다라는 생각에 대해 냉혹하게 의문을 제기하였다. 이 비극은 늙은 돈 디에고를 '카스티유 왕자의 가정교사'라는 자리에 임명함에 따라서 생겨나는 문제를 다루었다. 이 작품의 1막 3장에서 가장 젊은 세대인 백작은 황태자에게 군사 지식과 정치를 가르치는 데 있어서 돈 디에고는 그럴 자격이 못된다고 항의하였다. 그는 노인에게서 배울 것은 아무것도 없다고 주장하였다. 이에 대한 돈 디에고는 의례적으로 이렇게 대답하였:

"여러 사례를 가르치려 했으나 배우고자 하는 마음이 별로 없으니 단지 내 무용담이나 들려 주고자 합니다."

무용담에 관한 이야기가 새롭게 대두된 것이다. 자신의 무용담을 듣는 것은 소포클레스나 핀다로스의 책을 읽는 것과 마찬가지라는 의미이다. 노인네가 자신을 모델로 삼으라고 하는 것은 자신을 보고 배우라는 이야기인데, 이는 과거에 자신이 성공했기 때문에 정당하다고 하는 이치와 같은 것이다. 미래의 세대에게 가르칠 수 있는 이 권리는 돈 디에고 자신이 옛날에 적을 물리쳤기 때문에 얻을 수 있었다고 주장한 것이다. 그는 이렇게 말했다.

"당신을 이긴 사람이 있다면 그 사람은 그럴 만한 자격이 있었기 때문이오."

이 말에서 시제를 살펴보면 '이긴 사람이 있다면'이라는 현재에 완료된 상태와 '자격이 있었기 때문이오'라는 과거에 이미 끝마쳐진 상태를 알 수 있을 것이다: 이 의미는 자격이라는 것은 최종적으로 얻어지는 것임을 말한다. 하지만 역사라는 것이 최종적인 것만을 인정한다는 말인가? 백작은 서슴치 않고 답변하였다:

"교육을 더 잘 시킬 수 있는 사람이 가장 훌륭한 교육자입니다."

권력은 현실이다. 이것이 바로 지난 세기 마키아벨리가 가르쳐 준, 현대 정치가 취하고 있는 교훈이다. 돈 디에고는 다음 장면에서 이 말이 뜻하는 것을 알아차리게 된다: 정치에 있어서 지난날에 대한 회상은 냉엄할 뿐이다. ("오 지난날의 영광에 대한 잔인한 추억이여.") 로드리게는 백

작에게 그가 주장한 원칙을 적용하도록 하는 임무를 부여받게 된다:

"나는 젊습니다. 그것은 사실이요: 하지만 갓 태어난 영혼에게 나이라는 숫자는 아무런 가치가 없습니다."

그래…… 문제가 되었던 것은 바로 '가치'였구나!

■ 진리에 도달하는 유일한 수단은 현재라고 생각된다.

실제로 과거와 현재의 가치는 서로 같을 수가 없다. 과거로부터 물려받은 지식은 변함이 없기 때문에 옛사람들에게는 과거에 대한 연구를 통해서만이 진리에 다다를 수 있었을지 모른다. 그러나 현대인들은 지금 당장의 현실이 그네들이 가지고 있는 지식과 새롭게 변하는 세계를 아우르는 데 있어서 적합한 것을 절대적인 진실로 여기는 것이다. 모든 것은 변하고 있고 결국 모든 것은 그렇게 흘러가는 것이다……. 변화만이 현대인들에게 이렇게 생각하게 만드는 유일한 사실처럼 보인다. 사실 로드리게는 역사 속에서 일어나는 돌발적인 사건에서처럼 자기 자신에게 일어나는 돌발적인 사건, 즉 현실에 추종하는 특징을 가지고 있다. 그는 자신의 선조들로부터 배울 것이 하나도 없었던 것이다: 그가 역사에 있어서 현재의 의미를 발견했듯이 자기 자아를 발견하게 되는 것은 현재라는 상황 속에서였던 것이다. 군주가 그에게 말한 마지막 말은 정확히 이런 관점에서 했던 것이다.

"시간과 너의 용맹을 너의 왕에게 맡겨두어라."

다시 말해서 이 말의 뜻은 "네 자신이 가지고 있는 시간적 가치에 대한 확신 속에서 네 자신의 고유한 본성과 네 자신이 속한 세상의 본질을 찾아라"라고 하는 의미인 것이다.

심화하기

―――

《승부의 끝》
사뮈엘 베케트(1957)

  시간이 인간의 육체에 신랄하게 가하는 행위에 대해 민감하게 느끼도록 만든 이오네스코의 작품과 베케트의 이 비극적인 작품과는 공통점이 있다. **늙는다는 것은 무엇인가?** 늙는다는 것은 차츰차츰 둔하고 천박하게 변해 가는 것이고(《오 아름다운 날들이여!》)…… 자신의 운동 능력과 권한이 점진적으로 악화되어 가는 것을 인정하는 것이다.(《승부의 끝》)…… 늙는다는 것은 감소되어 간다는 것이고 보잘것없는 것으로 변해 가는 것이거나 시간이 지남에 따라 나날이 신체의 각 마디마디마다 늙어가는 육체 속에서 시작되는 죽음을 향해서 수척해져 가는 것이다.

  이 희곡은 3세대를 그리고 있기 때문에 이러한 숙명을 잔인할 정도로 묘사하고 있다. (그리스의 비극 작품과 같은 개념으로, 공연의 도입 부분에서 이미 이전의 상황이 어떠했는가를 짐작하게 해준다. 탁 풀린 시선에 생기 없는 목소리로 "끝이야 끝, 이제 더 이상 어쩔 도리가 없어"라고 내뱉는 클로브의 첫 대사가 이를 명확히 나타내고 있다.) 다리 관절이 약해지는 것을 느끼기 시작하는 양자인 클로브; 전신이 마비되고 실명한 채 휠체어를 타고 다니는 아버지 햄; 두 다리가 없고 짐승들이 사는 우리처럼 모래가 뒤범벅이 되어 있는 쓰레기통 같은 집에서 살고 있는 조부모 넬과 나그. 이 연극이 노골적이다 하는 것은 가족들이 주고받는 저질적인 대사에서 역력하게 나타난다: 나그는 먹을 것을 달라고 늘 투덜거리기만 하고, 햄은 방 한가운데로 자신을 데려다 달라고 자기 아들에게 집요하게 고집을 부리며 클로브의 경우는 자기 부모를 살해하겠다고 아무 거리낌없이 이야기하고 다닌다. ("내가 부모를 죽일 수만 있다면 더 이상 원도 한도 없겠다.")

이런 식구들과 같은 방에 갇혀서 살아가는 등장인물들은 노화와 노쇠함을 발견할 뿐만 아니라 시간이 지남에 따라 자신의 활동 영역에서 내몰리게 된다는 불안감에 휩싸이게 된다. 햄은 전에는 막강한 권력을 가지고 권위의 중앙에 있었지만, 지금은 신체가 말을 잘 듣지도 않을 뿐만 아니라 모든 권력을 다 잃어버렸다. 결국 이런 조악한 세계에서 정신 착란만이, 전통과 관습에 기초한 가정의 지배 관계가 와해되고 공통적으로 비극적으로 살아왔던 과거의 모든 거짓말과 실망으로 점철된 지옥같이 밀폐된 이 세상에서 빠져나올 수 있는 유일한 출구일지도 모른다.

시사화하기

노령화된 프랑스……

프랑스 인구는 노령화되고 있다. 노령화 현상의 여파와 지속성은 몇 개의 통계 수치로도 쉽게 알아볼 수 있다; 60세 이상의 국민은 1985년에 전체의 18.1퍼센트였고, 2000년에는 20.4퍼센트, 그리고 2020년에는 26퍼센트에 이를 것이라고 내다보고 있다. 이러한 변화에 대해서 걱정하지 않아도 될 듯싶다. 결국 프랑스는 경험을 바탕으로 신중하게 대처하는 현명함을 보여 줄 것이기 때문이다……. 하지만 이러한 변화에 대해 염려하지 않을 수 없으며 게다가 두려움조차 느끼게 된다.

누가 '나이 든 사람들'을 두려워하는가? 또 그 이유는 무엇인가?

무엇보다 경제 문제를 중시하는 현시대에서 걱정을 할 수밖에 없는 사람들은 당연히 퇴직자들이지 않은가! 2000년 이후에 경제 활동 인구와 비경제 활동 인구 간의 불균형은 그리 큰 문제로 부각되지는 않을 것이다. 잘 알다시피 프랑스의 퇴직연금 시스템은 연대주의에 기초하여 운영되고 있다. 이는 경제 활동 인구의 봉급에서 공제된 분담금으로 퇴직하는 사람들에게 퇴직하는 즉시 연금을 주는 제도를 말하는 것이다. 이러한 시스템은 인플레이션과 연동된 통화 가치의 하락을 피할 수 있는 장점이 있지만 경제 활동 인구의 수가 많고 이들이 이 시스템에 대한 신뢰가(예를 들어 자신들도 동일한 방법으로 혜택을 받을 수 있다는 확신) 있을 때에만 유지될 수 있다는 데 문제가 있다. 따라서 분담금을 지불하는 사람들의 숫자와 신뢰는 점점 감소하고 있는 실정이다. 이에 따른 해결책으로 잘 알려진 것은 분담금을 지불하는 최소한의 기간을 연장하고 분담금을 인상하거나 퇴직자들이 수령하는 액수를 현저히 줄이도록 하는 것이다. 이 중에 선거를 통해 가장 많은 표를 얻은 것이 첫번째 방법이었다. 동시에 이 시스템에 대한 불신은 더욱 증폭되고 있다. 이는 오늘날 프랑스인 40퍼센트가 자신들이 미래에 받을 연금을 보충하기 위해서 또 다른 직업을 생각하고 있다는 사실에서 잘 반영되고 있는 것이다.

경제 침체라는 위기로 동반된 인구 감소라는 위기의 영향은 프랑스 사람들이 앞으로 퇴직연금 문제에 있어서 불평등한 대우를 받게 될 것이라고 생각하게 만들도록 영향을 끼쳤다는 것이다.

이로 인한 세대간의 불평등 문제는 연령 계층간에 골이 존재하고 있다는 느낌을 다시 새롭게 만드는 위협으로 나타나고 있다. 최근에 이루어진 사회 발전이 퇴색하기에 이른 것이다. 경제 위기라는 현실이 다시 한번 이들간에 골을 깊게 만드는 것은 아닐까?

따라서 퇴직자들을 국가 경제 측면에서 부담만 안겨 주는 사람으로 간주한다면 이는 아주 크나큰 실수가 아닐 수 없다. 내수 시장에서 퇴직자들이 소비하는 비중은 경제 활동 인구가 차지하는 비중을 능가하고 있다. 사실 경제 활동 인구가 비경제 활동 인구에게 부담하는 비용은 곧바로 경제 활동 인구에게로 돌아가고 있는 것이다. 요즘과 같이 경제가 활성화되고 있는 기간에 60세 이상의 사람들이 부담하는 경제적인 비중은 상당히 중요하다. 왜냐하면 이들은 한층 더 소비할 수 있는 수단을 가지고 있기 때문에 경제 생활에서도 많은 부분을 차지하고 있고, 당연히 경제 활동 인구들이 직업을 영위하도록 하는 고용 문제에 있어서도 공헌을 하고 있다.

본 강의에서 다루지 않았던
중요 용어 해설

Abolutisme(절대주의, 전제주의): 이 제도에서 군주는 절대적인 권력, 즉 완전히 독립적이고 독보적인(ab-solutus) 권력을 가지고 있다. '전제군주제' 참조.

Agressivité(호전성): 시빗거리를 만들어 내는 사람의 성격. 프로이트는 이 호전성에서 죽음의 본능이 표현된다고 생각하였고, 반대로 현대 작가들은 삶의 의지라는 견지에서 호전성에 가치를 부여한다. 라틴어 agredior는 앞으로 나가다라는 의미를 가지고 있다. '야만' 참조.

Aliénation(양도): 제삼자에게 소유권을 이양하는 행위. 헤겔에게 있어서 양도(Entfremdung)는 아주 단순하게 말해서 다른 사람에게 이전시키는 행위를 말하는 것이고, 마르크스에게 있어서 양도는 자신의 물질적인 환경들을 박탈당한 사람의 상태를 일컫는다. '노동' 참조.

Altruisme(집단중심주의): A. 콩트가 만든 용어. 다른 이에게 관심을 나타내는 사람의 태도를 지칭한다. 반대말: 이기주의. '개인' 참조.

Anarchie(무정부 상태): 질서나 통솔의 부재 상태. '국가' 참조.

Anarchisme(무정부주의): 개인에게 영향을 미치는 모든 형태의 권위를 부정하는 독트린. 무정부주의는 특히 국가를 대상으로 하는 말이다. '국가' 참조.

Anomie(무질서): 법(그리스어로 nomos)의 부재. 완전한 혼란 상태를 이르는 말이다. '법' 참조.

Apologie(변명): 그리스어로 변호를 뜻함. 《소크라테스의 변명》은 기원전 399년에 있었던 재판에서 소크라테스 자신이 직접 자기 자신을 위한 변호와 연관이 있다. '형벌' 참조.

Aristocratie(귀족 정치제): 이 제도하에서 권력을 쥐고 있는 사람들은 스스로를 최고의 엘리트 집단이라 부른다. '공화국' 참조.

Assimiler(동화하다): 비슷하게 되게 하다. (라틴어로 similis) '개인' 참조.

Autarcie(자급자족 체제): 그리스어로 autarkeia. 스스로(autos) 자기 자신을 충족시키는(arkei) 사람의 상태를 지칭한다. '시민 사회' 참조.

Autocrate(전제군주): 자기 자신(autos)이 직접 통치(Kratei)하는 사람. '전재군주제' 참조.

Autonome(자치): 자신들의 법(nomos)을 스스로(autos) 설정하는 것. '민주주의' 참조.

Charisme(카리스마): 초자연적인 신통력. 성스러운 행위 'euchristie'라는 단어와 어원을 같이하고 있다. 그리스어 charis는 특혜라는 의미를 가지고 있다. '권위' 참조.

Clan(씨족): 스코틀랜드에 사는 게일족이 쓰는 단어 clann은 가족을 의미한다. 가장 오래된 사회 구성의 형태를 지칭하기 위해서 사회학자들이 사용하는 용어이다. '가정' 참조.

Communauté(공동체): 사회가 개인에게 독립적으로 개인의 의지를 인정한다는 견지에서 공동체는 사회와 반대된다. 사회는 공동체와는 반대로 계약에 의해서 생겨난 것이다. '시민 사회' 참조.

Convention(협정): Con-venire는 함께 가다라는 의미. 협정은 의견의 일치에 따른 행동으로 사람들은 협정을 통해 서로 뭉친다. 게다가 프랑스 의회는 1792년부터 1795년까지 국민의회(Convention nationale)라고 불렸다. '민족' 참조.

Dogme(교리): 독트린. 어떤 교리의 권위를 인정하고 강요하는 사람을 지칭하기 위한 교조주의자(dogmatique)는 독단론자라는 경멸적인 뉘앙스로 사용되기도 한다. '교육' 참조.

Economie(경제): 경제라는 말의 어원인 oikunomia는 가정(oikos)의 경영(nomos, 법)이라는 의미를 가지고 있다. 따라서 경제의 정의는 무엇보다 가정을 의미한다. '시민 사회' 참조.

Election(선거): 선택(eligere)하는 행위. '민주주의' 참조.

Equité(형평): 이 개념은 재판에 부합하는 말이 아니라 이상적인 정의에 부합하는 말이다. '형벌' 참조.

Etatisme(국가관리주의): 국가에게 사회 통제에 대한 모든 기능을 부여해야 한다고 주장하는 정치철학. '국가' 참조.

Ethnie(민족):국민. 언어·풍속·문화 따위 등을 공유하는 집단으로 해부학적인 지표에 의한 인종(race)과는 다른 개념. '인종차별주의' 참조.

Ethologie(민족학): 민속학자들이 연구하는 풍습이나 문화에 대한 학문. '윤리' 참조.

Eudemonisme(행복주의): 도덕 관념은 행복을 추구하는 과정 속에서 이루어진다고 주장하는 독트린. '행복' 참조.

Génocide(집단 학살): 한 인종(genos)에 대한 말살(caedere, 분쇄하다). '인종차별주의' 참조

Harmonie(조화): 그리스어 armos는 '정렬' '전선(戰線)'을 뜻한다. 전체를 형성하는 부분들의 일치. '국가' 참조.

Hédonisme(쾌락주의): 이 독트린에 의하면 쾌락의 추구는 절대적이다. '유물론' 참조.

Instinct(본능): 이 말의 어원인 라틴어 instinctus(충동)조차도 그 어원은 그리스어 stizein(자극하다)에서 유래되었다. 그리스어 stizein(자극하다)으로 유추해 보면 본능은 '본성을 자극하다'가 되는 것이다. '야만'과 '교육' 참조.

Jugement(판단): 이 말은 재판에서 사용하는 말이다. 따라서 법정 용어임에 틀림없다. 그럼에도 불구하고 철학자들은 juger(판단하다)라는 단어를 두 가지 고찰 대상간의 연관성에 대한 실체나 아니면 존재하는 사물에 대한 가치를 평가하는 행동이라는 특별한 의미로 사용한다. '법' 참조.

Laïc(세속인): 그리스어로 Laikos는 성직자(Klêros)의 영향을 받지도 않고 종교와도 상관없는 일반 백성을 말한다. '신성' 참조.

Licéité(적법성): (licet, 허용) 법에 의해 허용된다고 하는 의미. '법' 참조.

Loisir(여가): 자유롭게 사용할 수 있는 시간을 지칭. '노동' 참조.

Monarchie(군주제): 한 사람에 의해 지배되는 정부. '민주주의' 참조.

Motif(동기): 라틴어 동사 movere(움직이게 하다)에서 유래. 움직임, 즉 결정의 이유를 설명해 준다. '참여' 참조.

Oligarchie(과두제): 소수의 사람들에(oligoi) 의해 지배되는 정부. 귀족 정치와 대동소이한 용어이나 과두제가 내포하고 있는 의미는 부정적인 의미에 더 가깝다. '공화국' 참조.

Optimisme(낙천주의): 이 독트린에 의하면 이 세상은 모든 가능성 중에서 최선의 것을 골라서 만들어진 세상이다. 낙천주의는 현실에서 악을 외면하는 태도를 취한다. '행복' 참조.

Outil(도구): uti(도구를 사용하다)라는 라틴어 동사에서 유래된 말. 인간이 사용할 수 있는 물건을 뜻한다. '노동' 참조.

Passion(열정): 참고 견뎌내는 행위. pathos(고통)라는 그리스어에서 유래. '역사' 참조.

Patrie(조국): 아버지에게 속해 있다라는 뜻의 patrius라는 말에서 유래. 조국은 terra patria(조상들의 땅)라는 말을 줄여서 쓴 것. '민족' 참조.

Profane(속세): pro(앞)-fanum(사원), 즉 사원 밖에 있는 비종교적인 세상. 따라서 속세의 의미는 종교적인 차원에서 정의된다. 즉 종교와 상관이 없는 것을 말한다. '신성' 참조.

Règle(법칙): 단어의 뜻을 명확히 밝혀 주는 새로운 어원에 의하면 regere(직선으로 안내하다)라는 단어에서 regula(직선으로 선을 긋는 데 도움이 되는 기구)라는 말이 유래. 따라서 법칙이라는 말은 엄격한 의미에서 법의 도구가 되는 것이다. '법' 참조.

Revendication(청구): 라틴어 vindex는 수호자, 복수하는 사람이라는 의미를 가지고 있다. 접두사 re는 정의나 형벌을 주장하는 행동의 가치를 강화시켜 준다. 당연히 이 단어는 법률 용어에 속한다. '형벌' '법' 참조.

Synarchie(연정 체제): 권력(arché) 행사가 몇몇 사람(sun)에 의해 동시에 행해지는 제도. '공화국' 참조.

Tolérence(관용): 라틴어 tolerare(견디다)에서 유래. 따라서 관용을 베풀다라는 말은 쉽사리 받아들이다라는 의미가 아니다. 단어 속에 내포되어 있는 부분적인 의미에 실제로 노력이라는 개념은 누락되어 있다. '소외' 참조.

Totalitarisme(전체주의): 국가 활동의 전체를 정치 권력이 독차지한다. '국가' 참조.

Utopie(유토피아): 토마스 모어가 이상적인 사회를 지칭하기 위해서 만든 단어. 결국 유토피아는 어디에도 존재하지 않는다. '소유' 참조.

참고 문헌

ALBERTINI Jean-Marie — Le chômage est-il une fatalité?
BEDEL Jean-Marc — La grammaire espagnole.
BRUNEL Sylvie — Le Sud dans la nouvelle économie mondiale.
CAQUET Emmanuel — Leçon littéraire sur *Médée* de Sénèque.
CAQUET Emmanuel, DE BAILLEUX Diane — Leçon littéraire sur le Temps.
CHANCEL Claude, DRANCOURT Michel, LOUAT André, MARSEILLE Jacques, PIELBERG Éric-Charles — L'entreprise dans la nouvelle économie mondiale.
CHANCEL Claude, PIELBERG Éric-Charles — Le monde chinois dans le nouvel espace économique.
CHANTEPIE Philippe, GAUTIER Louis, PIOT Olivier, PLIHON Dominique— La nouvelle politique économique. L'État face à la mondialisation.
CHAUVIN Andrée — Leçon littéraire sur *W ou le souvenir d'enfance* de Georges Perec.
CHIBAUDEL Pierre — Les mathématiques sur Casio.
COBAST Éric — Anthologie de culture générale.
COBAST Éric — Leçons particulières de culture générale(4^e éd. revue et augmentée).
COBAST Éric — Petites leçons de culture générale(3^e éd.)
COBAST Éric — *Les Dieux antiques* de Stéphane Mallarmé.
COMBE Emmanuel — Précis d'économie(4^e éd. mise à jour).
COMBROUZE Alain — Probabilités et statistiques.
COMBROUZE Alain — Probabilités 1.
COMBROUZE Alain, DEDE Alexadre — Analyse. Algèbre.
COMBROUZE Alain, DEDE Alexadre — Probabilités et statistiques, 1.
COMBROUZE Alain, TRAN VAN HIEP — Mathématique. Analyse et programmation.
DANIEL Gérard — L'anglais, du bac aux grandes écoles.
DAUBE Jean-Michel — Verbes anglais: savoir et savoir-faire.
DAVID François — Les échanges commerciaux dans nouvelle économie mondiale.
DEDE Alexandre — Exercice de Mathématiques.
DÉFOSSÉ Jacques — Principes et méthodes du commentaire de cartes aux concours.
DIOT Marie-Renée, DIOT Jean-Robert — Deutschland, was nun?(4e éd. revue et corrigée)
DRANCOURT Michel — Leçon d'histoire sur l'entreprise, de l'Antiquité à nos jours.
DREVET Jean-François — La nouvelle identité de l'Europe.
ECK Jean-François — La France dans la nouvelle économie mondiale(2^e éd. mise à jour).

Edel Patricia, Vacherat François — Les métiers de la solidarité.
Ferrandéry Jean-Luc — Le points sur la mondialisation(2^e éd.).
Fichaux Fabien — L'épreuve d'anglais à l'entrée des IEP.
Fumey Gilles — L'angriculture dans la nouvelle économie mondiale.
Gaillochet Philippe — Le guide des MBA.
Gauchon Pascal, Hamon Dominique, Mauras Annie — La Triade dans la nouvelle économie mondiale(3^e éd. mise à jour).
Gauchon Pascal — Les capitalismes américain, européen et japonais.
Gerrer Jean-Luc — Leçon littéraire sur *Dans la jungle des villes* de Bertolt Brecht.
Gervaise Yves, Quirin Bernard, Crémieu Élisabeth — Le nouvel espace économique français.
Goffart Michel, Guët Alain, Jones Gwyn, Michelet Françoise — Lexique de civilisation américaine et britannique.
Guët Alain, Laruelle Philippe — The US in a Nusthell.
Guët Alain, Jones Gwyn, Laruelle Philippe — Annales d'anglais.
Hamon Dominique, Keller Ivan — Fondements et étapes de la construction européenne.
Kerbrat Marie-Claire — Leçon littéraire sur *L'Emploi du temps* de Michel Butor.
Kerbrat Marie-Claire — Leçon littéraire sur la ville.
Kerbrat Marie-Claire — Leçon littéraire sur *Frankenstein* de Mary Shelley.
Kerbrat Marie-Claire, Comte-Sponville Maximine — L'oeuvre d'art par elle-même.
Kerbrat Marie-Claire, Le Gall Danielle, Lelièpvre-Botton Sylvie — Figures du pouvoir.
Klotz Gérard — Manuel de mathématiques.
Laruelle Philippe, Michelet Françoise — L'aide-mémoire de l'angliciste.
Laruelle Philippe — Mieux écrire en anglais.
Laupies Frédérique — Leçon philosophique sur le bonheur.
Laupies Frédéric — Leçon philosophique sur le temps.
Laupies Frédéric, Kermen Denis — Premières leçons sur le pouvoir.
Laupies Frédéric(sous la direction de) — Dictionnaire de culture générale.
Le diraison Serge, Zernik Éric — Le corps des philosophes.
Lefebvre Maxime — Le jeu du droit et de la puissance. Précis de relations internationales.
Maixent Jocelyn — Leçon littéraire sur Vladimir Nabokov, de *La méprise à Ada* (2e éd.)
Malville Patrick — Leçon littéraire sur les *Confessions* de Jean-Jacques Rousseau.
Maréchaux Pierre — Littérature latine. Manuel de poche.
Martinière Nathalie — Décrypter les médias américains.

Nouschi Marc — Temps forts du XXe siècle.

Ortega Olivier — La note de synthèse juridique à l'entrée à l'EFB, aux CRFPA et à l'ENM.

Portier François — Documents for Civilization Studies of Great Britain and the English Speaking World.

Ricot — Leçon sur l'humain et l'inhumain.

Roter Pierre — Préparer et réussir Sciences Po Strasbourg.

Roter Pierre — Préparer et réussir les concours commerciaux: SESAME, VISA, ECCIP, ECE, MBA, Institute······.

Royer Pierre, Gabbay Anne, Tremolet Vincent — Préparer et réussir le concours des IRA.

Sainte-Lorette Patrick de, Marzé Jo — L'épreuve d'entretien aux concours(2^e éd.)

Scharfen Herbert — Allemand, cinq cents fautes à éviter(2^e éd.).

Teulon Frédéric — L'État et la politique économique.

Teulon Frédéric — Crossance, crises et développement(3^e éd.).

Teulon Frédéric — La nouvelle économie mondiale(3^e éd. corrigée)

Teulon Frédéric(sous la direction de) — Dictionnaire d'histoire, économie, finance, géographie.

Teulon Frédéric — Initiation à la macro-économie.

Teulon Frédéric — Initiation à la micro-économie.

Teulon Frédéric — Sociologie et histoire sociale.

Thoris Gérard — La dissertation économique aux concours.

Touchard Patrice, Bermond Christine, Cabanel Patrick, Lefebvre Maxime — Le siècle des excès de 1880 à nos jours(2^e éd.)

Touchard Patrice — La nouvelle économie mondiale en chiffres.

Tran Van Hiep — Mathématiques. Formulaire(2^e éd. refondue).

Tran Van Hiep — Morceaux choisis de l'oral de mathématiques.

Tran Van Hiep — Algèbre.

Tran Van Hiep — Cours d'algèbre, 1re et 2e années, voie scientifique.

Tran Van Hiep — Analyse, 2.

Tran Van Hiep, Combrouze Alain — Mathématiques. Analyse et programmation. Cours et exercices.

Trouvé Alain — Leçon littéraire sur *Les mémoires d'Hadrien* de Marguerite Yourcenar.

Villani Jacqueline — Leçon littéraire sur Les Mots de Jean-Paul Sartre.

색 인

《1789년》 331
《1844년의 경제학-철학 초고 Ökonomisch-philosophische Manuskripte aus dem Jahre 1844》 250
《1848년의 노동권에 대한 반론 Réfutation du droit au travail de 1848》 341
《1984년》 74
《20세기의 토대 Fondements du XXe siècle》 273
《44년 초고 Manuscrits de 44》 250
《4일 밤의 회상 Souvenir de la nuit du quatre》 106
《가로등 Réverbère》 128
갈릴레이 Galilei, Galileo 221
《감시와 처벌 Surveiller et punir》 33,35, 36
《강의 Leçon》 185
《개인주의에 대한 에세이 Essais Sur l'individualisme》 169
《거꾸로 Â rebours》 55,56
《고르기아스 Gorgias》 76
《고백록 Confession》 331
고비노 Gobineau, Joseph Arthur de 272, 277
《공공 장소의 주석 L'exégèse des lieux communs》 50
《공산당 선언 Manifest der Kommunistischen Partei》 317
《공허의 세기 L'ère du vide》 171
《공화국 제6권 Les six livres de la République》 215
《공화 제도 Institutions républicaines》 291,292
《과학과 윤리 Science et morale》 313
괴테 Goethe, Johann Wolfgang von 48

《교육에 관한 고찰 Réflexion sur l'éducation》 97,98
구에르니카 Guernica 103
《국가 Politeia》 54,70,283,285,321
《국가론 De republica》 282
《국가와 혁명 The State and Révolution》 112
《국제적인 관점에서 본 세계 역사의 사상 L'Idée d'une histoire universelle au point de vue cosmopolitique》 140
《군주론 Il Principe》 71,139
글뤽스만 Glucksmann, André 180
글리슨 Glisson 213
《기술 문제 Question de la technique》 88
《기호학의 요소 Eléments de sémiologie》 182
《길거리 La Rue》 128,129
《꽃가루 Blütenstaub》 232
《나나 nana》 180
《나자 Nadja》 168
《나태의 권리 Le Droit à la paresse》 341
나폴레옹 1세 Napoléon I 48,146,148
나폴레옹 3세 Napoléon III 17,105
《내 이름은 마리 앙투아네트였다 Je m'appelais Marie-Antoinette》 294
《노동과 나날 Works and Days》 336
노라 Nora, Pierre 281
노발리스 Novalis 232
니체 Nietzsche, Friedrich 33,38,111,154, 297,298
다미앵 Damiens, Robert-François 33
단테 Dante, Alighieri 21
달 Dalle, Béatrice 286
《달랑베르에게 보낸 편지 Lettre à d'Alembert》 330

《달랑베르와 디드로의 대화 L'Entretien entre d'Alembert et Didrot》 216
《달랑베르의 꿈 Le rêve d'Alembert》 216
《담론(談論) Propos》 167
《대공연에 관해서 달랑베르에게 보낸 편지 Lettre à d'Alembert sur les spectacles》 168
대처 Thatcher, Margaret 195
《대화의 속편 Suite de l'Entretien》 216
데모스테네스 Demosthenes 183
데모크리토스 Democritos 212
데카르트 Descartes, René 90,197,204
《도덕의 계통학 Zur Genealogie der Moral》 33,154
《도덕형이상학 Die Metaphysik der Sitten》 14
《도덕형이상학 기초 Grundlegung zur Metaphysik der Sitten》 25,119
《도발, 악의 자연사 L'agression, une histore naturelle du mal》 118
《독일 국민에게 고함 Reden an die deutsche Nation》 188,238,240
《독일 이데올로기 Die deutsche Ideologie》 250
뒤러 Dürer, Albrecht 298
뒤마 Dumas, Alexandre 22
뒤몽 Dumont, Louis 169,170
뒤베르제 Duverger, Maurice 252
드뇌브 Deneuve, Cathrine 286
드레퓌스 Dreyfus, Alfred 103,173,180
드코 Decaux, Alain 293,325
들라크루아 Delacroix, Ferdinand Victor Eugène 244,286
디드로 Didrot, Denis 26,52,69,205,212,216, 266,305
라랑드 Lalande 124
라마르틴 Lamartine, Alphonse de 249
라 보에티 La Boëtie, Étienne de 207,208, 209
라 브뤼예르 La Bruyère, Jean de 222,223
라블레 Rablais, François 162
라신 Racine, Jean Baptiste 330
라파르그 Lafargue, Paul 341
라파엘로 Raffaello, Sanzio 226
라 파예트 La Fayette, Marie Joseph Paul Yves Roch Gilbert du Motier, Marquis de 81,82
라 퐁텐 La Fontaine, Jean de 223
러브팩 Lovepack, John 91
레닌 Lenin, Vladimir Ilich 112
레리 Léry, Jean de 307
레비 스트로스 Lévi-Strauss, Claude 46, 49,276,300,306,307,308
레이건 Reagan, Ronald Wilson 195
레주른 Lesourne, Jacques 164
레피나스 Lespinasse, Julie de 217
로렌츠 Lorenz, Konrad 118
《로마인의 위대함과 그 쇠락의 원인에 관한 고찰 Considération sur les causes de la grandeur des Romains et de leur décadance》 52
로물루스 Romulus 19,244
로베르 Robert, Hubert 50,52,153,294
로베스피에르 Robespierre, Maximilien François Marie Isidore de 61,221,282, 283
로장발롱 Rosanvallon, Pierre 114
로카르 Rocard, Michel 325
로크 Locke, John 81,85,153,338
로트레아몽 Lautréamont, Comte de 46, 227
《롤리타 Lolita》 49
루벤스 Rubens, Peter Paul 226
루소 Rousseau, Jean-Jacques 40,41,62,85, 168,184,193,194,200,201,202,203,223,260,262, 263,267,269,286,289,293,309,313,314,322,330, 331,332,333,338

루시디 Rushdie, Salmon 102
루이 14세 Louis XIV 140
루이 15세 Louis XV 33
루이 16세 Louis XVI 282,289,293
루이 7세 Louis VII 344
루터 Luther, Martin 170
《르 골루아 Le Gaulois》 167
르낭 Renan, Ernest 239,240,241
르루 Leroux, Pierre 312,317
《르 시드 Le Cid》 329,346
《리바이어던 Leviathan》 40,138
리비에르 Rivière, Pierre 34
리오타르 Lyotard, Jean-Étienne 227
리쾨르 Ricoeur, Paul 152
리트레 Littré, Paul-Émile 265
리포프츠키 Lipovetsky, Gilles 171
마르쿠제 Marcuse, Herbert 203
마르크스 Marx, Karl 82,85,86,112,178,212,
   250,315,316,339,341,353
마르크스 Marx, Laura 341
마리보 Marivaux, Pierre Carlet de
   Chamblain de 205
마리 앙투아네트 Marie-Antoinette 294,
   295
마오쩌둥 毛澤東(Mao tse tung) 247,248
《마카담 Macadam》 128
마키아벨리 Machiavelli, Niccoló 71,139,
   143,200,291,347
《말도로르의 노래 Les chants de
   Maldoror》 227
말라르메 Mallarmé, Stéphane 55,56,57,59
《말라르메, 각성과 그의 어두운 면
   Mallarme, la lucidité et sa face
   d'ombre》 58
말로 Malraux, André 102,239
《맥베스 Macbeth》 223
모네 Monet, Claude 46
모랭 Morin, E. 345,346
모세 Moses 234

모어 More, Tomas 27,28,268,356
모파상 Maupassant, Guy de 167
몰리에르 Molière 205,223,332
몽탕 Montand, Yves 58,122
몽테뉴 Montaigne, Michel Eyquem de
   207,307,308
몽테스키외 Montesquieu, Charles Louis
   de Secondat, Baron de la Bréde et de
   52,68,71,72,73,74,213,214,215,247,280,282,283,
   289
무슈킨 Mnouchkine, Ariane 331
《무정부주의 백과사전 Encyclopédie
   anarchiste》 196
《문학이란 무엇인가? Qu'est-ce que la
   littérature?》 103
《문화의 위기 La crise de la culture》 9,
   10,199
미드 Mead, Margaret 136
《미래의 충격 Le choc du futur》 135,223
미슐레 Michelet, Jules 145
미테랑 Mitterrand, François 235,236
《민족이란 무엇인가? Qu'est-ce qu'une
   nation》 239,240
《민중 Le peuple》 196
《민중을 이끄는 자유의 여신 La liberté
   guidant le peuple》 244
밀 Mill, John Stuart 191
밀그람 Milgram, Stanley 14,15,16
바레스 Barrès, Maurice 154,234
바르도 Bardot, Brigitte 286
바르뷔스 Barbusse, Henri 138
바르트 Barthes, Roland 150,182,185,186,
   187,218,229,232
《반항인 L'homme révolté》 290,292
발레리 Valéry, Paul 65,151,232
발자크 Balzac, Honoré de 20,21,22,55,166,
   167
《밤 끝으로의 여행 Voyage au bout de la
   nuit》 162

《방법서설 Discours de la méthode》 50
《배우는 즐거움 Le gai savoir》 298
《백과전서 Encyclopédie》 331
버크 Burke, Edmund 84,85
《범세계주의 관점에서 보편적 역사에 대한 이해 Idée d'une histoire universelle au point de vue cosmopolitique》 155
《범죄도당 Le parti du crime》 105
《범죄와 형벌 Dei delitti e delle pene》 33
《법률에 관하여 De legibus》 10
《법의 교리 Doctrine du droit》 84
《법의 순수이론 Pure Theory of law》 77
《법의 정신 L'esprit des lois》 68,71,72,74, 213,280,282,289
《법철학 강요 Grundlinien der Philosophie des Rechts》 131,132,323
베르나 Bernard, Jean 121
베르틀로 Berthelot, Marcelin 313
베버 Weber, Max 12,13,110,112,256,341
베유 Weil, Eric 109
베카리아 Beccaria, Cesare 33,34
베케트 Beckett, Samuel 218,349
벤담 Bentham, Jeremy 116
《변신 Die Verwandlung》 126
《변증법적 이성 비판 La critique de la raison dialectique》 218
《보그 Vogue》 226
보댕 Bodin, Jean 215,281
보들레르 Bodelaire, Charles 55,57,168,221, 224,225,226,275
보마르셰 Beaumarchais, Pierre Augustin Caron de 26,205
보부아르 Beauvoir, Simone de 180
보쉬에 Bossuet, Jacques Bénigne 155
《보호할 수 없는 사람들을 보호한다 Défendre les indéfendables》 43
《복지 국가의 위기 La crise de l'Etat-Providence》 114

볼랑 Voland, Sophie 216
볼테르 Voltaire 102,105,138,223,262,263
볼프 Wolff, Christian, Freiherr von 212
볼프 Wolff, Tom 23
부갱빌 Bougainville, Louis Antoin de 305,306
《부갱빌의 여행기 부록 Supplément au voyage de Bougainville》 305
부트로스 갈리 Boutros Ghali, Boutros 86
부알로 Boileau, Nicolas 223
《불평등 기원론 Discours l'origine de l'inégalité》 322
브레주네프 Brezhnev, Leonid Il'ich 346
브렌타노 Brentano 50
브로델 Braudel, Fernand 218
브르댕 Bredin, Jean-denis 242
브르통 Breton, André 168
블랑 Blanc, Louis 269
블로이 Bloy, Léon 50
블로크 Block, Walter 43
블룸 Blum, Léon 108
《빅브라더 Big Brother》 247
빌라 Vilar 329
사르트르 Sartre, Jean-Paul 20,58,159,173, 178,180,218,219,333,334
《사유의 패배 La défaite de la pensée》 47
《사회계약론 Du Contrat social》 40,62,193, 202,237
《사회 재구성에 필요한 과학적 연구 취지서 Prospectus des traveaux scientifiques nécessaires pour réorganiser la société》 302
《사회주의와 자유 Socialisme et liberté》 312
《사회학 사상 발전 단계 Les étapes de la pensée sociologique》 71
살라자르 Salazar, Antonio de Oliveira

157
삽살 Chapsal, Madeleine   104
《상황 II Situations II》 101
《새로운 생태학적 질서 Le nouvel ordre écologique》 90
생 시몽 Saint-Simon, Claude Henri de Rouvroy, Comte de   312,317
생 쥐스트 Saint-Just, Louis de   26,27,221, 291,292,293
생텍쥐페리 Saint-Exupéry, Antoine de   273,275
샤토브리앙 Chateaubriand, François René   52
《서양의 몰락 Der Untergang des Abendlandes》 54
《성(城) Das Schloss》 253
《성격 Charaktēres》 223
《세계의 균열 La fêlure du monde》 180
《세계 일주 항해 Voyage autour du monde》 305
세로 Serreau, C.   58
세르 Serres, Michel   91,92
세르비에 Servier, J.   312
《세상 밖 어디든지 Anywhere out of the world》 55
셀린 Céline, Louis-Ferdinand   23,162
셰익스피어 Shakespeare, William   223
소렐 Sorel, Georges   103,144,231
소크라테스 Socrates   70,174,175,176,177, 281,283,321,363
《소크라테스의 변명 Apologia Sōkratous》 174,363
소포클레스 Sophocle   133,222,347
솔론 Solon   234
쇼뉘 Chaunu, Pierre   53
《수렴점 Point de convergence》 222
《수상록 Essais》 307,308
슈트라우스 Strauss, David Friedrich   240
슈펭글러 Spengler, Oswald   54

스탕달 Stendhal   103,146,167
스트라우스 Strauss, Léo   285
스파르타쿠스 Spartacus   290
스피노자 Spinoza, Baruch de   274
스히담 Schiedam, Lydwine de   59
《슬픈 열대 Tristes tropiques》 306,307
《승부의 끝 Fin de partie》 349
《시대의 정신 L'esprit du temps》 345
《시민론 De cive》 138
《시상(詩想) Poésies》 55
시에예스 Sieyès, Emmanuel Joseph   82, 237,240
《신용으로 죽다 Mort à crédit》 23
《신화, 꿈, 그리고 신비 Mythe, rêve et mystère》 230,306
《신화와 정치신화학 Mythes et mythologies politiques》 233
《신화학 Mythologies》 150,229,232
《실존주의는 인본주의이다 L'existentialisme est un humanisme》 159
《실증 정치 체계 Système de politique positive》 261
《심판 Der Prozess》 80,161
《아가멤논 Agamemnon》 133
《아돌프 Adolphe》 194
아렌트 Arendt, Hannah   9,10,14,50,198,199, 200
아롱 Aron, Raymond   71,72,177,178,179,259
아르눌 Arnoul   330
아르토 Artaud, Antonin   224
아리스토텔레스 Aristoteles   8,76,77,88,148, 200,215,247,254,255
《아메리카라 불리는 브라질 땅에서 일어났던 여행 이야기 Histoire d'un voyage fait en la terre de Brésil autrement dite Amérique》 308
아서 Arthur   272
아오투롱 Aotouron   305

아우구스투스 Augustus 123
《아이들에게 설명된 포스트모더니즘
　Le Postmoderne expliqué aux enfants》
　228
아이스킬로스 Aeschyllos 133
아이히만 Eichmann, Karl Adolf 14,16
《아탈리 Athalie》 330
《악의 꽃 Les fleurs du Mal》 57
안토니누스 피우스 Antoninus Pius 69
알랭 Alain 28,29,30,167,198
알렉산더 Alexander 234
《언어와 식민주의 Linguistique et
　colonialisme》 184
《에밀 Emile》 289
에우리피데스 Euripides 133,134
《에우메니데스 Eumenides》 133
에이컨 Aiken, William 91
에커만 Eckermann, Johann Peter 48
에피쿠로스 Epicouros 28,30,212,297
《엘렉트라 Electra》 133
엘리아데 Eliade, Mircea 230,232,306
《엘베시우스의 반박 La réfutation
　d'Helvétius》 69
엥겔스 Engels, Friedrich 112,113,315,316
《역사 속의 이성 La Raison dans
　l'Histoire》 147
《역사와 진실 Histoire et vérité》 152
《역사적 의식의 차원 Les dimensions de
　la conscience historique》 259
《연극과 그 분신 Le théâtre et son
　double》 224,329
《영구 평화 계획 Projet de paix
　perpétuelle》 140
《영웅전 De viris illustribus》 146
《예루살렘에서 아이히만 Eichmann à
　Jérusalem》 14
《예술과 과학에 관한 서설 Discours sur
　les Sciences et les Arts》 202
오메 Homais, M. 51

오비디우스 Ovidius, Publius Naso 123
오셍 Hossein, Robert 294
오스만 남작 Baron Haussmann, Georges
　-Eugène 17,22
《오 아름다운 날들이여! Oh les beaux
　jours!》 218,349
오웰 Orwell, George 74,247
《오이겐 뒤링 씨의 과학 변혁 Herrn
　Eugen Dührings Umwälzung der
　Wissenschaft》 113
올바크 Holbach, Paul-Henri Dietrich,
　Baron de 212
와이드먼 Weidman 32
요한 바오로 2세 John Paul II 302
《운명론자 자크 Jacques le Fataliste》 266
위고 Hugo, Victor 104,105,106,275
《위기 La crise》 58
위스망스 Huysmans, Joris Karl 55,56,59
《유럽에 영구적인 평화를 정착하기 위한
　계획 Projet pour rendre la paix
　perpétuelle en Europe》 140
《유럽 학문의 위기 Die Krisis der
　europäichen Wissenschaften》 54,303
《유토피아의 역사 Histoire de l'utopie》
　312
《유형지에서 In der Strafkolonie》 33
《유대인 문제 La question juive》 85
이솝 Aesope 223
이오네스코 Ionesco, Eugène 349
《인간과 국가 L'homme et la Cité》 285
《인간과 신성 L'homme et le sacré》 296
《인간 불평등 기원론 Discours sur
　l'origine de l'inégalité parmi les
　hommes》 200,267
《인간적인 너무나 인간적인 Menschliches,
　Allzumenschliches》 38
《인간 정신의 진보에 관한 역사적 개관
　Esquisse d'un tableau historique des
　progrès de l'esprit humain》 258

《인간 혐오자 Misanthrope》 332
《인간 희극 Comédie humaine》 21,166
《인류학에 관한 고찰 Réflexion sur l'anthropologie》 98
《인민민주주의 독재에 관하여 De la dictature démocratique populaire》 247
《인종과 역사 Race et Histoire》 276
《인종 불평등에 관한 에세이 Essai sur l'inégalité des races humaines》 54,272
《일반사상사전 Dictionnaire des idées reçues》 50
《일차원적 인간 One-Dimensional Man》 203
《자발적 종속 La servitude volontaire》 208
《자본론 Das Kapital》 339
《자연 계약 Le contrat naturel》 91,92
《자유론 On Liberty》 191
《자유주의 구조 The Constitution of Liberty》 191
《자전거 도둑 Lardi di Biciclete》 19
잔다르크 Jeanne d'Arc 145
《재산이란 무엇인가? Qu'est-ce que la propriété?》 268,269
《쟁탈전 La curée》 55
《적과 흑 Le Rouge et le Noir》 103
《전쟁과 평화 Voyna i mir》 146
《전쟁론 Vom Kriege》 142
《정신론 De l'Esprit》 212
《정신현상학 Phänomenologie des Geistes》 206
《정열의 신비 Mystère de la passion》 330
《정치가의 숙명과 직업 Le métier et la vocation d'homme politique》 12,110
《정치경제학 비판 Zur Kritik der politischen Ökonomie》 213,316
《정치도덕의 원칙에 관하여 Sur les principes de morale politique》 61

《정치론 Politique》 198
《정치철학 Philosophie politique》 109
《정치학 Politica》 215,254
《정치학 입문 Introduction à la politique》 252
《제3세계란 무엇인가? Qu'est-ce que le Tiers-Etat?》 240
제미에 Gemier, Firmin 329
제욱시스 Zeuxis 104
젤레 Gelée, Claude 52
조레스 Jaurès, Jean 312
존스 Jones, Daniel 272
《존재와 무 L'être et le néant》 107,333
졸라 Zola, Emile 55,103,173,179,180
주앵빌 Joinville, Jean, Sire de 145
지드 Gide, André 131,173
지라 Girard, René 301
지라르데 Girardet, Raoul 233,234,236
지스카르 데스탱 Giscard d'Estaing, Valéry 65
《지식인의 아편 L'opium des intellectuels》 177,179
《지중해 La Méditerranée》 218
《차라투스트라는 이렇게 말했다 Also sprach Zarathoustra》 111,297
《창문들 Les fenêtre》 59
채플린 Chaplin, Charles Spenceer 122
《철학 어휘사전 Vocabulaire philosophique》 124
체임벌린 Chamberlain, Houston Stewart 273
《최후 통첩 Ultima verba》 106
카뮈 Camus, Albert 20,290,291,292
카스텔로 Castelot 293
카유아 Caillois, R. 296
카프카 Kafka, Franz 33,80,126,127,161,253
칸트 Kant, Immanuel 14,25,75,78,83,95,97, 119,120,139,140,141,142,155,156,157,188,260
《칼리굴라 Caligula》 329

366 일반 교양 강좌

칼뱅 Calvin, Jean 170,171
칼베 Calvet, Louis-Jean 184
《캉디드 Candide》 29,138
켈젠 Kelsen, Hans 77,78
코르네유 Corneille, Pierre 346
코앵 타뉘기 Cohen Tanugi, Laurent 64
《코이포로이 Choephoroi》 133
콩도르세 Condorcet, Marie Jean Antoine Nicolas de Caristat, Marquis de 95,96, 258
콩스탕 Constant, Benjamin 193,194
콩트 Comte, Auguste 261,262,302,313,353
쿠슈네르 Kouchner, Bernard 325
쿠스토 Cousteau, Jacques-Yves 149,150
클라우제비츠 Clausewitz, Karl von 140, 142
키케로 Cicero, Marcus Tullius 10,11,282, 320
킹킨나투스 Cincinnatus, Lucius Quinctius 234
타르퀴니우스 Tarquinius Superbus, Lucius 282
타피 Tapie, Bernard 325
터너 Turner, Joseph Mallord William 153
테미스토클레스 Themistocles 123
테스타르 Testard, Jacques 121
테오프라스토스 Thèophrastos 223
《텔레마크의 모험 Aventures de Télémaque》 70
토크빌 Tocqueville, Henri urice Clérel de 35
《토템과 터부 Totem und Tabu》 299
토플러 Toffler, Alvin 135,223
톨스토이 Tolstoi, Lev Nikolaevich 146
《통치 이론 Two Treatises of Government》 338
투렌 Touraine, Alain 342
《티마이오스 Timaios》 70,285

티에르 Thiers, Louis Adolphe 22
《파름의 수도원 La Chartreuse de Parme》 146
《파리의 모히칸 Mohicans de Paris》 22
《파리의 미스터리 Mystères de Paris》 22
파스 Paz, Octavio 221
파스칼 Pascal, Blaise 214
《팡세 Les pensée》 214
《팡타그뤼엘 Pantagruel》 162
페기 Peguy, Charles 173
페늘롱 Fénelon, François de Salignac de la Mothe 70
페로 Perault, Charles 221,223
《페르시아인의 편지 Lettres persanes》 73
페리 Ferry, Luc 8,90,91
페발 Féval 22
페탱 Pétain, Henri Philippe 346
펠리페 2세 Felipe II 218
포르 Faure, Sébastien 196
《포화(砲火) Le feu》 138
《폭력과 신성 La violence et le sacré》 301
《폭력에 관한 고찰 Réflexion sur la violence》 231
프루동 Proudhon, Pierre Joseph 268,269, 270,291,311,312
푸코 Foucault, Michel 33,34,35,36,37
퓌르티에르 Furetière, Antoine 237
프라고나르 Fragonard, Jean Honoré 26
프랑수아 1세 François I 185
프랑스 France, Anatole 173
《프랑스사(史) Histoire de France》 145
《프랑스 혁명론 Reflections on the Revolution in France》 84
《프랑스 혁명 비평사전 Dictionnaire critique de la révolution française》 281
프랑코 Franco, Francisco 157
프레상주 Fressange, Inès de la 287

프레이저 Frezer, James George 299
프로이트 Freud, Sigmund 135,299,300,301, 363
프로타고라스 Protagoras 231
《프로타고라스 *Protagoras*》 76
《프로테스탄티즘의 윤리와 자본주의의 정신 *Die protestantische Ethik und der Geist des Kapitalismus*》 341
프루스트 Proust, Marcel 179
플라우투스 Plautus, Titus Maccius 223
플라톤 Platon, Gustave 54,70,76,174,175, 231,245,269,281,282,283,284,285,321
플로베르 Flaubert 50,167
《피가로의 결혼 *Le mariage de Figaro*》 26
피네 Pinay, Antoine 233
피히테 Fichte, Johann Gottlieb 47,188,189, 238,240,241
핀다로스 Pindaros 347
필리프 Philippe, Gérard 329
핑켈크로트 Finkielkraut, Alain 8,47,49,50
하에크 Hayek, Friedrich August von 190
하이데거 Heidegger, Martin 88,89,90,208, 234
《학자와 정치 *Le savant et le politique*》 256
《행복서설 *Propos sur le Bonheur*》 28,29, 30
《허영심의 화형 *Bucher des vanités*》 23
헤겔 Hegel, Georg Wilhelm Friedrich 113,131,132,147,148,156,157,206,323,324,341, 353
헤로도토스 Herodotos 246
헤르더 Herder, Johann Gottfried von 47
《헤르만과 도로테아 *Hermann und Dorothea*》 48
헤시오도스 Hesiodos 336
《혁명과 교회에서의 정의를 위하여 *De la justice dans la Révolution et dans l'Eglise*》 268
《현대 생활의 화가 *Le peintre de la vie moderne*》 224
《현대의 자유에 관하여 *De la liberté des Modernes*》 193
《현 세계에 대한 시선 *Regards sur le monde actuel*》 151
《형벌 *les Châtiments*》 104,105
호라티우스 Horatius Flaccus, Quintus 223
홉스 Hobbes, Tomas 39,40,41,42,110,125, 138,139,143,274,321
《황금눈의 소녀 *La fille aux yeux d'or*》 20
횔덜린 Hölderlin, Johann Chritian Friedrich 88
후설 Husserl, Edmond 54,303
후쿠야마 Fukuyama, F. 157
《휴대용사전 *Dictionnaire portatif*》 263
히틀러 Hitler, Adolf 168,234
히포크라테스 Hippocrate 59

【東文選 現代新書】

1	21세기를 위한 새로운 엘리트	FORESEEN 연구소 / 김경현	7,000원
2	의지, 의무, 자유 — 주제별 논술	L. 밀러 / 이대희	6,000원
3	사유의 패배	A. 핑켈크로트 / 주태환	7,000원
4	문학이론	J. 컬러 / 이은경·임옥희	7,000원
5	불교란 무엇인가	D. 키언 / 고길환	6,000원
6	유대교란 무엇인가	N. 솔로몬 / 최창모	6,000원
7	20세기 프랑스철학	E. 매슈스 / 김종갑	8,000원
8	강의에 대한 강의	P. 부르디외 / 현택수	6,000원
9	텔레비전에 대하여	P. 부르디외 / 현택수	7,000원
10	고고학이란 무엇인가	P. 반 / 박범수	8,000원
11	우리는 무엇을 아는가	T. 나겔 / 오영미	5,000원
12	에쁘롱 — 니체의 문체들	J. 데리다 / 김다은	7,000원
13	히스테리 사례분석	S. 프로이트 / 태혜숙	7,000원
14	사랑의 지혜	A. 핑켈크로트 / 권유현	6,000원
15	일반미학	R. 카이유와 / 이경자	6,000원
16	본다는 것의 의미	J. 버거 / 박범수	10,000원
17	일본영화사	M. 테시에 / 최은미	7,000원
18	청소년을 위한 철학교실	A. 자카르 / 장혜영	7,000원
19	미술사학 입문	M. 포인턴 / 박범수	8,000원
20	클래식	M. 비어드·J. 헨더슨 / 박범수	6,000원
21	정치란 무엇인가	K. 미노그 / 이정철	6,000원
22	이미지의 폭력	O. 몽젱 / 이은민	8,000원
23	청소년을 위한 경제학교실	J. C. 드루엥 / 조은미	6,000원
24	순진함의 유혹 〔메디시스賞 수상작〕	P. 브뤼크네르 / 김웅권	9,000원
25	청소년을 위한 이야기 경제학	A. 푸르상 / 이은민	8,000원
26	부르디외 사회학 입문	P. 보네위츠 / 문경자	7,000원
27	돈은 하늘에서 떨어지지 않는다	K. 아른트 / 유영미	6,000원
28	상상력의 세계사	R. 보이아 / 김웅권	9,000원
29	지식을 교환하는 새로운 기술	A. 벵토릴라 外 / 김혜경	6,000원
30	니체 읽기	R. 비어즈워스 / 김웅권	6,000원
31	노동, 교환, 기술 — 주제별 논술	B. 데코사 / 신은영	6,000원
32	미국만들기	R. 로티 / 임옥희	10,000원
33	연극의 이해	A. 쿠프리 / 장혜영	8,000원
34	라틴문학의 이해	J. 가야르 / 김교신	8,000원
35	여성적 가치의 선택	FORESEEN연구소 / 문신원	7,000원
36	동양과 서양 사이	L. 이리가라이 / 이은민	7,000원
37	영화와 문학	R. 리처드슨 / 이형식	8,000원
38	분류하기의 유혹 — 생각하기와 조직하기	G. 비뇨 / 임기대	7,000원
39	사실주의 문학의 이해	G. 라루 / 조성애	8,000원
40	윤리학 — 악에 대한 의식에 관하여	A. 바디우 / 이종영	7,000원
41	흙과 재 〔소설〕	A. 라히미 / 김주경	6,000원

42	진보의 미래	D. 르쿠르 / 김영선	6,000원
43	중세에 살기	J. 르 고프 外 / 최애리	8,000원
44	쾌락의 횡포 · 상	J. C. 기유보 / 김웅권	10,000원
45	쾌락의 횡포 · 하	J. C. 기유보 / 김웅권	10,000원
46	운디네와 지식의 불	B. 데스파냐 / 김웅권	8,000원
47	이성의 한가운데에서 — 이성과 신앙	A. 퀴노 / 최은영	6,000원
48	도덕적 명령	FORESEEN 연구소 / 우강택	6,000원
49	망각의 형태	M. 오제 / 김수경	6,000원
50	느리게 산다는 것의 의미 · 1	P. 쌍소 / 김주경	7,000원
51	나만의 자유를 찾아서	C. 토마스 / 문신원	6,000원
52	음악적 삶의 의미	M. 존스 / 송인영	근간
53	나의 철학 유언	J. 기통 / 권유현	8,000원
54	타르튀프 / 서민귀족 〔희곡〕	몰리에르 / 덕성여대극예술비교연구회	8,000원
55	판타지 공장	A. 플라워즈 / 박범수	10,000원
56	홍수 · 상 〔완역판〕	J. M. G. 르 클레지오 / 신미경	8,000원
57	홍수 · 하 〔완역판〕	J. M. G. 르 클레지오 / 신미경	8,000원
58	일신교 — 성경과 철학자들	E. 오르티그 / 전광호	6,000원
59	프랑스 시의 이해	A. 바이양 / 김다은 · 이혜지	8,000원
60	종교철학	J. P. 힉 / 김희수	10,000원
61	고요함의 폭력	V. 포레스테 / 박은영	8,000원
62	고대 그리스의 시민	C. 모세 / 김덕희	7,000원
63	미학개론 — 예술철학입문	A. 셰퍼드 / 유호전	10,000원
64	논증 — 담화에서 사고까지	G. 비뇨 / 임기대	6,000원
65	역사 — 성찰된 시간	F. 도스 / 김미겸	7,000원
66	비교문학개요	F. 클로동 · K. 아다-보트링 / 김정란	8,000원
67	남성지배	P. 부르디외 / 김용숙 개정판	10,000원
68	호모사피언스에서 인터렉티브인간으로	FORESEEN 연구소 / 공나리	8,000원
69	상투어 — 언어 · 담론 · 사회	R. 아모시 · A. H. 피에로 / 조성애	9,000원
70	우주론이란 무엇인가	P. 코올즈 / 송형석	8,000원
71	푸코 읽기	P. 빌루에 / 나길래	8,000원
72	문학논술	J. 파프 · D. 로쉬 / 권종분	8,000원
73	한국전통예술개론	沈雨晟	10,000원
74	시학 — 문학 형식 일반론 입문	D. 퐁텐 / 이용주	8,000원
75	진리의 길	A. 보다르 / 김승철 · 최정아	9,000원
76	동물성 — 인간의 위상에 관하여	D. 르스텔 / 김승철	6,000원
77	랑가쥬 이론 서설	L. 옐름슬레우 / 김용숙 · 김혜련	10,000원
78	잔혹성의 미학	F. 토넬리 / 박형섭	9,000원
79	문학 텍스트의 정신분석	M. J. 벨멩-노엘 / 심재중 · 최애영	9,000원
80	무관심의 절정	J. 보드리야르 / 이은민	8,000원
81	영원한 황홀	P. 브뤼크네르 / 김웅권	9,000원
82	노동의 종말에 반하여	D. 슈나페르 / 김교신	6,000원
83	프랑스영화사	J. -P. 장콜라 / 김혜련	8,000원

84	조와(弔蛙)	金教臣 / 노치준·민혜숙	8,000원
85	역사적 관점에서 본 시네마	J. -L. 뢰트라 / 곽노경	8,000원
86	욕망에 대하여	M. 슈벨 / 서민원	8,000원
87	산다는 것의 의미·1─여분의 행복	P. 쌍소 / 김주경	7,000원
88	철학 연습	M. 아롱델-로오 / 최은영	8,000원
89	삶의 기쁨들	D. 노게 / 이은민	6,000원
90	이탈리아영화사	L. 스키파노 / 이주현	8,000원
91	한국문화론	趙興胤	10,000원
92	현대연극미학	M. -A. 샤르보니에 / 홍지화	8,000원
93	느리게 산다는 것의 의미·2	P. 쌍소 / 김주경	7,000원
94	진정한 모럴은 모럴을 비웃는다	A. 에슈고엔 / 김웅권	8,000원
95	한국종교문화론	趙興胤	10,000원
96	근원적 열정	L. 이리가라이 / 박정오	9,000원
97	라캉, 주체 개념의 형성	B. 오질비 / 김 석	9,000원
98	미국식 사회 모델	J. 바이스 / 김종명	7,000원
99	소쉬르와 언어과학	P. 가데 / 김용숙·임정혜	10,000원
100	철학적 기본 개념	R. 페르버 / 조국현	8,000원
101	맞불	P. 부르디외 / 현택수	10,000원
102	글렌 굴드, 피아노 솔로	M. 슈나이더 / 이창실	7,000원
103	문학비평에서의 실험	C. S. 루이스 / 허 종	8,000원
104	코뿔소〔희곡〕	E. 이오네스코 / 박형섭	8,000원
105	지각─감각에 관하여	R. 바르바라 / 공정아	7,000원
106	철학이란 무엇인가	E. 크레이그 / 최생열	8,000원
107	경제, 거대한 사탄인가?	P. -N. 지로 / 김교신	7,000원
108	딸에게 들려 주는 작은 철학	R. 시몬 셰퍼 / 안상원	7,000원
109	도덕에 관한 에세이	C. 로슈·J. -J. 바레르 / 고수현	6,000원
110	프랑스 고전비극	B. 클레망 / 송민숙	8,000원
111	고전수사학	G. 위딩 / 박성철	10,000원
112	유토피아	T. 파코 / 조성애	7,000원
113	쥐비알	A. 자르댕 / 김남주	7,000원
114	증오의 모호한 대상	J. 아순 / 김승철	8,000원
115	개인─주체철학에 대한 고찰	A. 르노 / 장정아	7,000원
116	이슬람이란 무엇인가	M. 루스벤 / 최생열	8,000원
117	테러리즘의 정신	J. 보드리야르 / 배영달	8,000원
118	역사란 무엇인가	존 H. 아널드 / 최생열	8,000원
119	느리게 산다는 것의 의미·3	P. 쌍소 / 김주경	7,000원
120	문학과 정치 사상	P. 페티티에 / 이종민	8,000원
121	가장 아름다운 하나님 이야기	A. 보테르 外 / 주태환	8,000원
122	시민 교육	P. 카니베즈 / 박주원	9,000원
123	스페인영화사	J.- C. 스갱 / 정동섭	8,000원
124	인터넷상에서─행동하는 지성	H. L. 드레퓌스 / 정혜욱	9,000원
125	내 몸의 신비─세상에서 가장 큰 기적	A. 지오르당 / 이규식	7,000원

126	세 가지 생태학	F. 가타리 / 윤수종	8,000원
127	모리스 블랑쇼에 대하여	E. 레비나스 / 박규현	9,000원
128	위뷔 왕 [희곡]	A. 자리 / 박형섭	8,000원
129	번영의 비참	P. 브뤼크네르 / 이창실	8,000원
130	무사도란 무엇인가	新渡戶稻造 / 沈雨晟	7,000원
131	천 개의 집 [소설]	A. 라히미 / 김주경	근간
132	문학은 무슨 소용이 있는가?	D. 살나브 / 김교신	7,000원
133	종교에 대하여—행동하는 지성	존 D. 카푸토 / 최생열	9,000원
134	노동사회학	M. 스트루방 / 박주원	8,000원
135	맞불 · 2	P. 부르디외 / 김교신	10,000원
136	믿음에 대하여—행동하는 지성	S. 지제크 / 최생열	9,000원
137	법, 정의, 국가	A. 기그 / 민혜숙	8,000원
138	인식, 상상력, 예술	E. 아카마츄 / 최돈호	근간
139	위기의 대학	ARESER / 김교신	10,000원
140	카오스모제	F. 가타리 / 윤수종	10,000원
141	코란이란 무엇인가	M. 쿡 / 이강훈	9,000원
142	신학이란 무엇인가	D. 포드 / 강혜원 · 노치준	9,000원
143	누보 로망, 누보 시네마	C. 뮈르시아 / 이창실	8,000원
144	지능이란 무엇인가	I. J. 디어리 / 송형석	근간
145	죽음—유한성에 관하여	F. 다스튀르 / 나길래	8,000원
146	철학에 입문하기	Y. 카탱 / 박선주	8,000원
147	지옥의 힘	J. 보드리야르 / 배영달	8,000원
148	철학 기초 강의	F. 로피 / 공나리	8,000원
149	시네마토그래프에 대한 단상	R. 브레송 / 오일환 · 김경온	9,000원
150	성서란 무엇인가	J. 리치스 / 최생열	근간
151	프랑스 문학사회학	신미경	8,000원
152	잡사와 문학	F. 에브라르 / 최정아	근간
153	세계의 폭력	J. 보드리야르 · E. 모랭 / 배영달	9,000원
154	잠수복과 나비	J. -D. 보비 / 양영란	6,000원
155	고전 할리우드 영화	J. 나카시 / 최은영	10,000원
156	마지막 말, 마지막 미소	B. 드 카스텔바자크 / 김승철 · 장정아	근간
157	몸의 시학	J. 피죠 / 김선미	근간
158	철학의 기원에 대하여	C. 콜로베르 / 김정란	근간
159	지혜에 대한 숙고	J. -M. 베스니에르 / 곽노경	8,000원
160	자연주의 미학과 시학	조성애	10,000원
161	소설 분석—현대적 방법론과 기법	B. 발레트 / 조성애	근간
162	사회학이란 무엇인가	S. 브루스 / 김경안	근간
163	인도철학입문	S. 헤밀턴 / 고길환	근간
164	심리학이란 무엇인가	G. 버틀러 · F. 맥마누스 / 이재현	근간
165	발자크 비평	J. 줄레르 / 이정민	근간
166	결별을 위하여	G. 마즈네프 / 권은희 · 최은희	근간
167	인류학이란 무엇인가	J. 모나건 外 / 김경안	근간

168 세계화의 불안	Z. 라이디 / 김종명	8,000원
169 음악이란 무엇인가	N. 쿡 / 장호연	근간
170 사랑과 우연의 장난 〔희곡〕	마리보 / 박형섭	근간
171 사진의 이해	G. 보레 / 박은영	근간
172 현대인의 사랑과 성	현택수	9,000원
173 성해방은 진행중인가?	M. 이아퀴브 / 권은희	근간
300 아이들에게 설명하는 이혼	P. 루카스·S. 르로이 / 이은민	8,000원
301 아이들에게 들려주는 인도주의	J. 마무 / 이은민	근간
302 아이들에게 설명해 주는 죽음	E. 위스망 페렝 / 김미정	근간
303 아이들에게 들려주는 선사시대 이야기	J. 클로드 / 김교신	8,000원

【東文選 文藝新書】

1 저주받은 詩人들	A. 뻬이르 / 최수철·김종호	개정근간
2 민속문화론서설	沈雨晟	40,000원
3 인형극의 기술	A. 훼도토프 / 沈雨晟	8,000원
4 전위연극론	J. 로스 에반스 / 沈雨晟	12,000원
5 남사당패연구	沈雨晟	19,000원
6 현대영미희곡선(전4권)	N. 코워드 外 / 李辰洙	절판
7 행위예술	L. 골드버그 / 沈雨晟	절판
8 문예미학	蔡 儀 / 姜慶鎬	절판
9 神의 起源	何 新 / 洪 熹	16,000원
10 중국예술정신	徐復觀 / 權德周 外	24,000원
11 中國古代書史	錢存訓 / 金允子	14,000원
12 이미지 — 시각과 미디어	J. 버거 / 편집부	12,000원
13 연극의 역사	P. 하트놀 / 沈雨晟	절판
14 詩 論	朱光潛 / 鄭相泓	22,000원
15 탄트라	A. 무케르지 / 金龜山	16,000원
16 조선민족무용기본	최승희	15,000원
17 몽고문화사	D. 마이달 / 金龜山	8,000원
18 신화 미술 제사	張光直 / 李 徹	10,000원
19 아시아 무용의 인류학	宮尾慈良 / 沈雨晟	20,000원
20 아시아 민족음악순례	藤井知昭 / 沈雨晟	5,000원
21 華夏美學	李澤厚 / 權 瑚	15,000원
22 道	張立文 / 權 瑚	18,000원
23 朝鮮의 占卜과 豫言	村山智順 / 金禧慶	15,000원
24 원시미술	L. 아담 / 金仁煥	16,000원
25 朝鮮民俗誌	秋葉隆 / 沈雨晟	12,000원
26 神話의 이미지	J. 캠벨 / 扈承喜	근간
27 原始佛敎	中村元 / 鄭泰爀	8,000원
28 朝鮮女俗考	李能和 / 金尙憶	24,000원
29 朝鮮解語花史(조선기생사)	李能和 / 李在崑	25,000원
30 조선창극사	鄭魯湜	17,000원

31	동양회화미학	崔炳植	18,000원
32	性과 결혼의 민족학	和田正平 / 沈雨晟	9,000원
33	農漁俗談辭典	宋在璇	12,000원
34	朝鮮의 鬼神	村山智順 / 金禧慶	12,000원
35	道敎와 中國文化	葛兆光 / 沈揆昊	15,000원
36	禪宗과 中國文化	葛兆光 / 鄭相泓·任炳權	8,000원
37	오페라의 역사	L. 오레이 / 류연희	절판
38	인도종교미술	A. 무케르지 / 崔炳植	14,000원
39	힌두교의 그림언어	안넬리제 外 / 全在星	9,000원
40	중국고대사회	許進雄 / 洪 熹	30,000원
41	중국문화개론	李宗桂 / 李宰碩	23,000원
42	龍鳳文化源流	王大有 / 林東錫	25,000원
43	甲骨學通論	王宇信 / 李宰碩	40,000원
44	朝鮮巫俗考	李能和 / 李在崑	20,000원
45	미술과 페미니즘	N. 부루드 外 / 扈承喜	9,000원
46	아프리카미술	P. 윌레뜨 / 崔炳植	절판
47	美의 歷程	李澤厚 / 尹壽榮	28,000원
48	曼茶羅의 神들	立川武藏 / 金龜山	19,000원
49	朝鮮歲時記	洪錫謨 外/李錫浩	30,000원
50	하 상	蘇曉康 外 / 洪 熹	절판
51	武藝圖譜通志 實技解題	正 祖 / 沈雨晟·金光錫	15,000원
52	古文字學첫걸음	李學勤 / 河永三	14,000원
53	體育美學	胡小明 / 閔永淑	10,000원
54	아시아 美術의 再發見	崔炳植	9,000원
55	曆과 占의 科學	永田久 / 沈雨晟	8,000원
56	中國小學史	胡奇光 / 李宰碩	20,000원
57	中國甲骨學史	吳浩坤 外 / 梁東淑	35,000원
58	꿈의 철학	劉文英 / 河永三	22,000원
59	女神들의 인도	立川武藏 / 金龜山	19,000원
60	性의 역사	J. L. 플랑드렝 / 편집부	18,000원
61	쉬르섹슈얼리티	W. 챠드윅 / 편집부	10,000원
62	여성속담사전	宋在璇	18,000원
63	박재서희곡선	朴栽緖	10,000원
64	東北民族源流	孫進己 / 林東錫	13,000원
65	朝鮮巫俗의 硏究(상·하)	赤松智城·秋葉隆 / 沈雨晟	28,000원
66	中國文學 속의 孤獨感	斯波六郞 / 尹壽榮	8,000원
67	한국사회주의 연극운동사	李康列	8,000원
68	스포츠인류학	K. 블랑챠드 外 / 박기동 外	12,000원
69	리조복식도감	리팔찬	20,000원
70	娼 婦	A. 꼬르벵 / 李宗旼	22,000원
71	조선민요연구	高晶玉	30,000원
72	楚文化史	張正明 / 南宗鎭	26,000원

동문선
《얀 이야기》 ⓒ 2000 JUN MACHIDA

73	시간, 욕망, 그리고 공포	A. 코르뱅 / 변기찬	18,000원
74	本國劍	金光錫	40,000원
75	노트와 반노트	E. 이오네스코 / 박형섭	20,000원
76	朝鮮美術史硏究	尹喜淳	7,000원
77	拳法要訣	金光錫	30,000원
78	艸衣選集	艸衣意恂 / 林鍾旭	20,000원
79	漢語音韻學講義	董少文 / 林東錫	10,000원
80	이오네스코 연극미학	C. 위베르 / 박형섭	9,000원
81	중국문자훈고학사전	全廣鎭 편역	23,000원
82	상말속담사전	宋在璇	10,000원
83	書法論叢	沈尹默 / 郭魯鳳	16,000원
84	침실의 문화사	P. 디비 / 편집부	9,000원
85	禮의 精神	柳 肅 / 洪 熹	20,000원
86	조선공예개관	沈雨晟 편역	30,000원
87	性愛의 社會史	J. 솔레 / 李宗旼	18,000원
88	러시아미술사	A. I. 조토프 / 이건수	22,000원
89	中國書藝論文選	郭魯鳳 選譯	25,000원
90	朝鮮美術史	關野貞 / 沈雨晟	30,000원
91	美術版 탄트라	P. 로슨 / 편집부	8,000원
92	군달리니	A. 무케르지 / 편집부	9,000원
93	카마수트라	바짜야나 / 鄭泰爀	18,000원
94	중국언어학총론	J. 노먼 / 全廣鎭	28,000원
95	運氣學說	任應秋 / 李宰碩	15,000원
96	동물속담사전	宋在璇	20,000원
97	자본주의의 아비투스	P. 부르디외 / 최종철	10,000원
98	宗敎學入門	F. 막스 뮐러 / 金龜山	10,000원
99	변 화	P. 바츨라빅크 外 / 박인철	10,000원
100	우리나라 민속놀이	沈雨晟	15,000원
101	歌訣(중국역대명언경구집)	李宰碩 편역	20,000원
102	아니마와 아니무스	A. 융 / 박해순	8,000원
103	나, 너, 우리	L. 이리가라이 / 박정오	12,000원
104	베케트연극론	M. 푸크레 / 박형섭	8,000원
105	포르노그래피	A. 드워킨 / 유혜련	12,000원
106	셸 링	M. 하이데거 / 최상욱	12,000원
107	프랑수아 비용	宋 勉	18,000원
108	중국서예 80제	郭魯鳳 편역	16,000원
109	性과 미디어	W. B. 키 / 박해순	12,000원
110	中國正史朝鮮列國傳(전2권)	金聲九 편역	120,000원
111	질병의 기원	T. 매큐언 / 서 일·박종연	12,000원
112	과학과 젠더	E. F. 켈러 / 민경숙·이현주	10,000원
113	물질문명·경제·자본주의	F. 브로델 / 이문숙 外	절판
114	이탈리아인 태고의 지혜	G. 비코 / 李源斗	8,000원

115	中國武俠史	陳 山 / 姜鳳求	18,000원
116	공포의 권력	J. 크리스테바 / 서민원	23,000원
117	주색잡기속담사전	宋在璇	15,000원
118	죽음 앞에 선 인간(상·하)	P. 아리에스 / 劉仙子	각권 8,000원
119	철학에 대하여	L. 알튀세르 / 서관모·백승욱	12,000원
120	다른 곳	J. 데리다 / 김다은·이혜지	10,000원
121	문학비평방법론	D. 베르제 外 / 민혜숙	12,000원
122	자기의 테크놀로지	M. 푸코 / 이희원	16,000원
123	새로운 학문	G. 비코 / 李源斗	22,000원
124	천재와 광기	P. 브르노 / 김웅권	13,000원
125	중국은사문화	馬 華·陳正宏 / 강경범·천현경	12,000원
126	푸코와 페미니즘	C. 라마자노글루 外 / 최 영 外	16,000원
127	역사주의	P. 해밀턴 / 임옥희	12,000원
128	中國書藝美學	宋 民 / 郭魯鳳	16,000원
129	죽음의 역사	P. 아리에스 / 이종민	18,000원
130	돈속담사전	宋在璇 편	15,000원
131	동양극장과 연극인들	김영무	15,000원
132	生育神과 性巫術	宋兆麟 / 洪 熹	20,000원
133	미학의 핵심	M. M. 이턴 / 유호전	20,000원
134	전사와 농민	J. 뒤비 / 최생열	18,000원
135	여성의 상태	N. 에니크 / 서민원	22,000원
136	중세의 지식인들	J. 르 고프 / 최애리	18,000원
137	구조주의의 역사(전4권)	F. 도스 / 김웅권 外 Ⅰ·Ⅱ·Ⅳ 15,000원 / Ⅲ	18,000원
138	글쓰기의 문제해결전략	L. 플라워 / 원진숙·황정현	20,000원
139	음식속담사전	宋在璇 편	16,000원
140	고전수필개론	權 瑚	16,000원
141	예술의 규칙	P. 부르디외 / 하태환	23,000원
142	"사회를 보호해야 한다"	M. 푸코 / 박정자	20,000원
143	페미니즘사전	L. 터틀 / 호승희·유혜련	26,000원
144	여성심벌사전	B. G. 워커 / 정소영	근간
145	모데르니테 모데르니테	H. 메쇼닉 / 김다은	20,000원
146	눈물의 역사	A. 벵상뷔포 / 이자경	18,000원
147	모더니티입문	H. 르페브르 / 이종민	24,000원
148	재생산	P. 부르디외 / 이상호	23,000원
149	종교철학의 핵심	W. J. 웨인라이트 / 김희수	18,000원
150	기호와 몽상	A. 시몽 / 박형섭	22,000원
151	융분석비평사전	A. 새뮤얼 外 / 민혜숙	16,000원
152	운보 김기창 예술론연구	최병식	14,000원
153	시적 언어의 혁명	J. 크리스테바 / 김인환	20,000원
154	예술의 위기	Y. 미쇼 / 하태환	15,000원
155	프랑스사회사	G. 뒤프 / 박 단	16,000원
156	중국문예심리학사	劉偉林 / 沈揆昊	30,000원

157	무지카 프라티카	M. 캐넌 / 김혜중	25,000원
158	불교산책	鄭泰爀	20,000원
159	인간과 죽음	E. 모랭 / 김명숙	23,000원
160	地中海(전5권)	F. 브로델 / 李宗畋	근간
161	漢語文字學史	黃德實·陳秉新 / 河永三	24,000원
162	글쓰기와 차이	J. 데리다 / 남수인	28,000원
163	朝鮮神事誌	李能和 / 李在崑	근간
164	영국제국주의	S. C. 스미스 / 이태숙·김종원	16,000원
165	영화서술학	A. 고드로·F. 조스트 / 송지연	17,000원
166	美學辭典	사사키 겡이치 / 민주식	22,000원
167	하나이지 않은 성	L. 이리가라이 / 이은민	18,000원
168	中國歷代書論	郭魯鳳 譯註	25,000원
169	요가수트라	鄭泰爀	15,000원
170	비정상인들	M. 푸코 / 박정자	25,000원
171	미친 진실	J. 크리스테바 外 / 서민원	25,000원
172	디스탱숑(상·하)	P. 부르디외 / 이종민	근간
173	세계의 비참(전3권)	P. 부르디외 外 / 김주경	각권 26,000원
174	수묵의 사상과 역사	崔炳植	근간
175	파스칼적 명상	P. 부르디외 / 김웅권	22,000원
176	지방의 계몽주의	D. 로슈 / 주명철	30,000원
177	이혼의 역사	R. 필립스 / 박범수	25,000원
178	사랑의 단상	R. 바르트 / 김희영	근간
179	中國書藝理論體系	熊秉明 / 郭魯鳳	23,000원
180	미술시장과 경영	崔炳植	16,000원
181	카프카—소수적인 문학을 위하여	G. 들뢰즈·F. 가타리 / 이진경	18,000원
182	이미지의 힘—영상과 섹슈얼리티	A. 쿤 / 이형식	13,000원
183	공간의 시학	G. 바슐라르 / 곽광수	23,000원
184	랑데부—이미지와의 만남	J. 버거 / 임옥희·이은경	18,000원
185	푸코와 문학—글쓰기의 계보학을 향하여	S. 듀링 / 오경심·홍유미	26,000원
186	각색, 연극에서 영화로	A. 엘보 / 이선형	16,000원
187	폭력과 여성들	C. 도펭 外 / 이은민	18,000원
188	하드 바디—할리우드 영화에 나타난 남성성	S. 제퍼드 / 이형식	18,000원
189	영화의 환상성	J.-L. 뢰트라 / 김경온·오일환	18,000원
190	번역과 제국	D. 로빈슨 / 정혜욱	16,000원
191	그라마톨로지에 대하여	J. 데리다 / 김웅권	35,000원
192	보건 유토피아	R. 브로만 外 / 서민원	20,000원
193	현대의 신화	R. 바르트 / 이화여대기호학연구소	20,000원
194	중국회화백문백답	郭魯鳳	근간
195	고서화감정개론	徐邦達 / 郭魯鳳	30,000원
196	상상의 박물관	A. 말로 / 김웅권	26,000원
197	부빈의 일요일	J. 뒤비 / 최생열	22,000원
198	아인슈타인의 최대 실수	D. 골드스미스 / 박범수	16,000원

199	유인원, 사이보그, 그리고 여자	D. 해러웨이 / 민경숙	25,000원
200	공동 생활 속의 개인주의	F. 드 생글리 / 최은영	20,000원
201	기식자	M. 세르 / 김웅권	24,000원
202	연극미학 — 플라톤에서 브레히트까지의 텍스트들	J. 셰레 外 / 홍지화	24,000원
203	철학자들의 신	W. 바이셰델 / 최상욱	34,000원
204	고대 세계의 정치	모제스 I. 핀레이 / 최생열	16,000원
205	프란츠 카프카의 고독	M. 로베르 / 이창실	18,000원
206	문화 학습 — 실천적 입문서	J. 자일스·T. 미들턴 / 장성희	24,000원
207	호모 아카데미쿠스	P. 부르디외 / 임기대	근간
208	朝鮮槍棒敎程	金光錫	40,000원
209	자유의 순간	P. M. 코헨 / 최하영	16,000원
210	밀교의 세계	鄭泰爀	16,000원
211	토탈 스크린	J. 보드리야르 / 배영달	19,000원
212	영화와 문학의 서술학	F. 바누아 / 송지연	22,000원
213	텍스트의 즐거움	R. 바르트 / 김희영	15,000원
214	영화의 직업들	B. 라트롱슈 / 김경온·오일환	16,000원
215	소설과 신화	이용주	15,000원
216	문화와 계급 — 부르디외와 한국 사회	홍성민 外	18,000원
217	작은 사건들	R. 바르트 / 김주경	14,000원
218	연극분석입문	J. -P. 링가르 / 박형섭	18,000원
219	푸코	G. 들뢰즈 / 허 경	17,000원
220	우리나라 도자기와 가마터	宋在璇	30,000원
221	보이는 것과 보이지 않는 것	M. 퐁티 / 남수인·최의영	30,000원
222	메두사의 웃음/출구	H. 식수 / 박혜영	19,000원
223	담화 속의 논증	R. 아모시 / 장인봉	20,000원
224	포켓의 형태	J. 버거 / 이영주	근간
225	이미지심벌사전	A. 드 브리스 / 이원두	근간
226	이데올로기	D. 호크스 / 고길환	16,000원
227	영화의 이론	B. 발라즈 / 이형식	20,000원
228	건축과 철학	J. 보드리야르·J. 누벨 / 배영달	16,000원
229	폴 리쾨르 — 삶의 의미들	F. 도스 / 이봉지 外	근간
230	서양철학사	A. 케니 / 이영주	29,000원
231	근대성과 육체의 정치학	D. 르 브르통 / 홍성민	20,000원
232	허난설헌	金成南	16,000원
233	인터넷 철학	G. 그레이엄 / 이영주	15,000원
234	사회학의 문제들	P. 부르디외 / 신미경	23,000원
235	의학적 추론	A. 시쿠렐 / 서민원	20,000원
236	튜링 — 인공지능 창시자	J. 라세구 / 임기대	16,000원
237	이성의 역사	F. 샤틀레 / 심세광	근간
238	朝鮮演劇史	金在喆	22,000원
239	미학이란 무엇인가	M. 지므네즈 / 김웅권	23,000원
240	古文字類編	高 明	40,000원

241	부르디외 사회학 이론	L. 핀토 / 김용숙·김은희	20,000원
242	문학은 무슨 생각을 하는가?	P. 마슈레 / 서민원	23,000원
243	행복해지기 위해 무엇을 배워야 하는가?	A. 우지오 外 / 김교신	18,000원
244	영화와 회화: 탈배치	P. 보니체 / 홍지화	18,000원
245	영화 학습 — 실천적 지표들	F. 바누아 外 / 문신원	16,000원
246	회화 학습 — 실천적 지표들	F. 기블레 / 고수현	근간
247	영화미학	J. 오몽 外 / 이용주	24,000원
248	시 — 형식과 기능	J. L. 주베르 / 김경온	근간
249	우리나라 옹기	宋在璇	40,000원
250	검은 태양	J. 크리스테바 / 김인환	27,000원
251	어떻게 더불어 살 것인가	R. 바르트 / 김웅권	28,000원
252	일반 교양 강좌	E. 코바 / 송대영	23,000원
253	나무의 철학	R. 뒤마 / 송형석	29,000원
254	영화에 대하여 — 에이리언과 영화철학	S. 멀할 / 이영주	18,000원
255	문학에 대하여 — 문학철학	H. 밀러 / 최은주	근간
256	미학 연습 — 플라톤에서 에코까지	한국외대 독일 미학연구회 편역	근간
257	조희룡 평전	김영회 外	18,000원
258	역사철학	F. 도스 / 최생열	근간
259	철학자들의 동물원	A. L. 브라 쇼파르 / 문신원	22,000원
260	시각의 의미	J. 버거 / 이용은	근간
261	들뢰즈	A. 괄란디 / 임기대	13,000원
262	문학과 문화 읽기	김종갑	16,000원
263	과학에 대하여 — 과학철학	B. 리들리 / 이영주	근간
264	장 지오노와 서술 이론	송지연	18,000원
265	영화의 목소리	M. 시옹 / 박선주	근간
266	사회보장의 발견	J. 당즐로 / 주형일	근간
267	이미지와 기호	M. 졸리 / 이선형	근간
268	위기의 식물	J. M. 펠트 / 이충건	근간
269	중국 소수민족의 원시종교	洪 熹	18,000원
270	영화감독들의 영화 이론	J. 오몽 / 곽동준	근간
271	중첩	J. 들뢰즈·C. 베네 / 허희정	근간
272	디디에 에리봉과의 대담	J. 뒤메질 / 송대영	근간
273	중립	R. 바르트 / 김웅권	근간
274	알퐁스 도데의 문학과 프로방스 문화	이종민	16,000원
275	우리말 釋迦如來行蹟頌	高麗 無寄 / 金月雲	18,000원
276	金剛經講話	金月雲 講述	18,000원
1001	베토벤: 전원교향곡	D. W. 존스 / 김지순	15,000원
1002	모차르트: 하이든 현악 4중주곡	J. 어빙 / 김지순	14,000원
1003	베토벤: 에로이카 교향곡	T. 시프 / 김지순	18,000원
1004	모차르트: 주피터 교향곡	E. 시스먼 / 김지순	근간
1005	바흐: 브란덴부르크 협주곡	M. 보이드 / 김지순	근간
2001	우리 아이들에게 어떤 지표를 주어야 할까?	J. L. 오베르 / 이창실	16,000원

2002	상처받은 아이들	N. 파브르 / 김주경	16,000원
2003	엄마 아빠, 꿈꿀 시간을 주세요!	E. 부젱 / 박주원	16,000원
2004	부모가 알아야 할 유치원의 모든 것들	N. 뒤 소수아 / 전재민	18,000원
2005	부모들이여, '안 돼'라고 말하라!	P. 들라로슈 / 김주경	19,000원
2006	엄마 아빠, 전 못하겠어요!	E. 리공 / 이창실	18,000원
3001	《새》	C. 파글리아 / 이형식	13,000원
3002	《시민 케인》	L. 멀비 / 이형식	근간
3101	《제7의 봉인》 비평연구	E. 그랑조르주 / 이은민	근간
3102	《쥘과 짐》 비평연구	C. 르 베르 / 이은민	근간

【기 타】

▨ 모드의 체계	R. 바르트 / 이화여대기호학연구소	18,000원
▨ 라신에 관하여	R. 바르트 / 남수인	10,000원
▨ 說 苑 (上·下)	林東錫 譯註	각권 30,000원
▨ 晏子春秋	林東錫 譯註	30,000원
▨ 西京雜記	林東錫 譯註	20,000원
▨ 搜神記 (上·下)	林東錫 譯註	각권 30,000원
■ 경제적 공포〔메디치賞 수상작〕	V. 포레스테 / 김주경	7,000원
■ 古陶文字徵	高 明·葛英會	20,000원
■ 고독하지 않은 홀로되기	P. 들레름·M. 들레름 / 박정오	8,000원
■ 그리하여 어느날 사랑이여	이외수 편	4,000원
■ 딸에게 들려 주는 작은 지혜	N. 레흐레이트너 / 양영란	6,500원
■ 노력을 대신하는 것은 없다	R. 쉬이 / 유혜련	5,000원
■ 노블레스 오블리주	현택수 사회비평집	7,500원
■ 미래를 원한다	J. D. 로스네 / 문 선·김덕희	8,500원
■ 사랑의 존재	한용운	3,000원
■ 산이 높으면 마땅히 우러러볼 일이다	유 향 / 임동석	5,000원
■ 서기 1000년과 서기 2000년 그 두려움의 흔적들	J. 뒤비 / 양영란	8,000원
■ 서비스는 유행을 타지 않는다	B. 바게트 / 정소영	5,000원
■ 선종이야기	홍 희 편저	8,000원
■ 섬으로 흐르는 역사	김영회	10,000원
■ 세계사상	창간호~3호: 각권 10,000원 / 4호: 14,000원	
■ 십이속상도안집	편집부	8,000원
■ 얀 이야기 ① 얀과 카와카마스	마치다 준 / 김은진·한인숙	8,000원
■ 어린이 수묵화의 첫걸음(전6권)	趙 陽 / 편집부	각권 5,000원
■ 오늘 다 못다한 말은	이외수 편	7,000원
■ 오블라디 오블라다, 인생은 브래지어 위를 흐른다	무라카미 하루키 / 김난주	7,000원
■ 이젠 다시 유혹하지 않으련다	P. 쌍소 / 서민원	9,000원
■ 인생은 앞유리를 통해서 보라	B. 바게트 / 박해순	5,000원
■ 자기를 다스리는 지혜	한인숙 편저	10,000원
■ 천연기념물이 된 바보	최병식	7,800원
■ 原本 武藝圖譜通志	正祖 命撰	60,000원

■ 테오의 여행 (전5권)	C. 클레망 / 양영란	각권 6,000원
■ 한글 설원 (상·중·하)	임동석 옮김	각권 7,000원
■ 한글 안자춘추	임동석 옮김	8,000원
■ 한글 수신기 (상·하)	임동석 옮김	각권 8,000원

【이외수 작품집】

■ 겨울나기	창작소설	7,000원
■ 그대에게 던지는 사랑의 그물	에세이	8,000원
■ 그리움도 화석이 된다	시화집	6,000원
■ 꿈꾸는 식물	장편소설	7,000원
■ 내 잠 속에 비 내리는데	에세이	7,000원
■ 들 개	장편소설	7,000원
■ 말더듬이의 겨울수첩	에스프리모음집	7,000원
■ 벽오금학도	장편소설	7,000원
■ 장수하늘소	창작소설	7,000원
■ 칼	장편소설	7,000원
■ 풀꽃 술잔 나비	서정시집	6,000원
■ 황금비늘 (1·2)	장편소설	각권 7,000원

【조병화 작품집】

■ 공존의 이유	제11시점	5,000원
■ 그리운 사람이 있다는 것은	제45시집	5,000원
■ 길	애송시모음집	10,000원
■ 개구리의 명상	제40시집	3,000원
■ 그리움	애송시화집	8,000원
■ 꿈	고희기념자선시집	10,000원
■ 따뜻한 슬픔	제49시집	5,000원
■ 버리고 싶은 유산	제1시집	3,000원
■ 사랑의 노숙	애송시집	4,000원
■ 사랑의 여백	애송시화집	5,000원
■ 사랑이 가기 전에	제5시집	4,000원
■ 남은 세월의 이삭	제52시집	6,000원
■ 시와 그림	애장본시화집	30,000원
■ 아내의 방	제44시집	4,000원
■ 잠 잃은 밤에	제39시집	3,400원
■ 패각의 침실	제 3시집	3,000원
■ 하루만의 위안	제 2시집	3,000원

【세르 작품집】

■ 동물학	C. 세르	14,000원
■ 블랙 유머와 흰 가운의 의료인들	C. 세르	14,000원
■ 비스 콩프리	C. 세르	14,000원

■ 세르(평전)　　　　　Y. 프레미옹 / 서민원　　　　　16,000원
■ 자가 수리공　　　　　C. 세르　　　　　　　　　　14,000원